Initiation à
l'Orient ancien

AVEC LES CONTRIBUTIONS DE :

Jean Bottéro

Pierre Chuvin

André Finet

Bertrand Lafont

Jean-Maurice de Montremy

Georges Roux

L'HISTOIRE

Initiation à l'Orient ancien

De Sumer à la Bible

PRÉSENTÉ PAR
JEAN BOTTÉRO

Éditions du Seuil

*Ce livre est la reproduction d'articles
parus dans L'Histoire.
La présentation de Jean Bottéro
est originale.*

EN COUVERTURE :
Tell Asmar, IIIe millénaire av. J.-C.
Figure masculine, barbe en calcaire, détail.
Musée de Bagdad, Iraq.
© Archives Dagli-Orti.

ISBN 2-02-018130-4

© SOCIÉTÉ D'ÉDITIONS SCIENTIFIQUES, NOVEMBRE 1992

Présentation

Engouement passager ou recherche d'un contact plus sérieux, l'approche d'un système culturel aussi touffu et éloigné de nous que le Proche-Orient antique, et principalement l'ancienne Mésopotamie, qui le couronne, a quelque chose de pénible, et même d'assommant. Tout le monde est d'accord là-dessus.

Redécouvert voilà un bon siècle et demi, sans que, depuis, on se soit lassé d'éventrer le sous-sol vénérable qui en a englouti les vestiges, et d'en déchiffrer et triturer les plantureuses archives, exhumées peu à peu, cet antique univers est décidément trop fastueux, exubérant, intarissable et différent du nôtre pour que le simple énoncé liminaire de ses richesses ne donne pas quelque étourdissement. Il y a tant de choses à savoir, à la fois, pour seulement s'orienter dans un pareil labyrinthe : sans parler de l'impossible écriture et des langues étranges et oubliées qu'elle notait, heureusement réservées aux spécialistes, les données géographiques ; la séquence historique des règnes et des dynasties, dont les désignations barbares ne facilitent guère la mise en mémoire ; les institutions complexes et leurs lents et méandreux avancements ; l'économie opulente et enchevêtrée : commerce, intérieur et, au loin, expéditions et guerres ; les grandes avancées techniques, artistiques et intellectuelles ; et cette religion luxuriante et inattendue, avec ses divinités par dizaines, ses mythes chatoyants, mais si peu cartésiens, et ses rites barbares – voilà, en vérité, un musée prodigieux, à l'intérieur duquel c'est une rude épreuve que de faire les premiers pas.

Seuls à même d'y introduire et guider, les (rares) professionnels, de leur côté, ne font guère d'efforts pour faciliter véritablement la besogne. Ils ne descendent pas volontiers de leur chaire haut perchée, rejoindre leurs lecteurs, leur parler clairement, sans pédanteries, en ramenant les choses à l'essentiel, en cherchant à les prendre par leur côté vivant, captivant et proche de nous, puisque, après tout, pour éloignés que ces vieux ancêtres aient été de nous, ils n'en étaient pas moins hommes que nous, et qu'il y a donc moyen de communiquer avec eux.

En réalité, on a tort de se lancer d'emblée dans ces exposés que les savants nous offrent pour nous attirer en leur Saint des Saints. Mieux vaudrait les réserver à ceux déjà plus ou moins au courant des arcanes, introduits et acclimatés dans cette vieille et dédaléenne citadelle, et à qui manquerait seulement un plan d'ensemble, une vue panoramique, une carte à petite échelle, pour s'y diriger et pour en mettre en ordre les notions. Confrontés à ces austères synthèses, censément calculées pour eux, les novices, encore devant la porte close et impatients d'entrer, perdent rapidement leur enthousiasme, d'autant plus refroidis qu'ils ne trouvent rien d'autre, tout au moins de sérieux, à se mettre sous la dent.

Alors, pourquoi ne pas s'y prendre autrement ? Au lieu de confiner les visiteurs dans leur car officiel de tourisme, sur la seule grand-route centrale, qui passe obligatoirement par tous les sites et monuments fameux de l'Histoire, signalés et décrits, à mesure, par la morne homélie du guide autorisé, pourquoi ne pas les lâcher, à pied, sur de petites ruelles excentriques, sur des sentiers d'école buissonnière ? Au cours de ces vagabondages sans prétention, n'aurait-on pas loisir de leur instiller, plus aisément et plus vite, le goût du pays et les quelques mots du terroir indispensables pour s'y mouvoir à l'aise ? Certes, ils n'en obtiendront pas, au départ, de vue schématique et globale ; ils n'en acquerront pas d'emblée le tableau complet et en ordre, du moins en pourront-ils humer l'air ; en découvrir, à menus traits, l'atmosphère propre, la manière originale de regarder et de priser les choses ; la vie réelle et remuante, non pas figée en diagrammes, mais observée et comme vécue de près, et, en somme, vivante, en dépit des dizaines de siècles qui nous séparent de ces vieux morts. Mais retrouver, au bout du compte, cette vie même de nos ancêtres disparus, n'est-ce pas le but essentiel et dernier de toute investigation historique ?

Telle est l'idée qui a donné le jour à ce livre, et qui en a commandé le contenu et la présentation.

Depuis quinze ans qu'elle s'est démontrée de loin la meilleure, sinon la seule revue française sérieusement et intelligemment consacrée à la découverte et à l'exploration de notre passé tout entier, *L'Histoire* a publié un certain nombre d'articles consacrés au Proche-Orient antique, et à la Mésopotamie, surtout, en elle-même et dans ses prolongements, autour d'elle et après, jusqu'à nos jours. Chaque auteur, faisant chaque fois face à un sujet précis et concret, pour être intelligible et lu, était tout à la fois tenu d'en résumer clairement les présupposés essentiels : juste ce qu'il en fallait pour mettre le lecteur à l'aise, quitte à lui détailler ensuite ce qu'il lui en voulait révéler. D'où sont venus les plus ou moins mystérieux premiers habitants du pays ? Comment y vivait-on et y mourait-on ? Que mangeaient et buvaient ces vieux ancêtres ? Comment estimaient-ils et faisaient-ils l'amour ? Comment traitaient-ils les femmes ? Comment paraient-ils aux ennuis, aux maux et aux malheurs de l'existence ? Quel sens donnaient-ils à la vie et à la mort ? Comment faisaient-ils intervenir leurs dieux dans leurs propres affaires et problèmes ? Et jusqu'à quel point, sur tel ou tel article crucial, ont-ils influencé nos ancêtres plus proches : les auteurs de la Bible et les Grecs ? Autant de facettes, sans apparent recoupement entre elles, mais dont chacune permet un regard, ménage une entrée dans le même démesuré système : autant d'itinéraires, excentriques, mais aisés à parcourir, pittoresques et enrichissants, qui mènent tous, chacun de son côté, au propre cœur de ce vieux pays où s'est créée d'abord notre culture.

Il suffisait de rassembler et de ranger cette poignée d'articles pour offrir au lecteur, sous un discours agréable et vivant, la meilleure initiation, attractive et accessible à tous, au vaste continent de l'ancienne Mésopotamie. Le néophyte en prendra sans effort le goût, et s'en fera une idée suffisante pour s'attaquer ensuite, si l'envie lui en vient, aux lourdes, sévères, mais garanties, synthèses des savants. Même l'initié y trouvera profit, en explorant quelques recoins mal fouillés encore, et à peine connus, de cette vénérable civilisation exemplaire.

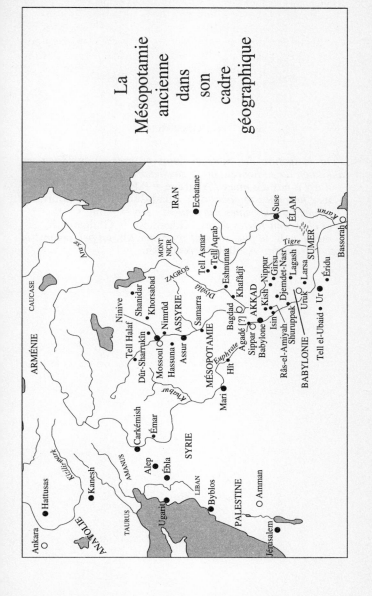

La Mésopotamie ancienne dans son cadre géographique

AVERTISSEMENT

Pour la lecture des mots et noms propres en sumérien, en akkadien ou en hébreu, on se souviendra que :
– *il n'y a pas d'*e *muet :* Abarage = Abaragé,
– u *se prononce toujours* ou *:* Adad-dûri = Adad-douri,
– *toutes les consonnes s'articulent :* An = Ann,
– *et elles sont toutes dures :* Gilgamesh = Ghilgamesh,
– *même le* h, *le plus souvent prononcé* kh, *un peu comme la jota espagnole :* Asalluhi = Asallukhi.

Samuel N. Kramer

Jean-Maurice de Montremy

« Mon dieu, le jour brille lumineux sur la terre : / pour moi le jour est noir. / Les larmes, la tristesse, l'angoisse, le désespoir / se sont logés au fond de moi. / La souffrance m'engloutit / comme un être choisi uniquement pour les larmes [1]. » Ce chant de l'homme en proie au malheur parut pour la première fois aux États-Unis en 1954. Il avait sommeillé pendant près de 4 000 ans, énigmatiquement retranscrit sur quelques-unes des 500 000 tablettes d'argile qui, depuis la fin du XIXᵉ siècle, sortent des sables de l'antique Sumer (3500-2000 av. J.-C.), aux portes du golfe Persique.

Cette lamentation et une quantité d'autres témoignages du génie de Sumer, nous ne les connaîtrions pas sans le travail de fourmi d'un petit homme prodigieux, aux prénoms prédestinés : Samuel Noah Kramer. Le texte s'émiettait en 6 tablettes et fragments dispersés de par le monde. On les trouve aujourd'hui réunis à l'University Museum de Philadelphie (4 documents) et au musée des Antiquités orientales d'Istanbul (2 documents). Avant que Samuel Noah Kramer ne fît ses innombrables voyages de dépôt en dépôt, passant des heures, des jours et des mois à se débattre avec les exténuantes fibrilles cunéiformes, nul n'était parvenu à établir un texte compréhensible. Il manquait trop de pièces au puzzle.

Ce travail sur l'anonyme lamentation de Sumer, Samuel Noah Kramer l'a fait pour des centaines d'autres textes : lois, décrets, jugements, traités, négociations commerciales, chants mythiques, cosmogonies, épopées. C'est d'ailleurs surtout dans le domaine littéraire et religieux que le savant américain a imposé sa révolution.

Près de 90 % des tablettes collectées depuis le début des expéditions archéologiques occidentales en Mésopotamie relevaient, en effet, du domaine administratif, le plus facilement accessible. Pour mieux apprécier l'importance de la vie culturelle de Sumer, il fallait cette méticuleuse connaissance de tous les fonds éparpillés dans les musées du monde, ce sens du rapprochement, ce labeur têtu. Et cet impressionnant travail de copie.

« Un sumérologue n'a rien d'un génie, dit-il avec sa malice de conteur, c'est un tâcheron, une sorte de laborieux maniaque. » Lire une tablette, la retranscrire, puis la traduire et enfin l'éditer : ces opérations demandent à peu près trois mois – ce qui fait environ 40 tablettes en dix ans. « Mais j'ai la chance d'avoir vécu fort vieux, si bien que l'entassement des décennies ne me fait plus peur. » D'où cette conclusion-pirouette : « Mon métier est l'un des rares où le fait de vivre vieux, et de copier, tient lieu d'intelligence. » Un propos que l'on peut sans doute s'offrir le luxe de risquer lorsqu'on porte allègrement ses quatre-vingt-dix ans et qu'on a fourni autant de copies et de puzzles complétés.

« J'ai l'air de souffrir d'une monomanie, avec mon histoire de copie. Mais la chose, pour nous autres, revêt une importance considérable. Une fois que les tablettes sont copiées, et correctement copiées – ce que la mauvaise conservation des cunéiformes et les énigmes grammaticales ne facilitent pas –, nos confrères ou successeurs disposent enfin, de par le monde, d'une documentation qui leur évite d'être ballottés de Stockholm à Heidelberg ou de Paris à Harvard, en passant bien sûr par ces lieux tout à fait déprimants, déplaisants et nécessairement fastidieux que sont les champs de fouilles. Je vous dis cela d'expérience, car je pense devoir ma crise d'appendicite, en Iraq, au cours des années 1930, à l'ennui de la vie d'archéologue. Je suis fait pour copier et traduire, voilà tout. »

Fils de scribe.

Arrivé à ce point, Samuel Noah Kramer tergiverse un peu, sourit, pétille du regard puis s'agite comme un savant tout droit sorti des contes d'Hoffmann. A ses dons, il omet volontairement – pourquoi donc ? – d'ajouter l'art du récit, un legs assez direct du *shtetl* de Zashkov, près de Kiev, en Ukraine, où il vit le jour le 28 septembre 1897 : « Vous savez, je suis fils de scribe, après tout. Enfin de cette sorte bizarre de scribe qu'on appelle talmudiste, ces personnes qui déploient des merveilles de logique à partir de prémisses parfaitement inacceptables. »

On touche là le point sensible. Les années, la masse de travaux accumulés n'empêchent pas cet homme vif-argent de se sentir toujours le fils de son talmudiste de père. Il l'aida même lorsque ce dernier enseigna l'hébreu à Philadelphie, après que la famille s'y fut installée en 1906 pour fuir les pogroms. « Mais mon père croyait vraiment que Dieu avait créé le monde en sept jours. J'aurais pu, bien plus tard, lui montrer que les Sumériens se réglaient déjà sur les sept jours lunaires, forgeant des récits dont ceux de la Bible, avec leur ritualisme, sont des échos : rien ne l'émouvait sur ce thème. »

Kramer, lui, s'en émut assez tôt : « Ces grands systèmes théologiques, puis philosophiques me semblèrent trop bien agencés. Depuis mon adolescence je me méfie – ce qui, par certains côtés, relève aussi du Talmud, je le reconnais – des généralisations ou des explications par Dieu, par l'Humanité avec un grand H, ou par je ne sais quelle autre machine. J'étais donc en quelque sorte prédestiné à travailler sur les Sumériens – gens d'assez piètre génie s'agissant des concepts, mais tout à fait remarquables pour leur réalisme pratique : ne leur devons-nous pas la première écriture connue, le premier système politique bicaméral, ou cet usage tout concret du cosmos qui, pourtant, baignait encore dans la magie ? »

Nous n'en sommes pas encore là lorsque le jeune Kramer aborde l'université dans les années 1910. Plutôt que le Talmud et l'hébreu, la littérature américaine et le droit l'intéressent. Mais la littérature fait intervenir

trop de paramètres irrationnels. Quant au droit, ne
ressemble-t-il pas au Talmud ? La philosophie risque de
le tenter, mais Kant, mais la métaphysique... Encore et
toujours les sphères. Comme Noé, dont il est fier de
porter le prénom (Ziusudra, l'ancêtre direct de Noé, vient
de Sumer), Kramer aime la terre ferme. A vingt-neuf ans,
presque sur le tard, il profite de sa parfaite connaissance
de l'hébreu pour se frotter à l'arabe, au grec et à l'égyptien.

C'est le début de l'ère orientale. Après quelques dé-
tours – l'égyptologie l'impatiente, ces vastes hiératismes
ne sont pas faits pour sa mobilité –, le voici versé dans les
écritures cunéiformes. Nous sommes en 1929. Samuel
Noah Kramer soutient sa thèse de doctorat sur les formes
verbales dans les anciennes langues mésopotamiennes. Il
subira mort et passion à remuer, avec des archéologues,
ce maudit site de Tell Billa, au nord de l'Iraq. Les
Sumériens, avec leur réalisme et leur faconde, sont tout
proches, mais Kramer n'en sait encore rien.

« Je dois à la vérité d'admettre qu'il y eut dans ma vie
toute positiviste quelques bons anges, au rôle décisif
autant qu'imprévisible. Alors que je me remettais de cette
damnée appendicite d'archéologie, l'ange m'est apparu
sous l'espèce d'une équipe de l'université de Pennsylvanie,
en mal d'épigraphiste. Il s'agissait de déchiffrer les tablettes du site de Shuruppak, patrie du Noé sumérien. Cela
fait, un deuxième ange a surgi en la personne d'un
égyptologue baptiste de Chicago, subventionné par le très
baptiste Rockefeller. Il cherchait un assistant assyriologue pour travailler avec le grand Arno Poebel, un
Allemand dont le mérite était rare autant qu'éclatant : il
était le seul homme au monde à donner un enseignement
spécifique du sumérien. Je fus son disciple, pour mon plus
grand profit. C'est alors que survint mon troisième ange,
en la personne de ma femme : Milly Tokarsky, un
professeur de mathématiques. Je l'épousai en 1933. Après
quoi, je n'eus plus guère d'anges dans ma vie, sauf
l'assyriologue français Jean Bottéro. Mais cela nous
emmène en 1956. »

Cette escadrille d'anges ne doit pas cacher la réalité.

Samuel Noah Kramer s'attelle à l'obscure et fastidieuse besogne. Il vit mal, ou pas très bien. Sa carrière fluctue au gré des donations, octrois et rejets de crédits. Plus vif que jamais, tenu pour un doux original, notre sumérologue arpente les fonds, notamment celui d'Istanbul (1 500 tablettes venues du site de Nippur), puis celui de l'université de Pennsylvanie. En 1942, une conférence sur la Grande-Déesse de Sumer, Inanna, lui vaut de bons échos dans la presse et, en 1948, une place de conservateur des collections du musée de l'université, qu'il gardera jusqu'en 1968. Belle stabilité ! Et de quoi travailler !

Kramer, fidèle à sa vocation littéraire, ne perd pas son idée fixe. L'imaginaire des Sumériens, leur cosmogonie, leur vision du monde – au IIIe millénaire av. J.-C. – le tracassent. Il réunit peu à peu sa documentation et fait paraître en 1956 un livre lumineux de clarté, nourri d'extraits excellemment traduits, où le lecteur se voit conduit dans un « continent » largement inconnu. Le titre américain qu'on pourrait traduire par *Ce qu'on trouve dans les tablettes de Sumer,* n'attire guère les foules. Pas plus de 3 000 exemplaires vendus. *Exit* Kramer.

C'est alors qu'intervient le quatrième ange, à savoir Jean Bottéro. Celui-ci patronne l'ouvrage, le rebaptise avec un certain aplomb *L'Histoire commence à Sumer* et le confie aux éditions Arthaud en 1957. C'est le triomphe : 50 000 exemplaires sont vendus dans l'année, 15 pays achètent les droits. Depuis, les réimpressions se succèdent. Kramer est devenu M. Sumer.

Il faut dire que la découverte est de taille. On n'en finirait pas d'énumérer les différents « genres » littéraires de ces tablettes. Voici le premier cas patent de « fayotage » dû à quelque potache de l'an 2000 av. J.-C. qui, contrarié par ses mauvais résultats, offre des pots-de-vin à son professeur. Voici un très précis « manuel » du fermier sur le défrichage et le labourage. Voici la geste stupéfiante de la Grande-Déesse Inanna, déesse de l'Amour descendue aux Enfers, où elle précipitera son amant... Tout cela, raconté avec cette érudite bonhomie dont Kramer a le secret.

« Ces frères humains m'émeuvent par leur absence

d'idéologie, explique-t-il. Ils ont des rois, des Anciens, des guerriers, des héros d'une humanité bouleversante comme Gilgamesh, des lois et des parlements, mais ils ignorent la théorie ou l'idéologie. Il leur manquait deux outils intellectuels : la définition des concepts [ce qui supposerait des "idées générales"] et la notion même d'histoire, d'évolution. Ils vivaient le monde comme tel, ce qui les rend aujourd'hui particulièrement modernes. Tout survenait au premier degré, si bien qu'ils nous semblent aujourd'hui aussi matérialistes qu'épris de magie. »

Samuel Noah Kramer ne croit évidemment pas du tout à la magie. Il semble pourtant, sur bien d'autres points, ressembler à ses chers Sumériens. Au point de conjurer avec véhémence l'idée qu'il lui serait parfois arrivé de projeter ses délicats rapports avec le Dieu d'Israël sur le monde qu'il a tiré de l'oubli. « Je n'ai aucune imagination, mettez-vous cela dans la tête. Je suis d'un tempérament très littéral : quand j'invente, j'invente si mal et si loin du texte que cela n'a pas du tout l'air d'une interprétation, mais d'une invention. »

Ces dénégations ne suffisent pas tout à fait pour convaincre l'interlocuteur. Samuel Noah Kramer connaît certes trop bien les textes et respecte trop l'histoire pour « inventer » aux Sumériens une psychologie à sa manière, mais cela ne l'empêche pas de se disputer avec eux selon les plus pures règles judéo-chrétiennes. Comment imaginer la tournure d'esprit des hommes d'avant le mono-théisme ? Du moment que celui-ci nous imprègne, rien de polythéiste ne peut être pensé de façon parfaitement autonome. Surtout – et c'est le cas à Sumer –, quand les Sémites, qui sont déjà là, emploient bien des matériaux dont de nombreux passages de la Bible – les Psaumes ou le Livre de Job par exemple – seront redevables un millénaire plus tard (vi^e-ve siècle av. J.-C.). Dès 2700 av. J.-C., des noms incontestablement sémitiques apparaissent, en effet, dans les tablettes de Sumer...

« La comparaison que je vais faire ne vaut peut-être pas grand-chose, risque alors Kramer, mais j'ai eu l'occasion, comme je vous l'ai dit, de travailler avec Poebel, un immense savant mais, hélas !, un nazi convaincu. Un nazi flanqué d'un assistant juif, vous voyez le tableau ! Et je me suis parfois dit que les Sumériens et les Sémites devaient entretenir des rapports dans le style de ceux qui unissaient les Allemands et les Juifs avant 1914. L'osmose entre les deux traditions était incontestable, bien que subsistassent le délire méthodologique, analytique, chez les Allemands, et cette sorte d'intuition plastique, systématique, des Juifs. Les Allemands accumulaient observations et techniques, les Juifs y mettaient de l'émotion, du système, de la vision. C'était un peu la même chose à Sumer : les Sumériens inventent l'écriture, dressent d'étonnants catalogues, tandis que les Sémites qui vivent avec eux unifient, créent des perspectives, fondent plusieurs légendes en une seule épopée, etc. Surtout, dès qu'un Sémite intervient dans un corps de textes, en ces temps lointains, il signe toujours sa particularité par un génie de l'évolution tension-détente dans l'intrigue, par un *climax*, par une orientation, là où les Sumériens se bornaient à entasser. »

Kramer rimerait-il donc à ce point avec Sumer ? Le savant se joue de tels rapprochements : « Je vous le répète, nul n'imagine moins bien que moi, et je n'ai véritablement rêvé qu'une fois, une seule fois. C'est sur la localisation de Dilmun. » Dilmun, terre mal située dont le nom figure sur de nombreuses tablettes de Sumer, est un peu l'Atlantide des sumérologues. Selon Kramer, ce pays dont parlent les très vieux chroniqueurs de Nippur, d'Ur ou de Lagash était situé du côté de l'Indus, grande civilisation charnière avec l'Asie compliquée... « Je dois dire, pour être honnête, que la plupart des apparences sont contre moi, mais je garde ma conviction. Si jamais je me trompe, cela fera de toute façon très plaisir à mes collègues. Je ne peux pas le leur refuser. »

Sur ce, toujours juvénile et malicieux, Kramer retourne à ses tablettes.

Note

1. On trouve ce passage, avec bien d'autres textes, superbes, dans *L'Histoire commence à Sumer*, Paris, Arthaud, 1957, rééd. mise à jour 1986.

Orientation bibliographique

De S.N. Kramer :

Sumerian Mythology (Philadelphie, 1944), traduction des textes sacrés accompagnée d'un vaste commentaire. Ouvrage repris, en collaboration avec Jean Bottéro, dans *Lorsque les dieux faisaient l'homme. Mythologie mésopotamienne*, Paris, Gallimard, 1989.

Son principal livre en anglais reste *The Sumerians* (Chicago University Press, 1983) consacré à la culture, à l'histoire et aux mœurs des hommes de Sumer.

1

Nos premiers ancêtres

Au commencement
les Sumériens

entretien avec Jean Bottéro

L'HISTOIRE : *Vous venez de publier, Jean Bottéro, en collaboration avec l'Américain Samuel Noah Kramer, Lorsque les dieux faisaient l'homme (Gallimard), un impressionnant ensemble de textes mythologiques mésopotamiens, traduits et commentés. Votre complicité avec le grand sumérologue remonte à 1957 lorsque vous avez fait connaître ses découvertes en France en adaptant son livre, dont le succès ne s'est jamais démenti : L'Histoire commence à Sumer (Arthaud)[1]. A suivre l'ensemble de vos travaux, on serait même tenté de demander : ne serait-ce pas l'Occident, notre civilisation, qui naît pour l'essentiel en Mésopotamie ?*

JEAN BOTTÉRO : Dès qu'il s'agit des origines, il faut toujours se garder du fantasme de l'origine absolue, censée tout expliquer, tout résoudre et tout engendrer par un déterminisme magique. Dans cette quête à rebours, sensible chez nous dès le Moyen Age, on a déjà voulu, selon les idéologies et les besoins de chaque époque, hausser Troie ou Rome, la Grèce ou les Germains, voire bien d'autres combinaisons d'ancêtres, à l'éminente dignité de Source. Chaque système politique et philosophique tire ainsi, bien sûr, de ses fondations un prestige, en général conçu comme une machine de guerre contre le système rival. L'effacement des hypothétiques « impuretés » orientales par le mythe « viril » des grands ancêtres indo-européens n'est qu'une des manifestations de cette fâcheuse tendance à se choisir un passé.

Avant de plonger dans les siècles – puisque nous allons bientôt nous aventurer jusqu'au IVe millénaire avant

J.-C. –, il faut donc rappeler qu'il n'y a jamais, en histoire, de Commencement avec un grand C. Il n'y a que des développements, des croisements, des séparations, des oublis, des retrouvailles. Ainsi la Grèce, qui fut pour les Lumières le berceau de la civilisation, combattant de ce fait l'hégémonie du modèle biblique chrétien, passa-t-elle longtemps pour un « miracle » – ce fameux « miracle grec », dont l'une des fonctions était, bien sûr, de verrouiller l'Orient. Il serait très sot, par réaction, de déprécier l'étonnante mutation que représente la Grèce dans la genèse de l'Occident. Il n'empêche que la Grèce, aussi, a une histoire. Et qu'il faut, pour la comprendre, se pencher sur l'Asie Mineure, l'Ionie, les Hittites puis, de fil en aiguille, s'avancer vers la Mésopotamie.

Qui dit histoire dit, en effet, écriture. Tant qu'il n'existe pas d'écriture, tant que celle-ci demeure indéchiffrable, nous sommes archéologues ou préhistoriens. Il nous manque cette circulation d'idées, d'images, de récits et de généalogies par lesquels les hommes se sont, d'une certaine manière, « inventés ». L'Orient, sorti de notre scène mentale, avec l'oubli de ses écritures, a commencé son légitime retour lorsque, vingt ans avant le *Précis du Système hiéroglyphique* de Champollion, le jeune Allemand Grotefend (1775-1853) a posé en 1803 les bases du déchiffrement des « inscriptions persépolitaines dites cunéiformes ». Bref, lorsque ces diaboliques tablettes d'argile ornées de clous et de coins se sont mises à parler, on a découvert l'importance de la Mésopotamie, jusqu'alors banlieue de la Bible ou des guerres Médiques (ve siècle av. J.-C.). Une bibliothèque monstre s'ouvrait sous nos pieds entre le Tigre et l'Euphrate. Nous détenons maintenant près de 500 000 tablettes, sur tous les thèmes, du droit et de la politique à la religion, en passant par la littérature, la science, la vie quotidienne et le maquis des écrits diplomatiques. Cela change singulièrement notre vision des choses.

L'Histoire : *Le premier apport de la Mésopotamie à l'Occident serait donc, tout bonnement, l'écriture ?*

JEAN BOTTÉRO : Tout à fait. Emprunté aux « Phéniciens », le génial système alphabétique plonge ses racines à Sumer dans le Pays-des-deux-Fleuves. Et je voudrais insister sur cet élément capital dans le destin de l'humanité, car l'invention de l'écriture, vers l'an 3000 avant notre ère, n'est pas seulement l'invention d'une technique d'enregistrement et de déchiffrement. Elle représente une révolution de l'esprit humain. Il a d'abord fallu que l'homme « isole », si l'on peut dire, sa pensée, qu'il en fasse une sorte d'objet reproductible par des pictogrammes, des images aide-mémoire. Cette innovation est considérable. Elle permet un travail, absolument inédit jusque-là, sur tout ce que l'homme peut se représenter, sur l'appréhension et la transmission des faits comme sur celles des idées. L'homme a maintenant sa pensée devant lui.

Une seconde opération est dès lors devenue possible : celle qui consiste à détacher le pictogramme de l'objet qu'il désigne. Les premières inscriptions sumériennes se bornent à représenter une idée ou une chose. Peu à peu, le même signe s'emploie pour un autre objet que l'objet d'origine, dont le nom est phonétiquement identique ou voisin. En sumérien, par exemple, l'objet « flèche », aisément représentable, se disait *ti*. Or la « vie » se disait également *ti*. Bientôt le même signe renvoie aux deux réalités. On a donc, vers l'an 3000, coupé la relation entre l'objet et le signe pour cerner un phonème et développer ainsi la logique de la langue écrite, système autonome, outil d'un genre nouveau.

Au terme de ce procès, le système graphique devient une écriture de mots. L'homme peut non seulement conserver par écrit la pensée mais aussi consigner la parole et la langue. On ne se contente plus d'aide-mémoire : on peut informer et instruire. Par là même une certaine conception de la science et une certaine conception du divin se trouvent également bouleversées. Nous verrons ce que, dans le domaine de la raison comme dans celui des dieux, la Mésopotamie finira, grâce à un tel progrès, par nous léguer.

Pour l'instant, toutefois, une chose est certaine. C'est

bien en Mésopotamie que notre premier système d'écriture s'est édifié, et non ailleurs. Ces peuples représentent, de ce fait, nos plus vieux parents identifiables. Il existe certainement bien d'autres influences, mais nous ne pouvons les désigner, faute d'écriture.

L'HISTOIRE : *On a pourtant longtemps cherché du côté de l'Égypte.*

JEAN BOTTÉRO : Bien sûr. L'Égypte fascine, pour toutes sortes de raisons, qui vont du mystère des hiéroglyphes jusqu'à l'épopée napoléonienne, en passant par la Bible grecque et par le legs d'Alexandrie. L'archéologie, s'agissant de l'écriture, semble désormais formelle : les premières traces s'en trouvent en Mésopotamie, il y a 5 000 ans – ce qui ne diminue en rien les mérites de la terre des Pharaons. On trouve, par ailleurs à l'époque, en Égypte, certaines données mésopotamiennes, jamais l'inverse. Ce qui tendrait à prouver l'antériorité de la Mésopotamie. Il a fallu environ deux siècles plus tard à l'écriture pour venir au jour dans les royaumes du Nil. En revanche, tout montre que les Égyptiens ont développé aussitôt un tel acquis de façon autonome et originale.

Ce débat, toutefois, souligne une donnée importante. L'Égypte, par sa géographie, plonge vers l'Afrique et s'ouvre sur la Méditerranée : elle se trouve, de ce fait, à part du reste de l'ensemble oriental. Cette position accentue son particularisme et son originalité. La Mésopotamie, en revanche, offre une plate-forme ouverte sur deux immensités, Orient et Occident, qui lui étaient également accessibles : elle est soumise à tous les flux de circulation. Elle constitue un ensemble cohérent, mais ne peut s'organiser d'abord sur des frontières naturelles intérieures : tout favorise l'éclosion de cités rivales, délimitant leur territoire autour de pôles monarchiques centralisés.

La région, enfin, riche et fertile, ne dispose pas de matières premières : du limon, du bitume, des roseaux – rien d'autre. Ce peuple mésopotamien doit donc circuler, commercer, voyager, et il supplée ses carences naturelles par des trouvailles techniques et intellectuelles. Bref, voilà tout un faisceau de contraintes qui expliquent en partie son dynamisme. On retrouve, dès la plus haute Antiquité, des traces mésopotamiennes en Inde aussi bien qu'aux marches de l'Europe.

L'Histoire : *Au départ, donc, les Sumériens...*

Jean Bottéro : Pas exactement. Aussi loin que nous remontions, la Mésopotamie est bilingue. On y parle d'une part le sumérien, langue très isolée, et, de l'autre, l'akkadien, rameau de l'ensemble sémite. Deux langues aussi différentes que le chinois et le français, soit dit en passant...

Affirmée dès l'origine, cette dualité nous empêche d'ailleurs de succomber à la tentation de la Source unique. L'écriture, la future science, et la future théologie – si l'on ose employer ces termes anachroniques – sont nées dans une civilisation qui, elle-même, représente une symbiose.

Les Sumériens, venus peut-être par la mer du golfe Arabo-Persique, semblent avoir coupé les ponts avec leur patrie d'origine. Les Sémites, en revanche, s'enracinent dans un puissant arrière-monde, remontant jusqu'à la Syrie. Plus dynamiques, plus nombreux, constamment alimentés de sang frais, même s'ils semblent avoir été moins inventifs, ils « décollent » grâce à leur contact avec les Sumériens. Réciproquement, les Sumériens profitent de l'extraordinaire vitalité des Sémites. N'oublions pas, enfin, qu'il faut aussi compter avec d'autres peuples, déjà présents sur les lieux, dont nous ne savons rien, mais qui nous ont légué de nombreux noms propres, inanalysables par le sumérien et l'akkadien : Lagash, Uruk, Ur, etc.

Redisons-le : nous voici en présence d'une civilisation dynamique, mais composite. Le choc de l'écriture va, si l'on ose dire, la précipiter – au sens chimique du terme – dans un double mouvement dont nous pouvons encore, plus que jamais aujourd'hui, apprécier les conséquences : l'organisation d'une mythologie et celle, complémentaire, d'un certain esprit « scientifique », les deux liés.

L'HISTOIRE : *Deuxième apport, par conséquent : les dieux.*

JEAN BOTTÉRO : Ou, pour être plus exact, une certaine conception du monde divin. On peut en suivre l'avance au fil de la littérature, toujours plus abondante, qui nous est parvenue. Songez au rôle qu'a tenu et que tient, chez nous, par l'intermédiaire de la Bible, cette très ancienne cosmogonie babylonienne dont les traces restent omniprésentes dans le livre de la Genèse (récit de la Création, géographie du Paradis, Déluge) comme dans d'autres, plus tardifs, tels que le fameux Livre de Job, le grand livre sur le Mal et le sens même de la vie. Toutes choses dont nous sommes d'ailleurs désormais conscients, du fait des études bibliques. En revanche – « miracle grec » oblige –, on minimise encore souvent le matériau mésopotamien qu'utilisent les cosmogonies ioniennes, d'Hésiode ou Thalès de Milet[2].

L'HISTOIRE : *Alors, la Bible elle-même naît à Babylone ?*

JEAN BOTTÉRO : Non. Évidemment pas. On a certes longtemps cru que la Bible était le plus vieux livre du monde, tout droit venu de Dieu. La découverte en 1872, par G. Smith, des concordances entre le récit biblique et des récits mésopotamiens plus anciens, notamment ceux du Déluge, a bouleversé les choses. Les emprunts, très nombreux, ont dès lors été recensés. Il ne faut pas pour autant céder au défaut inverse : l'Ancien Testament n'est pas une simple variante des sagesses du Croissant Fertile. Il en emploie le matériau, mais en change le sens de façon tout à fait radicale.

Vous savez que l'on trouve, au début du livre de la Genèse deux récits de la Création, composés à quatre siècles d'intervalle, et tuilés l'un sur l'autre. Le premier (IXe siècle), en second dans la lecture, est indépendant de Babylone. Le second (Ve siècle), qui vient en tête, présente en revanche un contrepoint de chants, poèmes et cosmographies mythiques babyloniennes, liées à l'Eau originelle et à la lutte contre le Dragon primordial. Au terme du montage, toutefois, il s'en dégage une théologie tout autre que celle des Mésopotamiens, ne serait-ce que par l'insistance des rédacteurs sur l'unicité absolue et la transcendance du Créateur.

Même chose pour les récits du Déluge. Les dieux mésopotamiens veulent purger la terre de toute présence humaine parce que les hommes dérangent leur quiétude, par leur bruit et leur nombre. Le Dieu d'Israël décide, lui, de punir les hommes d'une conduite immorale. Il en résulte des enseignements très différents. On pourrait continuer avec bien des passages d'Isaïe ou le fameux Livre de Job, dont nous avons retrouvé un « scénario » babylonien (dialogue avec le « Juste » malheureux). Les conclusions du rédacteur hébreu se haussent toutefois à des sommets qu'ignorent ses confrères polythéistes : Dieu ne serait pas Dieu si son action était commandée par notre logique et si notre seule attitude n'était donc pas de nous laisser emporter par lui quoi qu'il décide de nous. Nous n'avons pas besoin d'un Dieu à notre taille.

Les prêtres, docteurs et prophètes d'Israël, pensent et vivent donc sous l'influence inconsciente, lointaine et diffuse, mais pour nous évidente, de Babylone. Outre les grands récits mythiques et littéraires, ils partagent avec cette écrasante culture le souci du « péché », l'interrogation sur le mal, sur la permanence fantomatique des morts dans un Au-delà... Mais ils le font contre Babylone, fidèles à l'expérience inouïe, absolument inédite, de leur monothéisme. Si les Mésopotamiens leur fournissent l'armature de toutes les grandes questions, les Israélites en détournent le sens et en modifient du tout au tout les fonctions.

L'histoire d'Israël est donc celle d'un petit peuple – confronté à de cruelles épreuves – qui marque sa différence dans un monde dont il utilise le langage, le savoir et les mythes. L'Exil à Babylone (587 av. J.-C.) prive les Hébreux de leur terre, crée la diaspora, nourrit la puissante quête d'un Royaume à venir, voire d'une rétribution après la mort. Il enracine à jamais la vision acquise, en somme depuis peu, d'un Dieu universel et absolu, non plus local et national, mais unique et transcendant tout : découverte qui constitue l'un des moments capitaux de l'histoire de l'Humanité. Un autre aspect de l'Occident naît ainsi au bord des fleuves de Babylone. Mais il ne doit qu'indirectement son importance aux Mésopotamiens.

L'Histoire : *Vous aviez aussi parlé des Grecs.*

Jean Bottéro : On retrouve, comme je l'ai dit, chez Hésiode et les philosophes ioniens – qui seront le substrat de la pensée de la Grèce classique – bien des thèmes nés entre le Tigre et l'Euphrate. Ce qui n'a rien de surprenant : la Grèce antique n'est encore qu'en périphérie de cette grande puissance.

Les Ioniens lui empruntent donc une large part de cosmogonie, en particulier l'idée d'une matière qui se développe constamment. Comme les Mésopotamiens, ils n'envisagent pas le problème de la Création et du néant, propre aux monothéistes d'Israël. Ils vont cependant, à partir de leurs emprunts, suivre une voie peu explorée par les Babyloniens. Ils développent une dimension « scientifique » ou « raisonnable » dont les Mésopotamiens ne nous offrent que l'ébauche. Avec les Grecs la mythologie de type babylonien se transforme, peu à peu, en une philosophie. La mythologie explique, en effet, les choses par le vraisemblable mais non point par le vrai ; alors que la philosophie, elle, cherche le vrai.

L'Histoire : *Précisons.*

Jean Bottéro : De l'invention de l'écriture, les Mésopotamiens ont gardé le sentiment que le monde lui-même peut se déchiffrer à la façon d'une écriture, et que l'on peut donc tout interpréter. Ils ignorent le concept et les lois abstraites, universelles, dont les Grecs se feront les virtuoses, mais ils ont mis au point un système d'interprétation sans lequel le savoir grec n'aurait pu s'organiser.

Le monde, pensent-ils, a été modelé par les dieux à partir d'une matière préexistante unique. Et les mêmes dieux assurent en quelque sorte la gestion de ce grand corps. Par le fait, ils décident de notre destin. Ce destin, les sages de Babylone le lisent et le déchiffrent dans les « signes » des choses : leurs infinis aspects inattendus, insolites, anormaux – plus de 100 paragraphes d'un

« traité » divinatoire de « Physiognomonie », qui lit l'avenir de l'intéressé dans les particularités de la présentation de sa personne et de son caractère, sont consacrés aux seules singularités de sa chevelure ! Une telle logique n'est pas très éloignée de celle qui liait, dans l'écriture primitive, le pictogramme à l'objet « réel » lorsque, progressivement, le signe s'est séparé de la chose représentée. Car les Babyloniens ont toujours observé avec attention les prodiges et le commentaire qu'en donnaient, selon eux, des faits concomitants. Un mouton à cinq pattes vient au monde : tel personnage meurt de maladie. Une éclipse a lieu : telle catastrophe politique survient. Les dieux, visiblement, se trahissent ou se manifestent ainsi par des idéogrammes matériels qu'il importe de décoder, et qui attestent une sorte de langage divin, de logique divine. Les rêves, bien sûr, y tiennent une place éminente.

A force d'observer et de supputer, ces inlassables compilateurs nous ont laissé des monceaux de textes qui sont des catalogues d'indices et de leurs « conséquences ». Ils couvrent tous les domaines de la divination : l'astrologie, la physiognomonie, les naissances étranges, les aspects les plus variés de la vie quotidienne... Nous avons pu retrouver jusqu'en Étrurie des foies de bronze ou d'argile, directement imités de ceux de Babylone, utilisés pour l'aruspicine, « science » qui tirait l'avenir de l'examen des entrailles des animaux sacrifiés, et qui jouera un grand rôle chez les Romains. De même avons-nous maintenant la certitude d'une influence directe de la Mésopotamie sur l'astrologie de l'Inde. C'est dire l'importance de cette spécialité mésopotamienne.

Certes, ces compilations nous semblent fastidieuses. Nous en possédons bien davantage que de chants ou d'épopées. Mais leur examen nous renseigne sur la mentalité de ces hommes. Ils établissent, en général, des liens hautement hasardeux, le plus souvent faux à nos yeux. Mais ils manifestent une forte ébauche d'esprit rationnel, une certaine méthode préscientifique. Ainsi, par exemple, les auteurs de traités enregistrent-ils, parmi les faits dignes d'interprétation, la naissance de jumeaux, voire de triplés. Soucieux, toutefois, de prévoir d'autres signes, non observés, ils vont jusqu'aux septuplés, octuplés et nonuplés ! De même, après avoir constaté la présence, fort rare, de deux vésicules biliaires dans le foie des victimes, systématisent-ils jusqu'à trois, cinq ou sept vésicules par foie ! Par-delà le constatable et soucieux d'universel, ils veulent aller jusqu'au « possible ».

Cela nous montre un travail intéressant. Les savants de Babylone cherchent à extrapoler, à définir des règles de probabilité, soumises à une rationalité universelle. Il ne leur sera pas donné, pour autant, de faire le « saut » que feront les Grecs. Mais sans eux les Grecs eussent été privés d'un matériau considérable.

L'HISTOIRE : *Existe-t-il, à côté de la religion et de la science, une politique de Babylone ?*

JEAN BOTTÉRO : On trouve, bien sûr, une très riche vie politique et juridique en Mésopotamie. Contrairement aux Grecs puis aux Romains, toutefois, cette culture n'a jamais enfanté de projet universel. La Mésopotamie se contente, en effet, d'organiser le monde divin sur le modèle hiérarchique et centralisé de la cité royale. Elle ne conçoit pas pour autant de théorie « mondiale » susceptible de s'exporter dans d'autres cultures. La grande idée impériale d'Alexandre puis de César lui reste tout à fait étrangère. Lorsque ces gens font la guerre, il s'agit toujours d'opérations de type commercial, de prédation, d'avantages économiques. On y trouve, comme ailleurs, certains textes violents, imprégnés de militarisme, mais nous y reconnaissons seulement la classique et niaise exaltation de la force et de l'« héroïsme ». Là encore, pas de vaste projet.

Entre le Tigre et l'Euphrate chaque cité, lorsqu'elle en annexe une autre, se borne à digérer le panthéon du vaincu. Nous sommes véritablement ici dans un univers concentrique, gérant avec dynamisme ses indispensables contacts commerciaux. La Mésopotamie se contente d'une certaine façon, comme la plupart des cultures de l'époque, d'être au centre de son monde, sans se poser la question des « autres » et de l'humanité en général. Cette question sera celle du monde gréco-romain, d'une part, et du monothéisme juif, d'autre part. Mais je voudrais avoir montré comment ces deux grands piliers de l'Occident moderne avaient de solides bases entre les deux fleuves.

Propos recueillis par
Jean-Maurice de Montremy

Notes

1. Cf. Jean-Maurice de Montremy, « Samuel N. Kramer », plus haut, p. 13.

2. Hésiode, poète grec du VIIIᵉ siècle av. J.-C., est notamment l'auteur d'une *Théogonie* et d'un poème didactique, *Les Travaux et les Jours*, où l'on retrouve également des influences mésopotamiennes. L'astronome et mathématicien grec Thalès (VIᵉ siècle av. J.-C.) reste, quant à lui, le symbole de l'essor de la pensée rationnelle.

Les Sumériens sortaient-ils de la mer ?

Georges Roux

L'origine des Sumériens est l'un de ces faux « grands problèmes de l'histoire », dû à notre passion de tout savoir et dont on perçoit mal le véritable intérêt. Car ce qui importe à l'historien, c'est moins la région d'origine d'un peuple que la trame de sa vie, son organisation politique, sociale et économique ou sa contribution au patrimoine culturel de l'humanité. En outre, ce problème n'est pas nouveau : il est né il y a tout juste cent cinquante ans. S'il a fait couler jadis beaucoup d'encre, il reste loin d'être résolu. A vrai dire, depuis quelques années la plupart des savants ne s'en souciaient plus guère et l'auraient volontiers relégué aux archives si de récentes découvertes archéologiques et géophysiques ne l'avaient fait resurgir sous des aspects inattendus.

Une langue étrange venue d'ailleurs.

Le problème de l'origine des Sumériens présente une particularité remarquable : il remonte à une époque où l'on ne connaissait absolument rien d'eux – pas même leur nom – ni de la civilisation qui fleurit en Basse-Mésopotamie au IIIe millénaire avant notre ère et dont on leur attribue à juste titre la paternité. En effet, le problème s'est initialement posé en termes purement linguistiques.

Les savants, au prix d'immenses efforts étalés sur une centaine d'années, sont parvenus à déchiffrer les textes écrits en signes cunéiformes. Leur sagacité s'est d'abord exercée sur des pierres et des briques inscrites rapportées en Europe par des voyageurs qui, depuis le XVIIe siècle, parcouraient l'Orient et les ramassaient par curiosité à même le sol. Puis ils s'attaquèrent à la grande inscription en trois langues (vieux perse, élamite et babylonien) que le roi de Perse Darius avait fait graver à cent mètres au-dessus du sol sur le rocher de Behistun (Iran). Enfin, des milliers de tablettes d'argile furent exhumées au cours des toutes premières fouilles effectuées en Mésopotamie septentrionale : celles du Français Paul-Émile Botta, à Khorsabad (1843-1854), et de l'Anglais Layard, à Nimrûd et à Ninive (1845-1855).

Vers 1850, on en savait assez pour pouvoir affirmer que la grande majorité des inscriptions provenant de ces villes assyriennes, ainsi que des ruines encore inexplorées de Babylone et de ses environs, étaient rédigées en assyrien ou en babylonien. Ces dialectes étaient très proches l'un de l'autre et apparentés tous deux à l'hébreu, à l'araméen et à l'arabe, c'est-à-dire sémitiques. Mais il n'en était pas de même de nombreuses inscriptions sur briques ramassées en Mésopotamie méridionale, ni de la deuxième langue de certaines tablettes bilingues (la première étant l'assyrien) provenant de Ninive. Comme cette deuxième langue était écrite avec les mêmes signes que les textes assyriens et babyloniens, et comme des « syllabaires », dressés par des maîtres d'école assyriens pour leurs élèves, donnaient la prononciation de ces signes, on pouvait la « lire » phonétiquement et même en deviner la structure, mais on ne pouvait pas la comprendre.

En fait, on était dans la situation où se trouvent la plupart d'entre nous devant un texte vietnamien, par exemple, écrit en caractères latins. Une chose, toutefois était certaine : cette autre langue de Mésopotamie n'était ni sémitique, ni perse, ni élamite et, pour reprendre la même comparaison, elle différait autant de l'assyrien ou du babylonien que le vietnamien diffère du français.

En 1852, Sir Henry Creswicke Rawlinson, l'un des grands pionniers anglais de l'assyriologie, se fondant sur la structure grammaticale apparente de cette langue mystérieuse, l'attribuait aux Scythes ou aux « Touraniens », terme sous lequel on groupait alors presque tous les peuples d'Asie centrale. L'année suivante, il suggérait de l'appeler « akkadien » (du nom d'Akkad, partie de la Mésopotamie antique) et ne craignait pas d'affirmer que son système pronominal l'apparentait plus particulièrement au mongol et au mandchou. Ce n'est que dix-sept ans plus tard, en 1869, que le grand assyriologue français Jules Oppert proposait de donner à cette langue le nom de « sumérien ». Il se fondait sur le titre « Roi de Sumer et d'Akkad » que s'attribuaient volontiers les monarques mésopotamiens. Son raisonnement était le suivant : selon certains textes découverts entre-temps, le nom d'Akkad semblait s'appliquer à la région de Babylone, où la plupart des inscriptions étaient en babylonien ou dans une langue sémitique voisine, mais un peu plus archaïque, qui méritait le nom d'akkadien [1]. Le mot « Sumer » devait donc désigner la Mésopotamie du Sud, où prédominaient justement les briques éparses écrites dans cette autre langue qui, à son avis, avait des affinités avec le turc, le finnois et le hongrois.

Ainsi se posait pour la première fois, avec le problème de la nature exacte de cette langue insolite, celui de l'origine du peuple qui l'écrivait et, vraisemblablement, la parlait. Et cela, bien avant qu'on eût fouillé aucun des nombreux *tells* du pays de Sumer, ni tenu en main un seul objet d'art provenant de cette région. Bien que Rawlinson et Oppert n'aient fait que suggérer des « affinités » linguistiques, un certain nombre de personnes se demandaient déjà si les Sumériens ne venaient pas d'Asie centrale, lieu commun d'origine des Mongols, Mandchous, Turcs et Finno-Ougriens. De là à l'affirmer, il n'y avait qu'un pas, que franchirent allègrement beaucoup de journalistes et vulgarisateurs de l'époque. Cette théorie, à laquelle on ne croit plus guère aujourd'hui, eut la vie dure, même parmi les experts. Un épigraphiste français de grand renom, Joseph Halévy, soutint avec acharnement, pendant un quart de siècle (1874-1900), que le « sumérien » d'Oppert n'était qu'une écriture secrète, une sorte de code inventé par les scribes assyro-babyloniens pour dissimuler quelque science ésotérique. Il finit par s'incliner, de mauvais gré, devant l'unanimité de ses confrères.

A l'heure actuelle, grâce aux textes bilingues, à de véritables « dictionnaires » sur tablettes que nous ont laissés les scribes mésopotamiens et à des études exigeant autant de patience que de science et d'imagination, les experts lisent le sumérien sans trop de difficultés. Toutes les théories linguistiques échafaudées depuis 1852 (y compris la théorie « caucasienne » ou même « indo-européenne ») ont été abandonnées. On s'accorde à penser que si cette langue appartient bien, par sa structure, au vaste groupe des langues « agglutinantes » (dont l'aire de dispersion s'étend de l'Amérique à l'Afrique, à l'Asie centrale et à la Polynésie), elle ne ressemble morphologiquement à aucune autre langue connue, morte ou vivante. La philologie n'est donc d'aucun secours pour résoudre le problème de l'origine des Sumériens.

Par terre ou par mer ?

Huit ans devaient encore s'écouler entre la géniale « invention » des Sumériens par Oppert sur des bases purement linguistiques et leur découverte, au sens propre du terme, par un autre Français.

C'est en 1877 qu'Ernest de Sarzec, consul de France à Bassorah, entama les fouilles de Tellô, site d'une des plus importantes cités du pays de Sumer, qu'on a longtemps appelée Lagash mais dont on connaît maintenant le vrai nom : Girsu. Ces fouilles et, à partir de 1899, les fouilles américaines de Nippur, quelque 100 kilomètres au nord-ouest de Tellô, ont livré des centaines de textes écrits uniquement en sumérien, ainsi que des temples, tombes, sculptures, vases, bijoux, cylindres-sceaux et objets divers du plus grand intérêt. Longtemps inconnus (car, contrairement aux Assyriens et Babyloniens, ils ne figuraient ni dans la Bible, ni dans les auteurs grecs), les Sumériens devenaient brusquement réels, presque vivants. Non seulement ils entraient dans l'histoire, mais on devait bientôt apprendre qu'ils la « créaient », étant les auteurs des plus anciennes inscriptions historiques connues.

Mais, du même coup, le problème de leur origine se posait en des termes nouveaux car ce peuple était perçu d'emblée comme « étranger » à la Mésopotamie, où il était pourtant fermement implanté. Non seulement les Sumériens formaient une sorte d'îlot linguistique dans un vaste monde hamito-sémitique qui s'étendait d'Addis-Abeba à Babylone et les entourait presque entièrement (leurs seuls autres voisins étant les Élamites, à l'est), mais ils n'avaient, croyait-on, ni le même aspect physique, ni les mêmes coutumes vestimentaires que les Assyriens et les Babyloniens. C'était un autre peuple, une autre race. En 1906, l'historien allemand Eduard Meyer avait insisté sur ce point. Aux Assyriens chevelus et barbus, à la tête longue, au nez gras et busqué, aux lèvres charnues, il opposait les Sumériens à la tête ronde, au nez saillant mais fin, aux lèvres minces, au crâne et au menton rasés. En outre, tandis que les Assyriens portaient de longues robes ornées de broderies, les Sumériens n'étaient vêtus que d'une jupe de laine grossière ou, tout au plus, d'une sorte de manteau drapé sur une épaule et laissant l'autre nue. De toute évidence, ces derniers étaient venus d'ailleurs et, ajoutait Meyer, ils étaient arrivés en Mésopotamie après les Sémites, dont ils avaient adopté les dieux barbus. Mais d'où venaient-ils ?

D'autres historiens, comme King (1910) et Jastrow (1916), répondaient que les Sumériens n'avaient pu venir que d'un pays montagneux, car ils utilisaient le même signe *KUR* pour « pays » et « montagne » et leurs temples comportaient des tours à étages (*ziggurrats*), prouvant que leurs anciens lieux de culte devaient être situés sur des hauteurs. Or la Mésopotamie est entourée de montagnes sur trois côtés : l'Amanus et le Liban au nord-ouest, le Caucase au nord et la longue chaîne du Zagros qui, à l'est, la sépare du plateau iranien. C'est vers cette dernière qu'on se tournait de préférence, parce qu'elle est plus proche de la Mésopotamie que les autres montagnes et que les fouilles effectuées dans le sud-ouest de l'Iran (notamment à Suse) avaient révélé une importante et très ancienne civilisation : celle de l'Élam.

Mais si les Sumériens avaient pu facilement venir

d'Iran à pied (ou à dos d'âne), n'auraient-ils pu aussi
venir d'autres pays montagneux beaucoup plus éloignés
mais toujours situés à l'est : le Béloutchistan, par exemple, ou l'Afghanistan, ou même l'Altaï, dans cette Asie
centrale qui avait tenté les linguistes ? Ils seraient alors
venus par mer, s'embarquant sur le golfe d'Oman après
un voyage terrestre plus ou moins long, puis remontant
le golfe Persique. Cette théorie « maritime » reposait
essentiellement sur le fait que les Sumériens semblaient
s'être d'abord établis dans l'extrême Sud de l'Iraq, « vers
l'embouchure du Tigre et de l'Euphrate », fleuves dont on
savait que, dans l'Antiquité, ils se jetaient séparément
dans le Golfe, quelque 300 kilomètres au nord de l'embouchure actuelle de leur affluent commun, le Shatt
el-Arab.

Et puis, il y avait la légende que rapportait Bérose.
Bérose était un prêtre babylonien qui vivait au IIIᵉ siècle
avant notre ère dans un pays hellénisé par les successeurs
d'Alexandre, et qui avait écrit en mauvais grec une
histoire de son pays intitulée *Babyloniaca*, dédiée au
souverain séleucide Antiochos Iᵉʳ (281-260 av. J.-C.). Cet
ouvrage est perdu, mais des fragments de l'abrégé qu'en
avait fait, au Iᵉʳ siècle de notre ère, l'écrivain Alexandre
Polyhistor ont été préservés par l'historien juif Flavius
Josèphe, son contemporain, et par l'évêque Eusèbe de
Césarée, au IVᵉ siècle. Or, au début de ses *Babyloniaca*,
Bérose raconte qu'à l'origine les habitants de la Babylonie vivaient « sans lois, tout comme des animaux sauvages ». Mais voici qu'un être étrange, mi-homme mi-
poisson, nommé Oannès, était sorti de la mer Érythrée
(nom qu'on donnait alors au golfe Persique aussi bien
qu'à la mer Rouge), « en un lieu adjacent à la Babylonie », et avait vécu quelque temps avec ces sauvages. « Il
leur apporta la connaissance des lettres, des sciences et de
toutes sortes de techniques. Il leur apprit aussi à fonder
des cités, établir des temples, promulguer des lois et
mesurer les terrains. Il leur révéla également l'agriculture
et la cueillette des fruits et, en général, donna aux
hommes tout ce qui est lié à la vie civilisée. » Puis il
replongea dans la mer, où il avait d'ailleurs passé toutes

ses nuits, « car il était amphibie ». Cette histoire fantas-
magorique ne recelait-elle pas une part de vérité ?
N'était-elle pas le reflet, déformé et enveloppé de mystère,
d'une lointaine tradition selon laquelle des hommes venus
par mer auraient un jour débarqué pour introduire la
civilisation dans une Mésopotamie encore préhistorique,
ce qu'avaient fait, précisément, les Sumériens ?

On en était là de ces spéculations lorsque survint la
Première Guerre mondiale. Interrompue pendant six ans,
la recherche archéologique au Proche-Orient reprit
en 1920 et s'étendit à de nombreux pays jusque-là peu
explorés, notamment la Syrie, la Turquie et la vallée de
l'Indus. En Mésopotamie, les fouilles se multiplièrent,
devinrent de plus en plus scientifiques et, en une quarantaine d'années (1920-1960), bouleversèrent complètement
notre connaissance des civilisations de l'Euphrate et du
Tigre en même temps que beaucoup d'idées reçues.

Les révélations d'Éridu.

Tout d'abord, bien d'autres cités sumériennes que
Girsu et Nippur ont été explorées, notamment Ur et son
célèbre cimetière royal (cf. p. 60) ruisselant d'or ; la
grande ville d'Uruk, patrie du héros Gilgamesh, qui
devait livrer les plus beaux temples protosumériens et les
plus anciens textes connus, et la petite ville d'Éridu, sur
laquelle nous reviendrons. Autres fouilles importantes en
dehors de Sumer : Kish, Mari et les sites de la vallée de la
Diyâlâ (Tell Asmar, Khafâdjî, Tell Aqrab). Ces fouilles
ont révélé la profonde influence qu'a exercée la civilisation sumérienne sur toute la Mésopotamie et bien au-
delà. Elles ont réduit à néant la notion d'une race
sumérienne, en nous montrant des Sémites de Mari et de
la Diyâlâ au crâne rasé et portant la jupe de laine, ainsi
qu'un mélange, dans les tombes de Sumer, de crânes
brachycéphales et dolichocéphales. Elles nous ont appris
que les *ziggurrats*, relativement tardives, dérivaient des
plates-formes sur lesquelles reposaient les anciens temples, simplement pour élever les dieux au-dessus des
mortels. Enfin, les épigraphistes ont pu établir, entre

mille autres choses, que le signe « montagne » (*KUR*) ne
s'appliquait qu'aux pays étrangers, le pays de Sumer
étant désigné par le signe *KALAM*. En un mot, les
théories échafaudées sur des bases dont la fragilité nous
étonne aujourd'hui étaient sérieusement remises en question.

Mais le plus grand mérite de ces fouilles a été de faire
apparaître toute une préhistoire et une protohistoire
mésopotamiennes jusque-là inconnues. Depuis la grotte
de Shanidar, au Kurdistan iraqien, d'époque mousté-
rienne (– 80 000 à – 40 000 ans), jusqu'à l'aube de l'histoire, au pays de Sumer (vers 2800 av. J.-C.), une série de
cultures néolithiques puis chalcolithiques s'étaient succédé entre le Tigre et l'Euphrate, cultures auxquelles on
donna, faute de mieux, le nom des sites où elles avaient
été identifiées pour la première fois : Jarmo, Hassuna,
Halaf, Ubaid, Uruk, Djemdet-Nasr. Chacune de ces
cultures était caractérisée par des éléments spécifiques
dont le plus typique était la poterie, tantôt grossière
(Jarmo), tantôt peinte (Hassuna, Halaf, Ubaid, Djemdet-Nasr), tantôt non décorée (Uruk). L'aire de dispersion de ces céramiques était soit relativement étroite
(Jarmo, Hassuna, Djemdet-Nasr), soit limitée au Nord
de la Mésopotamie (Halaf), soit étendue à l'ensemble de
cette région (Ubaid, Uruk). Or, c'est la poterie, jointe à
des débris d'architecture religieuse, qui nous a révélé que
l'occupation de la Mésopotamie méridionale était bien
plus ancienne qu'on ne l'avait cru jusque-là. Et c'est aux
fouilles d'Éridu que l'on doit cette révélation.

Comparée à Ur, dont elle n'est distante que d'une
quinzaine de kilomètres, Éridu n'a jamais été une grande
cité, mais elle a tenu une place de premier plan dans la
tradition sumérienne. En effet, selon la grande *Liste
royale sumérienne*, publiée en 1939 par le sumérologue
américain Thorkild Jacobsen, c'était la plus ancienne de
toutes les villes mésopotamiennes, celle où « la royauté
était descendue du ciel » pour la première fois, bien avant
le Déluge, et les noms de ses deux souverains, Alulim et
Alalgar, sont cités par Bérose, sous une forme déformée
et grécisée (Aloros et Alaparos), comme étant ceux du

« premier roi du pays » et de son fils. Autre point notable : d'autres textes indiquent clairement qu'Éridu était située « sur le rivage de la mer ».

L'Anglais Seton Lloyd et l'Iraqien Fuad Safar, qui fouillèrent à Éridu de 1946 à 1949, mirent au jour un cimetière, un grand bâtiment baptisé « palais » et les restes d'une *ziggurrat* construite sous la Troisième Dynastie d'Ur (env. 2100-2000 av. J.-C.). Mais, sous un angle de cette *ziggurrat*, ils découvrirent une impressionnante série de 18 temples bâtis l'un au-dessus de l'autre, ce qui témoignait à la fois d'une très longue occupation du site et peut-être d'une très ancienne dévotion au même dieu. Si l'on en juge par les nombreux restes d'offrandes de poissons dans chacun de ces temples, ce dieu pouvait être Enki, le dieu sumérien des eaux, ou au moins son équivalent.

La poterie permettait de dater les 5 temples les plus superficiels du début de la période d'Uruk (vers 3700 av. J.-C.) et les 6 temples suivants de la période d'Ubaid (4500-3500 av. J.-C.), mais les sanctuaires les plus profonds contenaient des céramiques peintes assez différentes de celles d'Ubaid. La céramique des niveaux 14 à 12 était identique à celle que les archéologues allemands qui fouillaient Uruk avaient déjà trouvée à Qala'at Hajji Mohammed, près de cette ville, tandis que celle des niveaux 18 à 15, particulièrement élégante, n'avait alors pas d'équivalent. On la baptisa donc « céramique d'Éridu ». Nous savons maintenant que la céramique d'Éridu est limitée à une petite zone aux alentours de ce site, alors que la céramique de Hajji Mohammed se retrouve jusqu'à Râs-el-Amiyah, au nord de Kish, soit à 240 kilomètres d'Éridu. Il est très important de noter que Hajji Mohammed et Râs-el-Amiyah ne sont pas des « tells », des collines artificielles, mais des sites découverts par hasard (éboulement d'une falaise de l'Euphrate, creusement d'un canal) au-dessous du niveau actuel de la plaine mésopotamienne, comme d'ailleurs les niveaux profonds d'Éridu. Notons également que la céramique d'Éridu présente certaines affinités avec celle de Halaf et pourrait, de par sa position stratigraphique, dater comme cette dernière d'environ 5000 av. J.-C.

Un peuplement continu.

Ainsi donc, aux très hautes époques, *toute* la Mésopotamie a été habitée par des peuples divers dont nous ne saurons jamais les noms ni l'histoire, car ils ne nous ont laissé aucun texte. Ce n'est que vers 3200 av. J.-C., dans la couche 4b du niveau culturel d'Uruk, à Uruk même, qu'apparaissent les premières tablettes d'argile portant des signes cunéiformes archaïques. Malheureusement, ces premiers textes (les plus anciens du monde) sont uniquement formés de « logogrammes » (dessins représentant un mot) et dépourvus de signes à valeur phonétique utilisés comme particules grammaticales. Nous ne pouvons donc pas être certains qu'ils sont rédigés en sumérien. D'ailleurs, le très grand sumérologue que fut Benno Landsberger a démontré, en 1943-1945, que les textes authentiquement sumériens contiennent des mots qui ne sont ni sumériens ni sémitiques, notamment certains noms de villes et de fleuves, dont l'Euphrate (*buranun*) et le Tigre (*idigna*) et de nombreux noms de métiers et d'objets usuels. Il semble donc que les Sumériens ont emprunté ces mots à un peuple X qui les a précédés en Mésopotamie.

Malgré toutes ces découvertes, le problème de l'origine des Sumériens restait toujours obscur. Il se compliquait même et se doublait maintenant d'un problème chronologique : si les Sumériens étaient arrivés en Mésopotamie avant 3000 av. J.-C., comme c'était probable, avaient-ils été porteurs de l'une de ces cultures préhistoriques, et laquelle ? Et d'où venaient-ils ?

Les savants étaient perplexes sur les réponses à donner à ces questions. D'une façon générale, les archéologues (Seton Llyod, Frankfort), impressionnés par la continuité de culture dont témoignent les temples superposés d'Éridu, étaient enclins à penser que l'arrivée des Sumériens avait coïncidé avec le début de la période d'Ubaid (4500-3500 av. J.-C.) ou même d'Éridu. Les philologues

Speiser et Kramer, quant à eux, se fondaient sur l'apparition assez tardive de l'écriture, sur une tradition, dans la littérature sumérienne, d'un « âge héroïque » analogue à celui d'autres peuples conquérants (Grecs, Germains et Hindous) et sur le remplacement d'une poterie peinte (Ubaid) par une poterie non peinte (Uruk) pour dater l'arrivée des Sumériens du début de l'époque d'Uruk (vers 3500 av. J.-C.) sinon plus tard. Mais le point de départ des Sumériens était toujours aussi mystérieux : les nombreuses fouilles effectuées dans tout le Proche-Orient, ainsi qu'en Inde, au Pakistan, en Afghanistan, au Caucase et en Asie centrale pendant ces années 1920-1960, n'avaient, en effet, rien fourni qui ressemblât, de près ou de loin, à ce que nous savons de la civilisation sumérienne. On en restait donc aux vieilles théories. En 1951, l'assyriologue américain Speiser concluait un long article en affirmant, sans en apporter la moindre preuve, que les Sumériens, entrés en Mésopotamie à l'époque d'Uruk, « étaient venus de l'Est, probablement par mer, bien que leur pays d'origine semble avoir été une région montagneuse ». Et de spéculer : Transcaucasie, Transcaspienne, Haute-Asie ? Seul, André Parrot, en France, penchait pour l'Anatolie, centre traditionnel de la céramique unie, comme l'Iran était celui de la céramique peinte. Pour lui, les Sumériens étaient arrivés du Nord, au début de l'époque d'Uruk, en suivant la vallée de l'Euphrate. Théorie originale mais qui, comme la théorie « maritime », ne reposait sur aucune preuve tangible.

Ce golfe Arabo-Persique sur lequel les Sumériens auraient navigué, tels des Vikings, avant de conquérir la Mésopotamie, qu'en savait-on vers la fin des années cinquante ? Peu de chose en vérité, en dehors de ce qu'en disaient certains textes.

Ces textes – des inscriptions royales et des tablettes administratives, surtout nombreuses entre 2300 et 1800 av. J.-C. – évoquaient des vaisseaux venus de pays appelés Dilmun, Magan et Meluhha, s'amarrant dans les ports fluviaux d'Ur et même d'Agadé, non loin de Babylone, après avoir vogué sur la « mer Amère » (ou « Inférieure » ou « du Soleil Levant ») comme on nom-

mait alors le Golfe. De Meluhha ils apportaient de l'or,
la « précieuse cornaline », des objets d'ivoire, diverses
essences d'arbres, tandis que de Magan provenaient le
« cuivre noble » et cette belle pierre noire, la diorite, dans
laquelle les sculpteurs sumériens ont taillé les statues de
Gudéa, prince de Girsu, qu'on peut admirer au Louvre.
Quant à Dilmun, il semble avoir servi surtout de comp-
toir par où transitaient ces marchandises. Nous ne savons
pas très bien ce que les Mésopotamiens donnaient en
échange. Sans doute des céréales, des peaux, des tissus,
des objets manufacturés. Commerce florissant, en tout
cas, que les souverains mésopotamiens, de Man-ishtûsu,
roi d'Akkad (env. 2269-2255 av. J.-C.), à Sargon II, roi
d'Assyrie (721-705 av. J.-C.), semblent avoir été périodi-
quement tentés de monopoliser en s'emparant de ces
contrées ou en étendant sur elles leur tutelle. Or, ces trois
pays, nous pouvons maintenant les identifier avec une
quasi-certitude. Meluhha est très probablement la vallée
de l'Indus où florissait, à la fin du IIIe millénaire, une très
remarquable civilisation. Il semble de plus en plus certain
que Magan soit l'Oman actuel, riche en minerai de cuivre
et en roches éruptives ; et l'on s'accorde à reconnaître
l'ancien Dilmun dans l'île de Bahrein. Mais, à l'exception, justement, de cette île, constellée de milliers de
tumuli dont quelques-uns avaient été fouillés en 1906 et
en 1925 sans révéler grand-chose, toute la côte ouest du
golfe Arabo-Persique, ainsi que l'Oman, restaient, dans
les années cinquante, *terrae incognitae* pour les archéologues.

Le pétrole a changé tout cela. En conférant la richesse,
puis l'indépendance aux pays riverains du Golfe, il a
éveillé, chez leurs dirigeants, un sentiment national assez
puissant pour qu'ils encouragent, financent et même
suscitent des recherches visant à retrouver le lointain
passé de ces États tout neufs. Après Bahrein, fouillé avec
beaucoup de succès par les Danois à partir de 1953, ce
furent l'île de Failaka, appartenant au Koweit, puis le
Qatar, les Émirats Arabes Unis, les provinces orientales
de l'Arabie Séoudite, l'Oman enfin. A l'heure actuelle,
plusieurs missions américaines, anglaises, danoises, fran-

çaises, sont à l'œuvre dans cette partie du Proche-Orient trop longtemps négligée, effectuant des *surveys*, creusant des tells, ouvrant des tombeaux. Il est certes trop tôt pour tenter de brosser un tableau d'ensemble des résultats de ces travaux, de cette authentique « révolution archéologique » dont on s'étonne que le grand public ne soit pas mieux informé, mais trois points émergent déjà qui méritent d'être soulignés. Tout d'abord, ces régions semblent avoir été plus peuplées et plus riches dans l'Antiquité qu'elles ne l'étaient avant le grand « boom » pétrolier des années soixante. Ensuite, dès le IIIe millénaire avant notre ère, Bahrein, certaines parties de la côte du Golfe et l'Oman avaient leur propre culture, tantôt modeste, tantôt assez impressionnante, et étaient en rapports étroits avec la Mésopotamie, l'Iran oriental, le Béloutchistan et la vallée de l'Indus. Enfin, les rapports commerciaux, et peut-être politiques, avec la Mésopotamie remontent à une époque beaucoup plus lointaine que ne le suggéraient les textes, puisqu'on retrouve la céramique de Djemdet-Nasr (vers 3100 av. J.-C.) jusqu'au cœur de l'Oman, et la poterie d'Ubaid, voire de Hajji Mohammed, tout le long de la côte d'Arabie Séoudite jusqu'à Bahrein et au Qatar.

Sous le Golfe, les Sumériens ?

C'est aussi au pétrole qu'on doit d'autres recherches, celles-ci dans les domaines de la géologie et de la géophysique, mais ayant parfois des retombées sur l'histoire, la préhistoire et l'archéologie du Golfe et des pays voisins. De ces recherches, nous ne retiendrons ici que les sondages sous-marins effectués en 1964-1965 par les géologues du navire océanographique allemand *Meteor*, parce qu'elles ont un rapport direct avec notre sujet. En effet, ces sondages ont permis de confirmer et surtout de dater ce que l'on connaissait déjà depuis longtemps, à savoir que le niveau du golfe Arabo-Persique a fluctué considérablement pendant tout le Pléistocène et le début de l'Holocène, selon que se formaient ou fondaient les énormes calottes glaciaires qui, à quatre reprises, ont recouvert tout le Nord de l'Europe et de l'Amérique.

Ainsi, on a pu établir que vers 70000 av. J.-C., dans l'intervalle chaud entre les deux dernières glaciations (Riss et Würm), le niveau du Golfe était supérieur de quelque 8 mètres au niveau actuel, ce qui implique que les eaux recouvraient alors une grande partie de la plaine mésopotamienne. Le niveau baissa ensuite, à mesure que le climat devenait plus froid et que les glaciers se reformaient, pour atteindre son point le plus bas (−120 m) à l'acmé de la glaciation de Würm, vers 14000 av. J.-C. Le Golfe tout entier était alors une large plaine traversée par le Tigre et l'Euphrate (ou l'équivalent de l'actuel Shatt el-Arab), qui se jetaient directement dans le golfe d'Oman. Puis, la calotte glaciaire reculant, le niveau du golfe Arabo-Persique remonta, très lentement d'abord, ensuite plus vite. Le sommet du Golfe se situait à l'est de la péninsule de Qatar vers 12000 av. J.-C., à mi-chemin entre Koweit et Bahrein vers 10000 av. J.-C., environ, 100 kilomètres plus au nord vers 8000 av. J.-C. ; à la latitude de Koweit vers 6000 av. J.-C. ; et à son emplacement actuel vers 4000 av. J.-C. Une dernière montée des eaux, vers 3000 av. J.-C., aurait encore élevé le niveau d'environ 3 mètres, assez pour submerger une partie de la Basse-Mésopotamie, et c'est l'alluvionnement progressif par des fleuves désormais à faible pente qui aurait fait reculer la mer, la ville d'Ur se situant à 20 ou 30 kilomètres du rivage vers 2800 av. J.-C.

Il est donc possible de penser qu'entre 14000 et 3000 avant notre ère, ce qui est aujourd'hui le fond du Golfe était une large vallée arrosée par un ou deux grands fleuves et leurs affluents, parsemée aussi de lacs et, semble-t-il, habitable. Et l'on ne peut s'empêcher de rêver que cette vallée, à partir d'une certaine époque qui reste à définir, a pu être habitée par les Sumériens ou tout au moins leurs ancêtres.

Cette hypothèse, qu'on ose à peine formuler à voix basse, aurait l'avantage de résoudre certains problèmes. Elle fournirait un semblant de base rationnelle à la légende racontée par Bérose. L'homme-poisson Oannès personnifierait ce peuple reculant devant la montée des eaux, littéralement « sortant de la mer », pour s'installer autour d'Éridu, puis dans toute la Basse-Mésopotamie.

Ensuite, si l'on admet que les Pré-Sumériens ont été les vecteurs des poteries peintes d'Éridu, de Hajji Mohammed et d'Ubaid (que l'on considère actuellement comme des variétés successives d'une même « céramique d'Ubaid »), cette hypothèse serait compatible avec la présence de cette céramique au Qatar, à Bahrein et le long de la côte nord-ouest du Golfe, ainsi qu'à l'extrême sud de l'Iraq.

Enfin, elle rendrait compte d'un concept sumérien dont la raison d'être est loin d'être évidente : celui de « Dilmun, paradis perdu », concept auquel se réfère sans doute la fin du plus ancien récit mésopotamien du Déluge [2], lorsque Ziusudra, le Noé sumérien, sort de l'arche, offre un sacrifice, est transfiguré en dieu et est installé « dans le pays de passage, le pays de Dilmun, là où se lève le soleil ». Mais le texte le plus explicite à cet égard est un long poème, assez bien conservé malgré quelques lacunes, qui porte le nom de « Mythe d'Enki et Ninhursag » [3].

Une hypothèse ni vérifiable, ni nécessaire.

Ce mythe, bizarre et compliqué, est essentiellement un mythe de création sexuelle ayant pour théâtre Dilmun et pour protagonistes le dieu des eaux Enki et la déesse-terre Ninhursag, son épouse. On y voit Enki faire surgir de l'eau douce à Dilmun pour arroser prairies et vergers, féconder ensuite son épouse et même, successivement, sa fille et ses petites-filles, donnant ainsi naissance à des déesses, enfin se faire dérober sa semence par Ninhursag pour produire 8 plantes probablement magiques. Mais il les mange et, maudit pour ce geste par la déesse-terre, tombe gravement malade. Pourtant, Ninhursag, qui s'était enfuie, revient, prend pitié de lui et crée 8 divinités guérisseuses (une pour chaque partie de son corps dont il souffre) auxquelles Enki assigne certaines fonctions divines ou attribue certains territoires. Notons ici que Magan est donné au dieu Ninsikilla et Dilmun au dieu

Enshag (qui peut aussi s'écrire Enzak ou Inzak). Or, on
lit le nom d'Inzak sur des inscriptions datant du début du
IIe millénaire, découvertes à Bahrein et dans l'île de
Failaka. Mais la partie la plus intéressante du mythe pour
notre propos est la description de Dilmun qui ouvre le
récit. Pour citer son dernier traducteur, le professeur
Kramer, de Philadelphie, Dilmun est un pays « pur »,
« propre », « brillant », un « pays des vivants » où ne
règne ni la maladie ni la mort :

> *A Dilmun, le corbeau ne pousse pas son cri,*
> *L'oiseau* ittidu *ne pousse pas le cri de l'oiseau* ittidu,
> *Le lion ne tue pas,*
> *Le loup ne s'empare pas de l'agneau,*
> *Inconnu est le chien sauvage, dévoreur de chevreaux.*
> *Celui qui a mal aux yeux ne dit pas : « J'ai mal aux*
> *yeux »,*
> *Celui qui a mal à la tête ne dit pas : « J'ai mal à la tête »,*
> *La vieille femme ne dit pas : « Je suis une vieille*
> *femme »,*
> *Le vieil homme ne dit pas : « Je suis un vieil homme »...*

Bref, un pays de rêve, un véritable Paradis, comme le
deviennent volontiers, dans la mémoire des hommes, les
lieux qu'ils ont dû quitter il y a très longtemps, sans espoir
de retour.

Les Sumériens (ou tout au moins leurs ancêtres) seraient-ils donc venus de Dilmun, c'est-à-dire de l'île de
Bahrein ou, au sens large du terme, de la partie du Golfe
située entre cette île et le Koweit et aujourd'hui recou-
verte par les eaux ?

Gardons-nous de répondre par l'affirmative, de nous
enfermer dans un mythe à l'instar des fanatiques de
l'Atlantide. Si attrayante que puisse paraître l'hypothèse
d'un « Sumer préhistorique » enfoui au fond du golfe
Arabo-Persique, elle se heurte à de multiples objections
d'ordre chronologique, géologique et archéologique qui
la rendent peu crédible. Ainsi, à la latitude de Bahrein, le
fond du Golfe a été sec de 14000 à 10000 av. J.-C.,
période qui correspond au Paléolithique supérieur et trop

reculée pour concorder avec une culture protohistorique. En outre, selon le géographe Vita-Finzi, la rareté des sédiments fluviatiles au fond du Golfe et l'absence de véritable delta à son entrée (sans doute à cause de la très forte pente du ou des fleuves à ces époques reculées) en auraient fait « une dépression généralement privée d'eau et contenant quelques zones marécageuses ». Autre point notable : on n'a pas trouvé de céramique d'Éridu (pourtant la plus ancienne) à Bahrein, au Qatar ni sur la côte du Golfe, et la majorité de la céramique d'Ubaid qu'on y a recueillie est tardive.

Au reste, l'hypothèse « sous-marine » est entachée d'un défaut majeur : elle est *invérifiable*. Car, que peut-on espérer retrouver aujourd'hui, sur le plancher terrestre du Golfe, des huttes de roseaux et des maisons de torchis et de briques crues qui constituaient l'habitat ordinaire des Sumériens et de leurs prédécesseurs ? Et puis, elle n'est pas *nécessaire*, même pour expliquer le mythe d'Enki et Ninhursag. On peut très bien imaginer que des Pré-Sumériens, qu'ils soient venus de l'Est ou de l'Ouest (c'est-à-dire de Mésopotamie), ont pu séjourner ou créer des colonies ou des comptoirs le long de la côte du Golfe et à Bahrein, puis les abandonner ou les perdre au profit d'autres peuples. Les Sumériens auraient alors transposé plus tard, dans ces pays lointains « où le soleil se lève », leur mythe d'un Paradis perdu comme les Hébreux établis en Canaan ont situé le leur dans le Jardin d'Éden, entre le Tigre et l'Euphrate.

Rien, jusqu'à présent, n'a démontré un mouvement ethnique d'est en ouest à travers le Golfe. En revanche, l'hypothèse d'une « origine » mésopotamienne des Sumériens semble de plus en plus probable et mérite d'être examinée.

A nos yeux, le principal mérite des nombreuses fouilles effectuées sur les sites protohistoriques d'Iraq au cours des vingt dernières années a été de confirmer que la civilisation suméro-akkadienne était, comme toutes les civilisations anciennes ou modernes, un amalgame d'éléments divers fusionnés dans le même creuset, coulés dans le même moule. L'apparition de chacun de ces éléments

– qu'il s'agisse de techniques, d'arts ou d'architecture –
peut désormais être localisée dans le temps et dans
l'espace et, s'il est incontestable que certains ont été
empruntés à des pays voisins, la plupart ont, en Mésopotamie même, des racines si profondes qu'on peut les
considérer comme indigènes à cette région.

Nous savons maintenant, grâce à ces fouilles, que les
plus anciennes cultures préhistoriques de Mésopotamie
ont été en partie contemporaines et qu'il n'existe entre
elles aucun hiatus, le passage, par exemple, d'une céramique à l'autre sur le même site se faisant presque toujours
progressivement. Il est en outre extrêmement probable
que le remplacement de la poterie peinte d'Ubaid par la
poterie non peinte d'Uruk a été dû à une innovation
technique, le tour du potier, permettant une production
de masse, et qu'il n'y a plus lieu d'évoquer un changement
brusque de population. De toutes ces cultures, seule celle
de Halaf semble avoir été importée, toute faite, en
Mésopotamie, sans doute d'Anatolie orientale ou d'Arménie, mais sa diffusion limitée, son apparition et sa
disparition graduelles suggèrent une infiltration pacifique
plutôt qu'une conquête.

Où est le « berceau d'origine » ?

Ces recherches archéologiques relativement récentes
nous ont aussi révélé une nouvelle culture protohistorique qu'il faut insérer entre la culture de Hassuna et celles,
contemporaines entre elles, de Halaf dans le Nord et
d'Éridu (Ubaid I) dans le Sud, que le carbone 14 permet
de dater d'environ 5500 av. J.-C. Cette culture porte le
nom de Samarra, parce que la très élégante céramique
peinte qui la caractérise a été découverte, dès 1912, dans
un cimetière sous-jacent au niveau médiéval de cette ville,
mais son site-type est Tell es-Sawwan (le tell « des silex »),
situé sur la rive gauche du Tigre, non loin de Samarra, et
fouillé par une mission iraqienne entre 1963 et 1969.
L'épicentre de cette culture paraît correspondre au
Moyen-Tigre, entre Mossoul et Bagdad, mais on retrouve
la céramique de Samarra jusque sur le Moyen-Euphrate

et le Khabur, à l'ouest, et les contreforts du Zagros, à l'est.

Essentiellement agriculteurs et éleveurs de bétail, les habitants de Tell es-Sawwan semblent avoir été les premiers en Iraq à pratiquer une forme primitive d'irrigation, en utilisant les crues du Tigre pour arroser leurs champs où poussaient le blé, l'orge, l'avoine et le lin. Ils ont aussi été les premiers dans cette région à entourer leur ville d'un fossé et d'une muraille. Leurs maisons, spacieuses et construites en briques crues, contenaient, outre la belle poterie de Samarra, des vases de marbre translucide très habilement taillés. Enfin, leurs tombes, situées sous les demeures, ont livré des statuettes en terre cuite ou en albâtre de personnages debout ou accroupis, le plus souvent des femmes. Certaines des figurines de terre cuite avaient des yeux faits d'une pastille d'argile fendue « en grain de café » et des crânes très allongés – yeux et crânes fort semblables à ceux des figurines de la culture d'Ubaid. En revanche, les yeux d'autres statuettes de terre cuite ou d'albâtre étaient grands, largement ouverts, incrustés de coquillage et surmontés d'épais sourcils en bitume. Or, non seulement ces yeux, mais l'attitude même des personnages (coudes pliés, mains jointes devant la poitrine), et leur bonnet pointu, ressemblent étonnamment à ceux des statuettes sumériennes archaïques qui, elles, datent de 2800-2500 av. J.-C. Autre découverte notable, l'archéologue anglaise Joan Oates a trouvé à Choga Mami, à l'est de Bagdad, des figurines d'argile aux yeux en grain de café semblables à celles de Tell es-Sawwan, ainsi qu'une céramique de style transitionnel entre la céramique de Samarra et celle d'Éridu (Ubaid I) et de Hajji Mohammed (Ubaid II), toutes trois, d'ailleurs, également présentes sous leur forme pure sur le même site [4].

Tell es-Sawwan et Choga Mami nous offrent donc un exemple remarquable de continuité culturelle entre les « Samarriens », les « Ubaidiens » et même, semble-t-il, les Sumériens d'époques historiques. Nous ne pensons pas qu'on puisse en conclure que les « Ubaidiens » étaient des « Samarriens » émigrés dans le Sud, ni que les « Ubaidiens » étaient incontestablement les ancêtres des Sumériens, mais ces découvertes ne peuvent que renforcer l'hypothèse selon laquelle les Sumériens feraient partie des diverses populations établies depuis très longtemps en Mésopotamie et qui se sont sans doute mêlées et ont fusionné au cours des siècles, comme l'ont fait nos propres ancêtres.

Dans cette hypothèse, l'origine des Sumériens se perdrait dans la nuit des temps, car nous ne savons et ne saurons jamais rien de précis sur les mouvements des populations néolithiques et paléolithiques qui se sont succédé au Proche-Orient, en Europe ou en Asie. Vouloir à tout prix trouver aux Sumériens un « berceau d'origine », quitte à le chercher jusqu'au fond de la mer, échafauder des théories sur des bases qui se dérobent dès qu'on les examine de près, n'est-ce pas se nourrir d'illusions ou, comme l'a si bien dit Frankfort, « poursuivre une chimère » ?

Notes

1. En réalité, l'akkadien, comme tel, n'a été identifié que plus tard. A l'heure actuelle, on utilise souvent le mot « akkadien » au sens large pour désigner l'ensemble des dialectes sémitiques de Mésopotamie (akkadien, assyrien et babylonien).

2. Cf. plus loin, p. 259 : « Le plus vieux récit du Déluge ».

3. Texte tout entier traduit dans *Lorsque les dieux faisaient l'homme. Mythologie mésopotamienne*, Paris, Gallimard, 1989, p. 152 *sq.*

4. Plus récemment, des archéologues français fouillant à Tell el-Oueili, près de Larsa, y ont découvert non seulement les quatre niveaux d'Ubaid classiques, mais aussi un niveau baptisé Ubaid 0 ayant certains points communs avec la culture de Samarra. Sous ce dernier, ils ont pu discerner d'autres niveaux encore plus anciens mais difficiles à explorer à cause de la nappe phréatique. La Basse-Mésopotamie a donc été peuplée beaucoup plus tôt qu'on ne le croyait jusqu'ici.

Orientation bibliographique

Origine des Sumériens.

Les principaux articles sur l'origine des Sumériens ont été réunis par T. Jones, *The Sumerian Problem*, New York, John Wiley and Sons, 1969.

Les différentes théories sont résumées dans l'ouvrage d'A. Parrot, *Archéologie mésopotamienne*, Paris, Albin Michel, 1953, vol. II, p. 308-328. Ce volume, ainsi que le volume I (1946), contient également un résumé de toutes les fouilles effectuées en Mésopotamie jusqu'en 1950.

Bérose.

Une édition critique de ce qui nous reste de l'œuvre de Bérose, jusqu'ici peu accessible autrement qu'en grec, a été publiée par S.M. Burstein, *The Babyloniaca of Berossus*, Malibu, Californie, Undena Publications, 1978.

Les fouilles dans les États du Golfe.

Sur le début des fouilles dans le golfe Arabo-Persique, notamment à Bahrein, on lira avec intérêt et plaisir l'ouvrage, mi-archéologique, mi-autobiographique de G. Bibby, *Dilmoun*, Paris, Calmann-Lévy, 1972.

Pour une vue d'ensemble des résultats de ces fouilles, on peut se reporter maintenant à l'ouvrage de D.T. Potts, *The Arabian Gulf in Antiquity*, vol. I, Oxford, Clarendon Press, 1990.

Pour un résumé très clair des fluctuations de niveau du Golfe et de leurs incidences sur le profil du Tigre et de l'Euphrate, cf.

l'article de P. Sanlaville dans *Paléorient*, vol. 15/2, 1989, p. 5-27, ainsi que l'ouvrage de J.L. Huot, *Les Sumériens*, Paris, Errance, 1989, p. 59-77.

Le mythe d'Enki et de Ninhursag est traduit et analysé dans l'ouvrage majeur de J. Bottéro et S.N. Kramer, *Lorsque les dieux faisaient l'homme. Mythologie mésopotamienne*, Paris, Gallimard, 1989, p. 151-165.

Nouvelles découvertes.

Les fouilles de Tell es-Sawwan ont été publiées sous forme de rapports préliminaires (en anglais et en arabe) par F. Al-Wailly *et al.* dans le périodique *Sumer*, Bagdad, vol. 21, 1964, à vol. 26, 1970. Pour les fouilles de Choga Mami, cf. J. Oates dans *Iraq*, Londres, vol. 31, 1969, p. 115-152.

Sur Tell el-Oueili on trouvera un très bon résumé de J.L. Huot dans *Akkadica*, Bruxelles, vol. 73, 1991, p. 1-32.

La grande énigme
du cimetière d'Ur

Georges Roux

Au cours des années vingt, deux découvertes archéologiques sensationnelles ont défrayé la chronique mondiale : le tombeau de Toutankhamon, en Égypte, et le cimetière royal d'Ur, en Iraq. Ces découvertes étaient dues à des Anglais, et il s'agissait, dans les deux cas, de sépultures royales – ou considérées comme telles –, remarquables par l'extrême richesse et la grande beauté de leur mobilier funéraire. Mais le parallèle s'arrête là.

Dans la vallée du Nil, en effet, un seul tombeau : celui d'un jeune pharaon, bien connu par ailleurs, qui régna de 1361 à 1352 avant notre ère ; un tombeau hermétiquement clos et taillé dans la roche sèche, de sorte que le corps embaumé du souverain et les trésors qui l'entouraient étaient parfaitement conservés. Dans la vallée de l'Euphrate, en revanche, pas moins de 17 tombes remontant au IIIe millénaire, creusées dans un sol souvent humide et dont les occupants sont loin d'avoir tous été identifiés ; des squelettes que le temps avait réduits en poussière et des objets précieux qui n'ont pu être sauvés que par des prouesses techniques ; plus encore, un phénomène unique en Mésopotamie et rarissime au Proche-Orient : accompagnant presque tous les défunts de marque, les corps, parfois très nombreux, de membres de leur suite ou de leur cour. D'un côté donc, l'évidence même, la simplicité, la clarté historiques ; de l'autre, des incertitudes, une aura de mystère, l'horreur des hécatombes. *Tod und Nebel*, mort et brouillard ; la plus grande, sans doute, et certainement la plus troublante des énigmes de toute l'histoire mésopotamienne.

Ur en Sumer.

Située dans le Sud de l'Iraq, à quelque 200 kilomètres au nord-ouest de Bassorah, l'antique ville d'Ur, la patrie d'Abraham, est née, autour de l'an 3000, d'une grosse bourgade préhistorique et n'a cessé d'être habitée que deux siècles environ avant notre ère. C'était, avec Uruk et Lagash, l'une des trois grandes capitales de Sumer, pays que ses rois ont dominé à deux reprises au cours du IIIe millénaire. Aujourd'hui encore, les ruines d'Ur sont les plus belles, les plus parlantes de toute la Mésopotamie. Si l'Euphrate, qui coulait jadis sous ses murs, s'en est éloigné d'une dizaine de kilomètres, son énorme *ziqqurrat* (tour à étages) domine toujours la « zone sacrée » et ses temples, et la promenade dans les ruelles étroites et tortueuses d'un de ses quartiers populaires évoque une visite de Pompéi... à cette différence près que le quartier d'Ur est plus ancien de 18 siècles.

Après quelques explorations et sondages, dont les premiers remontent à 1854, les fouilles d'Ur ont débuté en 1918. Vite interrompues, faute d'argent, elles reprirent en 1922, financées par le British Museum et l'université de Pennsylvanie, et se poursuivirent régulièrement, pendant douze ans, sous la direction de Sir Leonard Woolley. En 1922, la *ziqqurrat* et la grande plate-forme rectangulaire qui l'entoure étaient en parties dégagées, mais les limites de cette zone sacrée restaient incertaines, notamment dans le secteur sud-est. Woolley s'attaqua donc à ce secteur en y faisant creuser une grande tranchée. Il se trouvait alors (mais il ne le sut que plus tard) entre deux murs de soutènement de l'esplanade sacrée : l'un avait été élevé par les rois de la Troisième Dynastie d'Ur (env. 2112-2004), probablement selon un tracé plus ancien, l'autre, construit par Nabuchodonosor II (612-562) ; tous deux étaient en grande partie détruits (cf. plan, p. 66-67). De cette tranchée sortirent de nombreux vases d'argile, ainsi que des perles de cornaline, de lapis-lazuli et même d'or, indices certains de la présence de tombes. Fouiller un cimetière, surtout en Mésopotamie, est toujours techniquement difficile et, comme les

ouvriers de Woolley et l'archéologue lui-même man-
quaient d'expérience, il eut l'admirable sagesse de fermer
le chantier pour n'y revenir que quatre ans plus tard. Le
célèbre « cimetière royal » d'Ur fut donc fouillé de 1926
à 1932, à raison de trois ou quatre mois par an.

En réalité, les perles et la poterie découvertes en 1922
provenaient de tombes datant de la dynastie d'Akkad
(env. 2334-2154), les moins profondes ; il s'avéra ensuite
que tout le talus de détritus au pied du mur le plus ancien
de la zone sacrée était littéralement truffé de sépultures
superposées et enchevêtrées, dont plus de 2 500 ont été
explorées. Il s'agissait, le plus souvent, de simples fosses
où les morts reposaient, tantôt enveloppés d'une natte,
tantôt gisant dans des cercueils de bois, de roseaux tressés
ou de céramique, accompagnés de quelques pots, écuelles
et objets personnels : armes, modestes bijoux, parfois un
cylindre-sceau [1]. Les tombes dites « royales », situées plus
bas, étaient reconnaissables à trois traits distinctifs : elles
comportaient, en principe, un caveau voûté construit en
pierres ou en briques au fond d'une fosse carrée ou
rectangulaire, large et profonde, à laquelle on accédait
par un plan incliné se terminant en vestibule ; leur
mobilier funéraire était particulièrement riche et abon-
dant ; enfin, la plupart des sépultures contenaient plusieurs corps. Au-dessous d'elles, d'autres tombes ordinai-
res s'enfonçaient profondément dans le sol. En compa-
rant les sceaux provenant des tombes à caveau à ceux des
tombes sus- et sous-jacentes, on a pu dater le « cimetière
royal » d'Ur d'environ 2600 avant J.-C. (cf. plan, p. 67).

Rois et reines ensevelis.

Les 16 tombes appelées par Woolley « royales » se
divisent en deux catégories : d'une part, 6 fosses plus ou
moins vastes dont le caveau n'a pas été retrouvé (ou n'a
jamais existé), et baptisées par lui « fosses de la mort »
(*death pits*) ; d'autre part, 10 fosses contenant, elles, un
caveau à une ou plusieurs chambres. Toutefois, il faut
ajouter à cette liste une dix-septième sépulture (tombe
755), semblable à celles du commun des mortels, mais au

contenu si riche qu'elle n'a pu appartenir, semble-t-il, qu'à un roi ou un prince.

La première difficulté à laquelle on se heurte lorsqu'on se penche sur le « cimetière royal » d'Ur est l'identité des personnages présumés royaux qui y étaient inhumés. Tout d'abord – et c'est le cas, notamment, des « fosses de la mort » –, il n'est pas toujours possible de distinguer le corps « principal » des corps « secondaires » qui l'entourent (ceux des personnes que l'on a sacrifiées pour qu'elles l'accompagnent). En second lieu, les squelettes étaient généralement en fort mauvais état et n'ont pu être étudiés avec toute la rigueur scientifique souhaitable en de tels cas, de sorte qu'on ne peut guère se fonder, pour établir le sexe du défunt principal, que sur les bijoux qu'il portait, la coiffe d'apparat qui recouvrait sa tête ou les objets qui l'accompagnaient. On a récemment proposé d'utiliser pour ce diagnostic les scènes gravées sur les cylindres-sceaux retrouvés dans les tombes : les scènes de lutte entre animaux ou entre héros et animaux seraient caractéristiques des sépultures d'hommes et les scènes dites « de banquet » (parfois réduites à deux personnages buvant au même vase avec des chalumeaux) indiqueraient des sépultures de femmes. La méthode est ingénieuse, mais on ne sait pas toujours si le sceau en question appartenait au défunt principal ou à un membre de son entourage enterré avec lui.

Restent les inscriptions gravées sur certains de ces cylindres-sceaux ou sur des vases de métal et qui ont le mérite de nous livrer le nom de leur possesseur. Malheureusement, le cimetière d'Ur n'a livré que quelques inscriptions encore lisibles et très peu d'entre elles nous renseignent sur le titre ou la fonction de l'individu concerné. La plus longue et la plus explicite est celle d'un cylindre de lapis-lazuli retrouvé sur le sol de la tombe 1 050. Elle se lit : « Akalamdug, roi d'Ur, Ashusikildingira, son épouse (*dam*). » Il n'est toutefois pas certain que ce souverain d'Ur reposait dans ce caveau, complètement pillé dans l'Antiquité et dont le « corps principal » a disparu. Ce cylindre a pu être volé ailleurs et perdu là par le pillard, et, d'autre part, comme beaucoup d'inscrip-

tions laconiques de cette époque, celle-ci peut signifier
que le cylindre avait été dédié à Akalamdug par sa femme
et qu'il appartenait, en fait, à cette dernière.

Un autre cylindre-sceau porte l'inscription : « Meskalamdug, roi (*lugal*) », sans spécifier de quelle ville. Il
provient de la tombe 1 054, qui comportait 2 caveaux l'un
au-dessus de l'autre, séparés par plusieurs sols de terre
battue sur lesquels reposaient des vases funéraires et
quelques ossements humains. Le caveau inférieur contenait le squelette d'une femme accompagné de très beaux
objets d'or, et le caveau supérieur – celui dont provient
l'inscription –, plus modeste, renfermait un cercueil avec
le squelette d'un homme et deux poignards d'or. Il semble
donc qu'un roi (vraisemblablement d'Ur) se soit fait
enterrer au-dessus de son épouse, morte avant lui.

Cependant, ce même nom de Meskalamdug (qui signifie « le héros bon pour le pays »), mais cette fois sans
aucun titre, se retrouve sur une lampe et deux bols d'or
découverts dans la tombe 755, à savoir la tombe d'apparence ordinaire dont nous avons parlé, mais qui contenait, entre autres merveilles, le fameux « casque » d'or, un
très beau poignard d'or à fourreau d'argent, de nombreux vases en métaux précieux et, chose inattendue, des
bijoux de femme. Dans la même tombe se trouvait un
vase de cuivre inscrit au nom de Ninbanda et, comme *nin*
est un titre qui s'applique aux reines aussi bien qu'aux
prêtresses, on en a déduit que cette Ninbanda était
l'épouse de Meskalamdug. Mais alors, pourquoi son vase
dans cette tombe éminemment masculine ? Et surtout,
quelle était la véritable sépulture du roi Meskalamdug : le
caveau supérieur de la tombe 1 054, ou le cercueil de la
petite fosse 755 ? Ou bien faut-il penser à deux rois, ou à
un roi et à un prince portant le même nom, ce qui est fort
possible ?

Le cinquième texte important était gravé sur le cylindre-sceau d'une femme appelée Pû-abi (« Parole de mon
père »), expressément désignée comme *nin*[2]. Cette fois,
le cylindre était en place, au niveau de l'épaule du squelette, et la tombe (numérotée 800) apparaissait d'emblée
comme l'une des plus riches avec, notamment, la splen-

dide coiffe à feuilles et anneaux d'or de la *nin*, une profusion de vaisselle d'or, une superbe lyre et un chartraîneau orné de têtes de lionnes en argent. 5 soldats et 23 « dames de compagnie », superbement parées elles aussi, entouraient leur maîtresse. Deux autres cylindres inscrits, l'un au nom de Lugalsapada, l'autre à celui d'Abarage, ont été trouvés dans cette même tombe ; on a voulu voir dans Abarage le mari de Pû-abi et on lui a attribué le caveau 789, contigu à la tombe 800. Mais rien n'indique qu'il ait été roi, et que faisait son sceau dans la tombe de son épouse ?

Des 4 inscriptions restantes, toutes sur cylindres-sceaux, une seule est explicite : celle de « Hekunsig, prêtresse (*nin*) du dieu Pabilsag », découverte dans une « fosse de la mort » (580). Un cylindre au nom d'A-imdugud et un autre au nom d'Enshagan provenant de la tombe 1 236, de même que celui d'Ezi (tombe 779), ne nous renseignent nullement sur le rang social de ces hommes. Notons cependant que le cylindre d'A-imdugud était en or, chose assez rare, et que le caveau 1 236, malheureusement pillé, était le plus grand du cimetière.

Ainsi, parmi les hôtes de marque de ses 17 tombes, ne sont identifiés par les inscriptions qu'un roi d'Ur (Akalamdug) et son épouse, un autre roi, probablement d'Ur (Meskalamdug-Roi), deux *nin*, reines ou prêtresses (Pû-abi et Ninbanda), et Hekunsig, prêtresse d'un dieu mineur, soit 6 personnes réparties entre 5 tombes, auxquelles il faut ajouter le Meskalamdug sans titre de la tombe 755, qui pourrait être un prince. Des souverains ou hauts personnages enterrés dans les 12 autres tombes dites « royales » (ou les 9 autres, si l'on veut absolument faire d'Abarage – caveau 789 et tombe 800 – et d'A-imdugud – caveau 1 236 – des rois, malgré l'absence de preuves formelles), nous ne saurons, hélas ! jamais rien.

Par analogie avec les deux premiers souverains de la Première Dynastie d'Ur (vers 2560-2420), Mesannepadda et A-annepadda, on considère souvent Meskalamdug comme le père et prédécesseur d'Akalamdug (« le père bon pour le pays »), mais ce n'est là qu'une probabi-

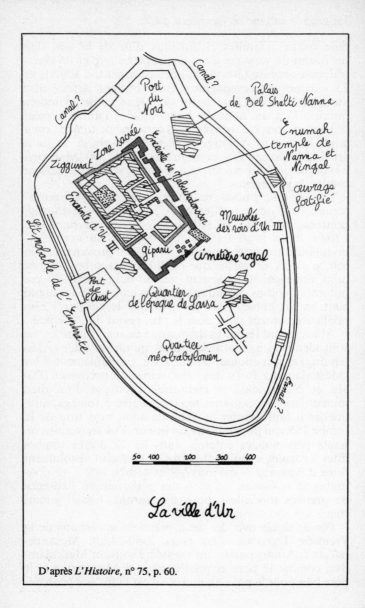

La ville d'Ur

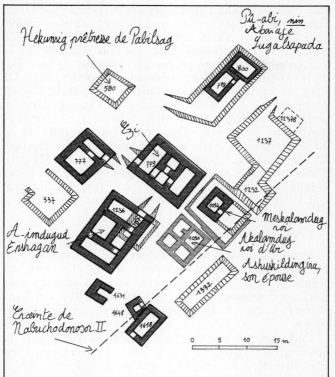

Le cimetière royal d'Ur

Les tombes aux bords hachurés sont les « fosses de la mort ».
La tombe 755 (Meskalamdug, sans titre) n'est pas
représentée sur ce plan. Elle était sus-jacente à
une partie de la tombe 779.
Les sceaux inscrits retrouvés dans les tombes sont indiqués.

D'après *L'Histoire*, n° 75, p. 61.

lité. Notons aussi qu'aucun des rois du cimetière d'Ur ne figure sur la *Liste royale sumérienne*[3], ce qui semble indiquer qu'ils n'ont jamais régné sur la totalité de Sumer. S'il en est bien ainsi, ces rois auraient dû se contenter du territoire propre du royaume, de la « cité-État » d'Ur, qui était de dimensions modestes. Mais Ur était un grand port sur l'estuaire de l'Euphrate et il est fort probable qu'elle tirait sa richesse, éclatante dans ces tombes, d'un très ancien, très actif et très fructueux commerce de transit, d'une part avec le reste de la Mésopotamie, la Syrie et l'Anatolie par voie fluviale, d'autre part avec Bahrein (Dilmun), l'Oman (Magan), l'Iran oriental et peut-être même déjà la vallée de l'Indus (Meluhha) à travers le golfe Arabo-Persique, commerce qui a fait la fortune d'Ur pendant de nombreux siècles.

Les victimes.

Quels que fussent leur sexe, leur titre ou leur fonction, les hauts personnages auxquels étaient destinées ces tombes étaient, en règle générale, accompagnés d'autres hommes et femmes qu'ils avaient entraînés avec eux dans la mort et qu'on appelle, pour cette raison, les « victimes ».

Certaines de ces victimes gisaient à l'intérieur du caveau, auprès du corps « principal », mais la plupart ont été retrouvées dans la fosse même, autour du caveau, dans l'étroit vestibule, voire sur la rampe d'accès. Leur nombre est très variable d'une tombe à l'autre, en grande partie parce que beaucoup de squelettes sont tombés en poussière ou ont été dispersés par les pilleurs de sépultures. C'est sans doute le cas de la tombe 1 236, vide de tout cadavre, de la tombe 1 631 qui ne contenait que son occupant principal et de la fosse qui fut la dernière demeure de la prêtresse Hekunsig, où l'on n'a découvert que les squelettes de 3 bœufs de trait. 6 tombes, dont celle de Meskalamdug-Roi, n'ont livré que peu de victimes (2 à 11).

Par contre, la *nin* Pû-abi était entourée, nous l'avons vu, d'une suite nombreuse, et son époux présumé,

Abarage, de 63 personnes des deux sexes. La tombe d'Akalamdug renfermait 53 squelettes à trois niveaux différents : 12 gisant sur le sol au-dessus du caveau, un dans un cercueil de roseaux légèrement plus bas et 40 dans une fosse sous-jacente au caveau. Mais la palme revient à la fosse 1 237, surnommée par Woolley « la grande fosse de la mort » qui ne comprenait pas moins de 74 victimes : 6 soldats et 68 femmes, dont 4 joueuses de lyre ou de harpe et 64 « dames de compagnie ».

Il faut noter l'absence de tout squelette d'enfant, de tout indice d'immolation volontaire d'une épouse auprès de son mari, et surtout la prédominance des femmes, même dans les tombes présumées d'hommes. Par ailleurs, il ne s'agissait pas de misérables esclaves, mais de gardes du corps, avec leur casque de cuir, leur grand bouclier et leur lance ; de cochers et de palefreniers auprès de chars traînés par des bœufs ou des onagres ; de musiciennes et de femmes de haut rang, à en juger par leur parure. Celles qui accompagnaient Pû-abi, par exemple, portaient une coiffe de feuilles d'or semblable à celle de la *nin*, bien que moins élaborée, et, comme elle, des colliers d'or, de cornaline et de lapis-lazuli à plusieurs rangs, ainsi que de grandes boucles d'oreilles d'or en forme de croissant lunaire. Le respect de l'ordre hiérarchique apparaît dans la fosse 1 237, où 28 femmes portaient dans leurs cheveux des rubans d'or et les 36 autres, des rubans d'argent.

Il ne fait aucun doute que les victimes n'ont pas été tuées mais se sont volontairement empoisonnées (ou plongées dans le coma) dans la tombe même, en absorbant un breuvage toxique – on a parlé d'opium ou de haschisch. Les squelettes ne portaient aucune trace de violence ou de coups d'arme blanche ; les parures n'étaient même pas légèrement dérangées, comme cela se serait produit si l'on avait transporté les corps, et ces derniers étaient alignés dans un ordre parfait. Écoutons Woolley décrivant la « grande fosse de la mort » : « Les hommes gisaient à côté [du caveau], près de la porte. Les corps des femmes étaient disposés en rangées régulières en travers du sol. Toutes étaient couchées sur le côté, les jambes légèrement repliées et les mains légèrement ramenées près du visage, et si proches l'une de l'autre que leurs têtes reposaient sur les jambes des femmes de la rangée du dessus [...] Après que la drogue eut produit son effet, que ce fût le sommeil ou la mort, quelqu'un venait dans la tombe mettre la dernière touche à l'arrangement des corps. »

C'est alors, semble-t-il, qu'on plaçait les harpes ou les lyres sur la poitrine des musiciennes et la petite coupe fatale de terre cuite ou de métal auprès des victimes ; que l'on mettait à mort les animaux de trait ; qu'on obturait l'entrée du caveau. Puis on remplissait progressivement le grand puits de terre, la foulant aux pieds de temps en temps et déposant, sur ces sols successifs, des vases d'offrandes, parfois les corps d'autres victimes. Ce faisant, on enfonçait dans la terre, jusqu'au côté du caveau, un tuyau de céramique destiné aux libations. Enfin, on couronnait le tout d'un petit édicule commémoratif en briques crues. Chacun de ces gestes, chacune de ces étapes dans la finition de la tombe s'accompagnait, très probablement, de rites et d'incantations qu'aucun texte, jusqu'à présent, ne nous a permis de connaître.

Comme elles ont dû être splendides et poignantes, ces funérailles, sous le soleil éclatant ou le ciel plombé de l'Orient, il y a près de cinq mille ans ! Quelques soldats, d'abord, raides et solennels, précédant les chars portant le cercueil du défunt ou de la défunte, ainsi que ses trésors les plus précieux ; puis, les musiciennes pinçant les cordes de leur lyre ou de leur harpe ; enfin, la longue procession de femmes, jeunes pour la plupart, vêtues de robes rouges à longues manches (on a retrouvé des lambeaux de tissu), parées de coiffes étincelantes et de bijoux multicolores, très pâles, sans doute, sous leur fard, et chantant peut-être. Et autour, la foule massée, dévorant des yeux en silence tout ce monde qui marchait lentement vers la mort au fond d'un puits sombre et profond, tapissé de nattes. Mais en l'honneur de qui cette hécatombe, ce grand suicide collectif ? Qui donc étaient ces personnages dont la mort naturelle exigeait le sacrifice volontaire de tant de gens ? Quelle était la raison d'être de cet atroce rituel qui nous inspire l'horreur mais que l'on considérait peut-être alors comme une grande fête, comme un motif de réjouissance ?

Si les victimes et sans doute les spectateurs de ces terribles funérailles connaissaient les réponses à ces questions, jusqu'à présent aucun texte ne nous a renseignés et nous ne pouvons qu'échafauder des hypothèses.

La première, proposée d'emblée par Woolley et généralement admise depuis, est qu'il s'agit bien de rois et de reines d'Ur enterrés avec une partie de leur cour. Cependant, pour les Sumériens, la vie d'outre-tombe était morne, dans la poussière et la pénombre, sans espoir de paradis, de résurrection, de réincarnation, d'accession au rang divin, et à peine un peu plus agréable pour les souverains chargés de riches présents. Comment pouvait-elle justifier de tels suicides collectifs ? Pour répondre à cette objection, Woolley supposait que ces rois et ces reines avaient été considérés de leur vivant comme des dieux ou des demi-dieux. Outre les cylindres inscrits du « cimetière royal » où *nin* était systématiquement traduit par « reine », il se fondait essentiellement sur le fait, incontestable, que toutes les tombes à sacrifices humains découvertes de par le monde étaient celles de monarques ou de grands chefs de guerre. Les Sumériens d'Ur se seraient donc simplement conformés à une tradition suivie par d'autres peuples, et pas seulement dans l'Antiquité.

Bien que séduisante au premier abord, cette hypothèse s'accorde mal avec les résultats des fouilles effectuées par Woolley lui-même. En premier lieu, il est loin d'être certain que tous les hôtes de marque du « cimetière royal » d'Ur aient été des rois ou des princes, comme l'exigerait le parallèle. Il n'est pas impossible, au contraire – et nous avons vu pourquoi –, que la quasi-totalité des tombes à caveau et des « fosses de la mort » aient été des sépultures de femmes de rois (comme l'épouse d'Akalamdug) ou de prêtresses (comme Pû-abi et Hekunsig). Cela expliquerait la prédominance des femmes parmi les victimes, alors que dans toutes les autres civilisations, ce sont uniquement des serviteurs ou esclaves mâles, des ministres, des fonctionnaires et des soldats qui sont sacrifiés. Par ailleurs, aucun des noms de rois sur les inscriptions de sceaux n'est précédé du signe de l'étoile qui se lit *dingir*, « dieu » en sumérien, et caractérise les rois divinisés en Mésopotamie.

On ne connaît jusqu'à présent dans ce pays que deux autres cimetières à sacrifices humains : l'un à Kish, ville située non loin de Babylone, l'autre à Ur même, mais ils sont très différents du cimetière dit « royal ». Dans le « cimetière Y » de Kish (à dater d'environ 2700), 3 tombes à puits ne contenaient que des chariots, les animaux qui les traînaient, le cocher et le palefrenier. Quant au cimetière dit « de la Deuxième Dynastie d'Ur » à Ur, il ne comportait que 5 tombes à puits, relativement pauvres en mobilier funéraire et totalement anonymes ; les « victimes » (s'il s'agit bien de cela) étaient inhumées isolément, individuellement, dans la terre de remplissage des puits. Or, ces tombes, qu'on date aujourd'hui de la fin de la dynastie d'Akkad au début de la Troisième Dynastie d'Ur (soit entre 2160 et 2100 environ), sont certes très proches du splendide mausolée des rois de cette dynastie, bien connus par leurs inscriptions, mais elles s'en distinguent nettement. Par sa richesse ainsi que par le nombre et le sexe de ses « victimes », le « cimetière royal » d'Ur est donc unique dans toute la Mésopotamie et à toutes les époques.

Dans l'immense littérature que nous ont laissée les Sumériens, Babyloniens et Assyriens, il n'existe pour l'instant que deux textes pouvant être considérés comme faisant peut-être allusion aux funérailles d'Ur. Le premier est un passage d'un poème sumérien traduit et publié par le professeur S.N. Kramer sous le titre *La Mort de Gilgamesh* (cf. p. 77). Il dépeint le semi-divin et largement mythique Gilgamesh, roi d'Uruk, présentant à la déesse Ereshkigal, souveraine des Enfers, les cadeaux offerts par diverses personnes de son entourage, qu'il cite : sa femme, son fils, sa concubine, son musicien, son valet, ses serviteurs, son majordome et les fonctionnaires de son palais. Rappelons, toutefois, qu'aucun des rois attestés ou présumés du cimetière d'Ur ne semble avoir été enterré en même temps que son épouse ou sa concubine et qu'on n'y a trouvé aucun corps d'enfant. Notons également que tout le personnel cité dans le poème est du sexe masculin et que rien n'indique que ces gens étaient auprès de Gilgamesh au moment où il tendait à la déesse les présents. En d'autres termes, il pourrait s'agir d'offrandes funéraires faites à Gilgamesh par son entourage lors de ses propres funérailles.

Selon une autre hypothèse, les personnages de haut rang inhumés dans le « cimetière royal » d'Ur auraient été des rois et des prêtresses ayant participé au rite du mariage sacré. Dans cette cérémonie rituelle, très ancienne et illustrée par d'assez nombreux et souvent très beaux textes, le roi personnifiant le dieu des troupeaux Dumuzi, s'unissait charnellement à une prêtresse jouant le rôle d'Inanna, la grande déesse sumérienne de l'amour. Par un phénomène de transfert magique, cette union assurait, croyait-on, la fécondité du bétail, la fertilité du sol et, partant, l'opulence du pays de Sumer.

Plusieurs arguments militent contre cette façon d'envisager les choses. Aucun des textes relatifs au mariage sacré ne fait la moindre allusion à la mort de ces époux d'une nuit, à leurs funérailles ou à leur vie d'outre-tombe. Par ailleurs, on s'attendrait à ce qu'ils fussent enterrés dans des caveaux contigus, ce qui n'est le cas à Ur que pour la tombe de Pû-abi et celle (présumée) d'Abarage dont rien ne démontre qu'il fût roi. Enfin, on comprend mal pourquoi ce rite de fertilité et de vie aurait entraîné, à plus ou moins long terme, la mort de tant de jeunes femmes, probablement prêtresses ou « novices », et dont certaines auraient pu être candidates au rôle d'Inanna.

D'autres ont voulu voir dans les rois du cimetière d'Ur, non pas des souverains réguliers, mais des « substituts royaux ». Nous abordons ici une autre coutume particulière à la Mésopotamie, pays où la magie et la divination ont toujours joué un rôle prédominant. Lorsque les présages concernant l'avenir du roi et du pays étaient par trop funestes, on choisissait un individu quelconque, généralement de basse extraction, qui prenait temporairement la place du monarque, était mis à mort au bout de quelque temps et enterré solennellement. C'était en quelque sorte, le bouc émissaire chargé des péchés qui avaient provoqué la colère des dieux.

Cette hypothèse est, croyons-nous, à rejeter. Elle ne peut s'appliquer, par définition, qu'à des hommes et ne rend nullement compte de la présence de reines ou de *nin* parmi les morts d'Ur. Et puis, quel gaspillage que toutes ces victimes, tous ces trésors, pour un malheureux qu'on éliminait une fois sa fonction remplie ! Enfin, le stratagème du substitut royal n'est attesté pour la première fois que dans la première moitié du IIe millénaire et n'a été pratiqué à plusieurs reprises que chez les Assyriens, mille ans plus tard.

Reste une quatrième hypothèse, brillamment défendue depuis quelques années par l'archéologue britannique P.R.S. Moorey : les inhumations collectives du « cimetière royal » d'Ur seraient spécifiques à cette ville et liées au culte de ses dieux tutélaires, le dieu-lune Nanna et son épouse Ningal. Il faut savoir, en effet, qu'à toutes les époques le culte du dieu-lune à Ur a toujours été dirigé, non pas par un grand-prêtre, mais par une grande-prêtresse, généralement fille du souverain régnant. Le clergé, probablement en majorité féminin, vivait peut-être avec la grande-prêtresse dans une sorte de cloître, un vaste bâtiment aux nombreuses chambres, situé sur l'esplanade sacrée et appelé *giparu*. Cette hypothèse rendrait donc compte à la fois de la prédominance des femmes, tant parmi les « corps principaux » que parmi les « victimes », et du caractère unique du « cimetière royal » d'Ur. En outre, il s'est récemment avéré que Pabilsag, le dieu qui avait Hekunsig pour prêtresse, était le frère du dieu Nanna. Enfin, le second texte plus ou moins lié à ces funérailles est une belle prière à Inanna, dans laquelle il est question d'une « harpe de deuil » et d'une (ou plusieurs) personnes « prêtes à mourir au son du chant sacré ». Or l'auteur de cette prière n'est autre qu'Enheduanna, fille du roi Sargon d'Akkad (vers 2334-2279) et, à ce titre, grande-prêtresse du dieu-lune à Ur.

L'explication proposée par P.R.S. Moorey est extrêmement séduisante, mais elle présente un défaut majeur : nous savons peu de chose sur le culte de Nanna et de

Ningal à Ur, tous les arguments de l'auteur sont indirects et ces quelques mots dans la prière d'Enheduanna ne sont pas suffisants pour entraîner une conviction absolue.

Ainsi, un demi-siècle après sa découverte, le « cimetière royal » d'Ur garde son secret. Mais il ne faut pas désespérer. Les milliers de villes et bourgades encore enfouies sous les « tells » mésopotamiens nous réservent bien des surprises. Un jour, peut-être, au hasard des fouilles, d'autres cimetières à sacrifices humains ou, mieux encore, des tablettes couvertes de signes cunéiformes nous diront qui étaient tous ces morts entourés de tant d'or, et résoudront cette troublante énigme.

Notes

1. Petits cylindres (1 à 8 cm), généralement en pierre, et percés dans leur longueur pour être portés en sautoir par leur possesseur. Ils sont gravés de motifs et de scènes qui varient selon les époques et, dans leur détail, d'un cylindre à l'autre. Roulés sur l'argile fraîche, ils dessinent une petite frise en bas-relief qui authentifie le document (contrat, par exemple) ou l'objet (bouchon de jarre) sur lequel ils sont apposés. L'étude des cylindres-sceaux (*glyptique*) fournit des renseignements intéressants et peut servir, par comparaison, à dater approximativement.

2. Longtemps lu en sumérien SHUB.AD (Shubad), ce nom doit maintenant se lire en akkadien *Pû-abi* (Pû-abi), les deux lectures ayant à peu près le même sens. Cette *nin* d'Ur était donc d'origine sémitique, ce qui confirme le mélange des deux populations de Mésopotamie à l'aube de son histoire.

3. Reconstituée par Th. Jacobsen (*The Sumerian King List*, Chicago, 1939) à partir d'une quinzaine de tablettes différentes, cette liste donne les dynasties et leurs rois qui ont régné sur le pays de Sumer depuis le moment reculé où « la royauté est descendue du ciel » jusqu'au règne de Damiq-ilishu (env. 1816-1794), roi d'Isin. Le début de la liste est en grande partie mythique. Le reste doit être utilisé avec précaution, notamment parce que certaines dynasties importantes, comme celles des rois de Lagash, n'y figurent pas. Cependant, les trois dynasties d'Ur au IIIe millénaire sont citées.

Orientation bibliographique

Ur et le « cimetière royal ».

Résultats des fouilles : *Ur Excavations*, Londres, British Museum, 10 volumes parus depuis 1927. Le volume II (1934) est consacré aux tombes situées dans la zone du « cimetière royal ».

Vulgarisation : Sir Leonard Woolley, *Ur « of the Chaldees »*, Londres, Herbert Press, 1982 (1re éd., 1950 ; révisé et mis à jour par P.R.S. Moorey).

Les textes.

Inscriptions des cylindres-sceaux : *Ur Excavations*, II, p. 311-322.

Poème sumérien sur la mort de Gilgamesh : S.N. Kramer, « The death of Gilgamesh », dans J.B. Pritchard (ed.), *Ancient Near Eastern Texts Relating to the Old Testament*, Princeton University Press, 3e éd. 1969, p. 50-52. Dans le même ouvrage, S.N. Kramer, « Hymnal prayer of Enheduanna : the adoration of Inanna in Ur », p. 579-582.

Les hypothèses.

P.R.S. Moorey, « What do we know about the people buried in the Royal Cemetery ? », *Expedition*, 20 (1977-1978), p. 24-40 (un guide précieux).

Les « tombes à chariots » de Kish : Ch. Watelin, *Excavations at Kish*, vol. IV, Paris, 1934 ; cf. les remarques de P.R.S. Moorey dans *Iraq* 28 (1966), p. 38-43.

Le concept sumérien de la vie d'outre-tombe : S.N. Kramer, *The Sumerians*, Chicago University Press, 1963, p. 129-133 ; J. Bottéro, « La mythologie de la mort », dans *Mésopotamie. L'écriture, la raison et les dieux*, Paris, Gallimard, 1987, p. 323-346.

Les substituts royaux : J. Bottéro, « Le substitut royal et son sort en Mésopotamie ancienne », *Akkadica*, 9 (1978), p. 2-24.

Les tombes à sacrifices humains en général : C.J. Gadd, « The spirit of living sacrifice in tombs », *Iraq*, 22 (1960) (avec bibliographie).

2

C'est ainsi qu'ils vivaient

La plus vieille cuisine
du monde

Jean Bottéro

Les animaux ne font pas de cuisine, et le besoin de modifier ce que l'on mange, avant de l'ingérer, est, comme le rire, « le propre de l'homme », et aussi vieux que lui. Chaque société humaine, chaque culture, en harmonie avec les préférences et les répulsions de ses représentants, avec leur milieu naturel, leur économie et jusqu'à leur interprétation traditionnelle de l'univers autour d'eux, a toujours arrêté un choix de ses aliments et développé un système routinier de manipulations et de règles pour les accommoder à un certain goût – autrement dit : une cuisine originale. Quelle est « la plus vieille du monde » ?

Si on la pose dans l'absolu de notre passé, une telle question n'a pas de sens, parce que personne n'y peut répondre. De notre interminable préhistoire, il ne nous reste que des vestiges matériels : résidus alimentaires, ustensiles, foyers, mais rien qui nous précise comment on s'en servait. Seuls des documents écrits peuvent nous donner une idée de ce « mode d'emploi » : des recettes qui font toute la cuisine. Et comme l'apparition de l'écriture n'est pas antérieure au IIIe millénaire, c'est seulement à partir de cette époque que nous pouvons connaître les plus anciens systèmes de goûts et de procédés traditionnels efficaces pour transformer les denrées brutes en mets adaptés à ces goûts et immédiatement consommables.

Jusqu'à ce jour, le plus antique recueil conservé de recettes de cuisine était le célèbre « Art culinaire » (*De re coquinaria*), compilé au IVe siècle de notre ère, sur l'œuvre d'Apicius, célèbre et extravagant gourmand et gourmet romain, contemporain des débuts de notre ère. Grâce à lui, « la plus vieille cuisine » connue était donc celle des Romains.

Auparavant, quelques Grecs, en particulier de la Grande Grèce, avaient composé, eux aussi, des répertoires culinaires : le tout premier dont le souvenir nous soit resté est un Syracusain, du nom de Mithékos, qui devait vivre aux environs de 400 av. J.-C. Mais tous ces ouvrages sont perdus, à part quelques brèves citations, préservées la plupart dans ce surprenant bréviaire du gastronome et de l'érudit qu'Athénée de Naucratis avait écrit, vers le début de notre IIIᵉ siècle, sous le titre « Les beaux esprits de la table » (*Deipnosophistai*).

Pour remonter plus haut et élargir le champ d'investigation, on cite volontiers « les Phéniciens », en oubliant que nous n'avons d'eux pas le moindre document écrit sur le sujet ; et « la Bible », où il serait difficile de trouver un traître mot concernant la technique culinaire comme telle. Il faut en dire autant des Hittites, qui remontent jusqu'avant le milieu du IIᵉ millénaire, et des Égyptiens, beaucoup plus vieux encore : leur régime alimentaire nous est assez bien connu, et nous savons qu'ils avaient, les uns et les autres, développé toute une cuisine, mais, à part quelques vagues données générales, nous n'avons pas la moindre « recette » qui nous en procure une idée suffisamment distincte.

Reste la Mésopotamie. C'était le siège d'une haute civilisation, originale et archaïque, qui s'est constituée à partir du IVᵉ millénaire au plus tard ; qui, vers 3000 av. J.-C., la toute première, a inventé l'écriture, et qui s'est ensuite perpétuée et développée, à travers nombre de péripéties ethniques et politiques, jusque peu avant notre ère, rayonnant en permanence sur le Proche-Orient tout entier. *A priori* il semble impensable qu'un système culturel aussi riche, complexe et raffiné dans tous les domaines, n'ait pas mis au point, non seulement un choix particulier de denrées consommables. Mais toute une technique et un art pour les accommoder. De fait, parmi le demi-million de documents écrits – sans parler d'un gigantesque bric-à-brac archéologique – que nous avons retrouvés de cette longue histoire et dont nous déchif-

frons les deux langues dans lesquelles on les avait composés : le sumérien et l'akkadien, il nous reste largement de
quoi transformer ce postulat en certitude – même si la
répartition très inégale, dans le temps et le lieu, de notre
volumineux dossier, ne nous permet point d'en ajuster
une séquence chronologique.

De l'écriture à la cuisine.

Nous sommes tout d'abord en mesure de dresser un
inventaire impressionnant des denrées qui constituaient
l'ordinaire des anciens Mésopotamiens : céréales, légumes divers, fruits – du palmier principalement, mais aussi
du pommier, du poirier, du figuier, du grenadier, de la
vigne ; bulbes et racines ; « truffes » et champignons ;
herbes condimentaires ; viandes du gros et surtout du
menu bétail, porc, volaille – à l'exclusion des gallinacés,
tard venus –, dont on consommait également les œufs, et
gibier ; poissons de mer et d'eau douce ; chéloniens,
crustacés, coquillages et, parmi les insectes, au moins les
sauterelles ; lait, « beurre » et autres graisses, animales
(saindoux, etc.) et végétales (sésame et olive) ; mannes de
divers arbres, puis miel des abeilles, pour sucrer la
nourriture ; et produits minéraux (sel, cendres ?) pour en
corser la saveur. Toutes ces denrées indigènes étaient si
variées qu'à notre connaissance les Mésopotamiens n'en
ont pour ainsi dire jamais importé de l'étranger, en dépit
de l'intensité et de l'ampleur géographique de leur commerce dès avant le IIIe millénaire.

Mais, s'ils se contentaient de leurs produits indigènes,
ils se sont ingéniés à les traiter, transformer et accommoder de multiples façons. D'abord, ils savaient les conserver : en faisant sécher, non seulement les céréales et les
vesces (fèves, lentilles), mais divers légumes et fruits (en
particulier la datte, le raisin et la figue), et surtout la
viande et le poisson, qu'ils avaient peut-être même appris
à fumer (?) et que, du moins, ils gardaient couramment
dans le sel (« salés » de poisson, de bœuf, de gazelle...). Ils
savaient également préserver et « confire » certains fruits,
dans le miel, et des poissons, plus volontiers dans l'huile.

Ils avaient mis au point une saumure, à la fois alimentaire et condimentaire, de poissons, de crustacés ou de sauterelles, qu'ils appelaient le *shiqqu*, analogue au nuoc-mâm ou au pissalat niçois. Ils utilisaient la fermentation lactique pour confectionner des « laits suris » et des fromages à pâte fraîche. Pour le dire en passant, certains de ces procédés étaient déjà culinaires : ils suffisaient à préparer à la consommation immédiate les aliments intéressés.

On avait également développé, depuis fort longtemps, toute une technique du traitement des céréales : on les maltait ; on les écrasait à la meule (« auge à moudre »), pour en faire des semoules et des farines, que l'on pouvait obtenir plus ou moins fines par tamisage. Du malt, on tirait la bière, boisson nationale dans ce pays, qui connaissait aussi le vin, en provenance du Nord et du Nord-Ouest. Avec les farines on préparait des bouillies et des pâtes, que l'on pouvait, soit consommer telles quelles, soit conserver en les séchant, ou faire fermenter – ce qui multipliait d'autant les présentations possibles de cette nourriture panifiable : inséparable de la cuisine, dans une civilisation où l'on ignorait notre « boulangerie » autonome, la panification était au point, dès avant le début du IIIe millénaire, tout autant que la fabrication de la bière.

Quant au feu, les anciens Mésopotamiens l'avaient fort bien domestiqué. Ils n'exposaient pas seulement leurs denrées à la flamme ou aux braises, pour les griller ou les rôtir ; ils utilisaient aussi des intermédiaires pour moduler la chaleur de cuisson : ainsi les cendres chaudes, ou des tessons posés sur la braise. Ils se servaient également de cylindres verticaux en argile, fortement chauffés au-dedans et sur les parois internes desquels on plaquait, pour les cuire, des galettes de pâte non levée, comme on le fait encore aujourd'hui couramment en Orient, où même le nom de ce fourneau (*tannûr*) est dérivé de celui qu'utilisaient les vieux Mésopotamiens (*tinûru*). Ils avaient mis au point, dès avant le IIIe millénaire, des « fours à coupole », qui permettaient une cuisson moins brutale (chaleur accumulée des parois et de la sole) et en milieu humide (vapeur produite par les aliments à cuire) : ainsi pouvaient-ils assurer la cuisson des pâtes fermentées et du

pain levé. Un autre emploi « alimentaire » du feu, qu'ils
semblent avoir singulièrement généralisé et affiné, c'est la
cuisson indirecte en milieu liquide : peut-être les matières
grasses (nous n'en avons pourtant pas, à cette heure, de
témoignage indubitable), et surtout l'eau. Ils avaient
même réservé à cet usage notamment deux types principaux de vases : l'un, plus volontiers en céramique, la
« marmite » (*diqâru*) ; l'autre en bronze, le « chaudron »
(*ruqqu*), dont il est vraisemblable – comme on le com-
prendra mieux plus loin – que chacun d'eux se trouvait
affecté à un régime particulier de cuisson : peut-être
l'ébullition à grande eau pour la « marmite », et une sorte
de mijotage, à liquide plus court, pour le « chaudron ».

Les archéologues ont exhumé par monceaux les restes
d'une fort riche batterie de cuisine, et nos textes nous
fournissent les dénominations de quantité de vases et
d'ustensiles culinaires de tout acabit.

Autant de données qui nous permettent, *a priori* en
quelque sorte, de postuler, dans ce vieux pays, l'usage de
techniques très diversifiées et de combinaisons quasi
infinies de manipulations pour l'apprêt des aliments : en
un mot, une authentique cuisine.

D'autres témoignages écrits renforcent et étoffent
considérablement une pareille hypothèse. Nous appre-
nons, par exemple, au détour d'un petit texte satirique,
que l'on savait « farcir un boyau culier », de viande
apparemment : de là à imputer à ces Mésopotamiens
extraordinaires quelque chose comme le lointain pressentiment d'une des plus glorieuses inventions du génie
culinaire de l'homme : la charcuterie, il n'y a qu'un pas...

Mais l'œuvre la plus impressionnante, sans doute,
c'était une manière d'encyclopédie, en deux colonnes, où
se trouvaient cataloguées par leurs noms, sumériens d'un
côté, akkadiens en face, et soigneusement classées par
grandes catégories, toutes les composantes, naturelles ou
artificielles, de l'univers que les Babyloniens contem-
plaient autour d'eux. L'ensemble était canoniquement
réparti sur 24 tablettes, d'environ 400 rubriques chacune.
Les deux dernières, précisément, soit environ 800 entrées,
étaient réservées au secteur « Alimentation ». Elles n'en

représentaient pourtant qu'un choix, et d'autres « dictionnaires » analogues, ainsi que les documents de la pratique ou de la littérature, ajoutent de quoi doubler, pour le moins, cette respectable nomenclature du manger et du boire, nous laissant de la sorte imaginer une « carte » assez gargantuesque.

On y relève ainsi 18 ou 20 variétés de « fromages » : même s'il y a des chances qu'ils aient tous représenté un type unique, et en quelque sorte « élémentaire », de caséification (pâte fraîche), une pareille diversification implique un goût notablement exigeant et une technique savante. Le catalogue des « soupes » – au sens large : en entendant par là les plats obtenus par cuisson à l'eau et que l'on appelait en sumérien *tu* et en akkadien *ummaru* – en compte au moins une centaine différentes ; et celui des « pains », produit essentiel de la cuisine locale et aliment de base, près de 300 présentations, ce qui, pour un mets aussi élémentaire, suppose, et une réelle « gourmandise », et une imagination culinaire débordante, tant pour en varier la matière (telle ou telle farine ; levé ou non ; à l'huile, au lait, à la bière ; doux, parfumé à telle ou telle épice ; fourré de tels ou tels fruits, etc.) que la forme (toutes les tailles, du « très gros » au « minuscule » ; toutes les épaisseurs et les allongements divers ; tous les modèles, y compris ceux, en quelque sorte humoristiques, en forme de cœur, de tête, de main, d'oreille, voire de sein de femme !). Et puisque nous en sommes au soin porté à la présentation des mets, rappelons que dans le Palais de Mari (vers 1780 avant notre ère) ont été retrouvés pas moins d'une cinquantaine de types différents de moules, qui ont de fortes chances d'avoir servi à donner à divers plats autant de configurations agréables pour flatter le regard des convives avant d'enchanter leur goût.

C'est le même parti pris d'esthétique qui a fait conférer au responsable de la cuisine le titre akkadien de *mubannû* : « embellisseur ». Sa désignation spécifique : *muhaldim* en sumérien, akkadisé en *nuhatimmu*, nous ne savons pas ce qu'elle pouvait signifier en elle-même ; mais le fait est qu'on la trouve attestée depuis les débuts du IIIe millénaire. Et comme l'artisan ne se conçoit pas sans le métier, il faut donc conclure, après tout ce que l'on vient de constater, que, dès l'aurore des temps historiques, il existait en Mésopotamie une technique et un art culinaires aussi complexes et raffinés que tout ce que nous pouvons savoir, par ailleurs, de cette civilisation étonnante, opulente et recherchée.

Richesse d'ingrédients et de parfums.

On pouvait, jusqu'ici, aller un peu plus loin encore que cette découverte, déjà surprenante mais encore superficielle et comme vue de haut, de la cuisine mésopotamienne : les assyriologues en connaissaient, en effet, deux recettes, en tout et pour tout.

L'une, plus ancienne, date du début du IIe millénaire, mais elle ne nous a pas été transmise en termes explicites. Nous pouvons seulement la déduire du nom de la préparation et des listes d'ingrédients qui, en divers documents administratifs, sont enregistrés comme ayant été fournis au préparateur. Le nom – en akkadien : *mersu* ; en sumérien *ninda*. (*1*).dé.a – implique, par son sens radical, un « brassage », un « touillage » ; les ingrédients sont : de la farine ; parfois de l'eau, du lait ou de la bière, mais plus volontiers de l'huile, ou, par aventure, du « beurre », pour l'humidifier ; plus des dattes ou d'autres fruits secs (raisins, figues, pommes), ainsi que des sortes de pignons (?), pour le fourrer ; enfin, pas moins de 4 condiments aromatiques : nigelle (?), cumin (?), coriandre (?) et, en dernier, ce qui ne va pas sans nous surprendre quelque peu : ail ! Soit dit ici par parenthèse et une fois pour toutes, l'identification de beaucoup de données concrètes et précises, à commencer par de nombreuses plantes, nous est quasiment impossible, ou purement conjecturale. D'où les points d'interrogation que l'on vient de voir et qu'on retrouvera plus d'une fois par la suite. Revenons à notre recette : on ajoutait parfois du « miel », et le « brassage » ou « touillage » de la mixture paraît s'être effectué de préférence dans une « marmite ».

En son état final, donc comestible, le tout se présentait comme un « pain », ce qui suppose pour le moins une

cuisson au four. Tout ce programme évoquerait l'image
d'une sorte de cake, préparation déjà assez gourmande en
elle-même. Mais le plus frappant est le nombre des
ingrédients, en particulier les quatre parfums condimentaires, non moins que les opérations multiples imposées
par l'élaboration et les variations de la même formule de
base suivant le liquide utilisé pour l'humidifier, ou le(s)
fruit(s) pour le fourrer. Personne ne peut nier qu'il y ait
eu là quelque chose d'alambiqué, de raffiné en soi, quel
qu'en fût le goût final.

   C'est la même impression que l'on tire de l'autre
recette, plus récente celle-là (le manuscrit, unique, date
des environs de 400 avant notre ère), mais qui nous est
communiquée dans les formes, même si elle n'est ni
circonstanciée, ni replacée le moins du monde dans un
contexte culinaire quelconque. En voici la traduction
légèrement accommodée à notre propre formulaire : « De
la férule [?] ; du cresson [?] ; de la cuscute [?] et du
cumin [?], le tout [en graines] torréfiées. On porte à
ébullition six litres d'eau [préalablement parfumée, par
infusion ?] de moutarde [au naturel] ; puis on y jette
quinze grammes de concombre [?]. On cuit le tout jusqu'à
réduction à un litre ; puis on le passe. On y met enfin à
cuire la viande de l'animal sacrifié. » La formulation est
remarquable : elle répond à celle d'Apicius, voire aux
nôtres. Ici encore, il y a 4 parfums combinés pour
aromatiser le liquide ; l'un d'entre eux figure même sous
deux formes : au naturel et torréfié – préparation exigée
des 3 autres et qui trahit la recherche d'une saveur
notablement subtile. Un cinquième élément, un légume (?), est ajouté après le premier bouillon. La cuisson
est poussée jusqu'à réduction au sixième du volume
initial : autrement dit, on exige une forte concentration
du liquide, qui n'en sera que plus onctueux et savoureux ;
mais – nouveau signe de raffinement – on ne l'utilisera
que « filtré », c'est-à-dire pour sa seule saveur et débar-
rassé de tout ce qui aura servi à la lui communiquer.

   Enfin, la viande n'est cuite que dans le bouillon une
fois apprêté : il y a des chances, vu le peu qu'il en reste,
qu'il ait moins joué le rôle de « court-bouillon » que celui

de « sauce », laquelle réduirait encore au cours de la cuisson de la viande, qui en prendrait le goût tout en lui communiquant sa propre saveur. Nous ne ferions pas mieux. Même le style de la recette a, pour nous, quelque chose de familier. Mais il commence à devenir également clair que les *nuhatimmu*, qui préparaient de tels mets, étaient à la fois les techniciens et les artistes d'une cuisine de classe.

Une découverte récente, encore inédite à ce jour, va nous révéler d'assez surprenante manière à quel point on ne risque guère d'exagérer en qualifiant ainsi la cuisine mésopotamienne ancienne.

Dans une collection de documents cunéiformes appartenant à l'université de Yale, aux États-Unis, et qui ont attendu longtemps leur publication, figurent 3 tablettes que l'on avait prises tout d'abord pour des prescriptions pharmaceutiques et qui, à l'examen, se sont bel et bien révélées des recueils de recettes culinaires [1]. Écrites en langue akkadienne, elles datent des alentours de 1700 avant notre ère et nous dévoilent tout à coup, pour une aussi lointaine époque, une cuisine d'une richesse, d'un raffinement, d'une technicité et d'un art consommés, que nous n'aurions certainement pas osé imaginer aussi avancée il y a près de quatre mille ans.

Par le fâcheux effet de la malédiction habituelle à ces vénérables plaquettes d'argile, séchée ou cuite, aucune des trois n'est intacte. L'une surtout, la plus courte (53 lignes), est cruellement dévastée et ne nous présente plus, çà et là, que de courts lambeaux déchiffrables. C'est assez, toutefois, pour que l'on voie clairement qu'elle se rattache de près aux deux autres, lesquelles, par bonheur et en dépit des lacunes qui en interrompent trop souvent à notre gré la suite et l'intelligence, sont beaucoup plus complètes et suivies. La mieux conservée énumère, sur 75 lignes, 25 formules : 21 à base essentielle de viande, et 4 avec des légumes. Elles sont courtes : de 2 à 4 lignes chacune. Leur style est fort concis, évoquant celui de nos ouvrages réservés aux professionnels (tel le *Guide culinaire* d'A. Escoffier) et qui se contentent de marquer l'essentiel des ingrédients et des opérations à effectuer,

dans un style « de métier » et ultra-laconique. L'autre
tablette est beaucoup plus ample, mais aussi, par mal-
chance, plus mutilée. Dans son état originel, elle comprenait environ 200 lignes, mais elle n'exposait, au mieux,
que 7 recettes. C'est dire que ces dernières y sont expli-
quées avec infiniment plus de détails. Toutes se rapportent à la préparation de divers « oiseaux » : volaille ou
volatiles.

Raffinement, technicité, et art consommés.

Dans la tablette aux 25 recettes, toutes sont à base
constante d'eau et de graisse, cuites le plus souvent « dans
la marmite », c'est-à-dire par une longue ébullition ; mais
à deux reprises, tout au moins, et pour une façon de
braisage [?], on recourt au « chaudron ». La différence
entre les 21 premières et les 4 dernières, c'est que, si
partout la viande entre en composition du plat, celles-ci
y ajoutent un légume – sauf peut-être la dernière, où il n'y
aurait point de viande. Ce qui les fait varier, ce sont à la
fois les morceaux de base, les diverses opérations prévues
pour la cuisson et la présentation du plat, et surtout les
condiments multiples qui en diversifient le goût. Parmi
ces derniers, les plus fréquemment utilisés, ceux qui
reviennent obstinément dans toutes les recettes, voire
l'une ou l'autre fois en double dose, ce sont les alliacées,
en particulier le trio bien connu : ail, oignon et poireau,
qui semble avoir fait les délices du palais de ces vieux
gourmets. Mais on en trouve aussi d'autres, que nous
n'arrivons pas toujours à identifier sûrement : moutarde (?), cumin (?), coriandre (?), menthe (?) et baies de
cyprès par exemple ; *shuhutinnu et samidu,* qui devraient
être des alliacées (encore !) ; et d'autres, tel le *surummu,*
au sujet desquels nous ne sommes même pas en état de
faire des conjectures valables. Divers produits céréaliers :
semoules, farines, orge (?) maltée (volontiers agglomérée
en façons de tourteaux), étaient utilisés pour épaissir le
liquide et lui conférer de l'onction. Et, dans ce même but,
on y ajoutait parfois aussi du lait, de la bière ou du sang.
On employait le sel, mais, semble-t-il, pas systématique-

ment, certains plats ne paraissent tirer leur saveur que de leurs ingrédients et des herbes condimentaires.

Chaque recette commence (comme les nôtres !) par son intitulé : le nom du plat – tiré de sa composante essentielle ou de sa présentation –, précédé constamment du terme générique *mê,* mot à mot : « eau », en réalité quelque chose comme « bouillon », ou plutôt « bouilli » (puisque tout le contenu du plat, et non le seul liquide, devait manifestement se consommer), peut-être même « sauce » : tout dépend de l'importance et de l'onction du liquide en son état final – ce que nous ignorons. Il y a ainsi un « bouilli de viande », un « bouilli de cerf », un « de gazelle », un « de chevreau », un « d'agneau », un « de mouton », un « de pigeon » et un « d'oiseaux-appelés-*tarru* » ; mais aussi, selon la pièce : un « bouilli de gigot [?] » et un « bouilli de rate ». On trouve également un « bouilli à la cuscute » et un « bouilli au sel » ; un « bouilli rouge », un « bouilli clair », un « bouilli aigre [?] ». Deux fois le nom semble pris de l'origine étrangère du plat : un bouilli « assyrien », en provenance de la partie Nord du pays, et un « élamite », emprunté aux voisins, ces Élamites qui occupaient le recoin sud-occidental de l'Iran. Dans ce dernier cas, en fin de recette, on nous précise même le nom du plat dans sa langue d'origine : *zukanda.* Pour les 4 dernières recettes, l'intitulé n'est fourni que par le nom du légume principal : par exemple « navets » (c'est le seul, sauf erreur, que nous sachions traduire).

Il semble que l'on ajoutait souvent à la viande de base – qui pouvait être un animal entier : le pigeon ; voire plusieurs : les *tarru* ; ou un morceau, souvent non spécifié, mais parfois désigné clairement : le gigot [?], et, volontiers, de la fressure : rate et diverses parties internes –, et presque toujours aux légumes, un morceau de viande, parfois non précisée mais supposée connue des gens de métier, et qui pouvait être du mouton. Mais le verbe akkadien qui en marquerait la présence est ambigu : *izzaz* peut vouloir dire « doit être présent » dans le plat, où « doit être divisé », « découpé en morceaux ». Un ou deux indices me font, pour le moment, pencher pour

le premier sens, par exemple le fait qu'à la fin de plus
d'une recette commençant précisément par cet *izzaz*
appliqué à la viande on trouve la formule : « à présenter
au couteau », afin de suggérer que le travail du cuisinier
est fini et que, avant d'être dégusté par les convives, le
plat doit être « découpé » – comme faisait autrefois chez
nous « l'écuyer tranchant ».

Quelques recettes.

   Voici maintenant, pour donner une idée plus exacte du
tout, quelques-unes de ces recettes. Une des plus simples
est le « Bouilli de viande. Il y faut de la viande. On
apprête de l'eau. On y jette de la graisse. Du... [le mot est
perdu], du poireau et de l'ail pilés ensemble, et du *shuhutinnu* nature ». Celle-ci est plus riche : « Bouilli rouge. Il
n'y faut pas de viande. On apprête de l'eau. On y jette de
la graisse. Fressure, tripes et panse. Sel, malt égrené,
oignons, *samidu*, cumin, coriandre, poireau, *surummu*,
pilés ensemble. Avant d'être mise au feu ["en la marmite"], la viande aura été macérée dans le sang réservé [de
l'animal sacrifié pour le plat]. » C'est déjà plus complexe.
Mais le laconisme du texte est remarquable : il s'en tient
aux données essentielles et ne spécifie jamais, ni les
quantités, ni le temps de cuisson, laissés à la discrétion de
l'opérateur, ce qui suppose chez lui, comme nous disons,
« du métier ».
   En voici une autre, où l'on voit que les cuisiniers
savaient, pour enrichir le goût, jouer de divers modes de
cuisson : « Bouilli de chevreau. Tête, pattes et queue
seront passés à la flamme [avant d'être mis au pot]. Il y
faut de la viande. On apprête de l'eau. On y jette de la
graisse. Oignon, *samidu*, poireau, ail ; du sang ; du fro-
mage-frais [?], le tout pilé ensemble. Plus une quantité
équivalente de *shuhutinnu* nature. » Dans un autre
« bouilli » dont le nom (« aux miettes » ?) pourrait avoir
été tiré de l'opération finale, il faut, (une première ?)
cuisson achevée, « avant d'ôter [la marmite du feu],
saupoudrer le contenu avec les miettes tamisées d'un
tourteau-de-céréales concassé », évidemment pour lui

conférer du liant. Le « Bouilli de pigeon » se fait de la manière qui s'ensuit : « On doit ouvrir en deux le pigeon ; en plus, il y faut de la viande. On apprête de l'eau. On y jette de la graisse. Sel, malt égrené, oignon, *samidu*, poireau et ail : toutes herbes à détremper dans du lait [avant de les mettre au pot]. A présenter au découpoir. » Une des plus longues formules est celle du « Bouilli de *tarru* » (peut-être des pigeons sauvages, des cailles ou des francolins ; en tout cas de petite taille). Outre lesdits volatiles, « il y faut du gigot [?] frais. On apprête de l'eau. On y jette de la graisse. On bride ["attache"] les *tarru*. Sel, malt égrené, oignon, *samidu*, poireau et ail, que l'on pile ensemble, avec du lait ». Une fois les *tarru* cuits « dans l'eau de la marmite », il faut « les concasser et les mettre [à braiser] dans un chaudron avec du bouillon pris à la marmite, avant de reverser le tout dans celle-ci [pour une dernière ébullition]. A présenter au couteau ». Voici enfin une recette de légumes. Celui qui y sert de base, *tuh'u*, nous est inconnu. « Il y faut [en sus] de la viande de gigot [?]. On apprête de l'eau. On y jette de la graisse [...] sel ; bière ; oignon ; roquette [?] ; coriandre ; *samidu* ; cumin et betteraves, à jeter [tels quels] dans la marmite. Puis on pile poireau et ail, et on les y ajoute. On laisse fondre le tout en une bouillie, que l'on saupoudre de coriandre et de *shuhutinnu*. »

Il faut citer aussi l'autre tablette, la plus longue et dont les recettes sont beaucoup plus minutieuses et détaillées. Mais leur complexité syntactique, la difficulté que nous éprouvons – n'ayant jamais vu opérer ces cuisiniers antiques – à « réaliser » et comprendre exactement leurs tours de main et les moments successifs de leur travail, le nombre de vocables et de tournures techniques dont le sens exact nous échappe, plus les fâcheuses interruptions et cassures du texte, opposent autant d'obstacles au déchiffreur et au traducteur. Pour tels ou tels passages, mon rendu n'est que provisoire et il m'y faudra revenir encore plus d'une fois, selon nos habitudes de travail, en recueillant l'avis de mes collègues, avant d'en être plus assuré. C'est le métier...

La recette la plus courte n'est pas très loin de celles

rapportées ci-dessus. Il s'agit de *kippu*, volatiles inconnus : « Si l'on veut cuire des *kippu* en bouilli, on les préparera comme les *agarukku* [sans doute d'autres "oiseaux", que nous ne pouvons pas identifier davantage, mais dont la recette devait précéder, dans la tablette, sinon se trouver par ailleurs bien connue]. On les ouvre d'abord, puis on les rince à l'eau froide et on les dispose en un chaudron [pour les braiser ou les saisir]. Lorsqu'on retire le chaudron du feu [après braisage], on y ajoute un peu d'eau froide et on arrose de vinaigre. Puis on concasse [ensemble] de la menthe et du sel et on en frotte les *kippu*. Après quoi l'on passe [?] le liquide du chaudron et l'on ajoute de la menthe à cette sauce, dans laquelle on remet [à cuire un moment] les *kippu* [que l'on avait sortis pour les frotter de sel menthé]. Enfin, on ajoute encore un peu d'eau froide et [pour parachever la cuisson] on reverse le tout dans une marmite. A présenter au couteau. » On aura remarqué les substitutions de récipients, correspondant très vraisemblablement à un changement de régime de cuisson ; et aussi la cuisson par étapes – tous indices d'une technique savante.

Voici maintenant une recette beaucoup plus longue (49 lignes, contre 11 pour la précédente). Comme elle est plus lacunaire, fort compliquée, tout au moins à nos yeux, et que le manque de ponctuation (inconnue en cunéiforme) ne simplifie pas les choses, mieux vaut la paraphraser quelque peu pour essayer d'en donner au moins une image suffisamment claire mais, évidemment, pas garantie du tout pour nombre de détails : c'est tout ce que l'on peut tirer, dans l'état actuel de nos connaissances, d'un document aussi nouveau, isolé et inattendu. Le début est perdu, mais on comprend qu'il s'agissait d'apprêter des « petits oiseaux », désignés alors par leur nom. Le plat semble s'être préparé en plusieurs temps. Il y a d'abord la préparation des pièces : « On ôte la tête et les pattes ; on ouvre les corps pour en sortir [avec tout le reste] gésiers et fressure. On fend les gésiers, que l'on épluche. Puis on rince les corps des oiseaux, que l'on essuie (?). » Doit s'opérer alors une première cuisson : « On prépare un chaudron, dans lequel on dispose,

ensemble, oiseaux, gésiers et fressure, et l'on met le tout
au feu [avec ou sans liquide ou matière grasse ? Ce n'est
pas dit ; la procédure était sans doute usuelle dans le
"métier"]. Puis [après une première exposition à la
chaleur, braisage ou saisie ?] on retire du feu le chaudron. » Suivait alors une deuxième cuisson, ou, si l'on
veut, le second temps de la cuisson : « On rince à l'eau
fraîche une marmite ; on y verse du lait et on la met au
feu. On retire le contenu du chaudron [oiseaux, gésiers et
fressure] ; on essuie le tout ; on en ôte les parties non
comestibles ; on le sale et on le jette en la marmite, au lait
de laquelle il faut ajouter de la graisse. On y met également-
ment de la rue, préalablement nettoyée. A ébullition, on
jette en la marmite un hachis [?] de poireau, d'ail, de
samidu et d'oignon [4 alliacées !] », mais, précise le texte :
« sans forcer sur l'oignon ! » « Et l'on rajoute un peu
d'eau. » Pendant la cuisson, il fallait préparer les ingrédients nécessaires à la présentation du plat. « On rince
du blé concassé, on le détrempe dans du lait et on y in-
corpore, par pétrissage, de la saumure-condimentaire
[*shiqqu*], du *samidu*, du poireau et de l'ail, avec ce qu'il
faut de lait et d'huile pour obtenir une pâte [suffisam-
ment] fluide, qu'on expose un moment à la chaleur du
feu [?]. On la divise alors en deux pâtons. » Ici, le texte
souffre de nombreuses menues cassures qui en rendent
l'intelligence fort conjecturale.

Voici, en gros, ce que l'on y perçoit : un des pâtons
servira à faire du pain non levé. Celui qu'on doit utiliser
est d'abord laissé un moment dans une marmite, avec du
lait, pour qu'il gonfle (?) (ce qui supposerait qu'on y a
entre-temps introduit un levain). Puis on le reprend pour
s'occuper du dressage du plat, en vue de sa présentation
à table : « On prend un plat assez grand pour contenir
[tous] les oiseaux : on le fonce de la pâte préparée, en
prenant soin qu'elle dépasse quelque peu les bords du plat
[...]. On expose le tout, pour le cuire, au-dessus du
fourneau. » Lorsque la cuisson de la pâte est achevée, on
retire le plat, que l'on saupoudre d'un dernier hachis de
trois ou quatre alliacées, dont les inévitables oignons et
ail. « Sur la pâte ainsi saupoudrée, on dispose les oiseaux

cuits et, par-dessus, la fressure et les gésiers. On arrose le tout de la sauce. On couvre d'un couvercle de pâte cuite et l'on envoie à table. »

Haute cuisine et cuisine populaire.

Tout commentaire est inutile : et si tel ou tel passage demeure incertain ou obscur, les textes parlent d'eux-mêmes, éloquemment. Multiplicité des opérations pour l'apprêt d'un seul et même morceau, qu'il eût suffi, en vérité, d'exposer vaille que vaille au feu si l'on avait seulement voulu qu'il fût cuit. Usage modulé de plusieurs types de cuisson et d'ustensiles divers, adaptés chacun à son propre rôle ; combinaisons des aliments, surtout des condiments, le plus souvent multipliés et sans doute tenus pour complémentaires (certains plats en réclament plus d'une dizaine et plusieurs sont régulièrement appariés), le tout dans le but manifeste de rechercher des saveurs complexes et un goût particulier, qui ne soit ni celui du morceau brut, ni celui de chacun des ingrédients qu'on lui ajoute, mais quelque chose de différent et pour ainsi dire de supérieur, qui résulte de tous les autres. Enfin, souci extrême de la présentation, pour satisfaire les yeux avant de délecter la bouche. Autant de traits qui répondent, de la part des convives, à un authentique souci qu'il ne faut pas hésiter à qualifier de gastronomique et, de la part des opérateurs, à une technique, un « métier » et un art complexes et éprouvés.

Nous avons donc bien affaire à ce que l'on peut appeler une grande cuisine, qui nous évoque facilement, par sa recherche et ses raffinements, celle des anciens Romains, des Chinois, des Proche-Orientaux, des Italiens, de quelques autres encore, et la nôtre. Seulement, elle les dépasse toutes, en ancienneté, de plus de 15 siècles.

D'un autre côté, si elles ont seules surnagé jusqu'à nous, ces 3 modestes tablettes ne sont de toute évidence que les épaves d'un grand naufrage : il suffit de les lire de près dans le texte pour y trouver des indices non équivoques de l'usage qu'on a dû y faire de sources différentes, et de sources très vraisemblablement écrites. Sans compter que l'on voit mal ces cuisiniers antiques borner leur ingéniosité et leur ambition à la confection de « 25 bouillis » et d'une douzaine de plats à base de volatiles, négligeant délibérément les autres viandes, les autres légumes, les fruits, les poissons et tous les aliments sans nombre de leur diète. C'est là tout ce qui est resté, à ce jour, d'une véritable littérature culinaire. Mais le sol de l'Iraq est richissime de trouvailles futures, qui n'ont pas fini de nous étonner ! Que les hasards cumulés de la conservation des documents anciens, de la fouille et de la retrouvaille nous permettent ou non de le compléter un jour, voici du moins récupérés un ou deux chapitres du plus vieux « manuel de cuisine » connu dans l'histoire. Et son antiquité est tout à fait vénérable. La cuisine dans les secrets de laquelle ces *membra disjecta* nous ont introduits est bel et bien, et de loin, la plus vieille grande cuisine connue au monde, et les anciens Mésopotamiens, les plus antiques gourmets identifiables dans les brumes de notre passé reculé.

Pour être tout à fait juste et mettre les points sur tous les *i*, il faut cependant bémoliser cette conclusion de deux ou trois commentaires.

Tout d'abord, on ne doit jamais oublier l'énorme distance qui sépare de ces très vieilles gens notre propre horizon, notre mentalité, notre manière d'être, de voir, d'entendre et de sentir les choses. Ce serait un fâcheux anachronisme que de juger ces tablettes culinaires du même œil que nous jugeons nos manuels de cuisine. Ces derniers, en principe, sont faits pour être lus par tout le monde : chacun d'eux est l'œuvre d'un maître qui veut propager son savoir, et ils sont avant tout didactiques. Aujourd'hui, tout le monde sait lire et, même au temps d'Apicius, voire de Mithékos de Syracuse, le nombre des lettrés – même bien plus restreint que de nos jours – était important : apprendre deux douzaines de caractères alphabétiques est plus ou moins à la portée de tous. En Mésopotamie ancienne, le système de l'écriture, non point alphabétique, mais simultanément idéographique et syllabique, avec quelques centaines de signes affectés chacun de plusieurs valeurs possibles, était terriblement compliqué et supposait, pour s'en rendre maître, de longues années d'exercices et d'études, que seuls pouvaient affronter une élite ou les membres d'un corps professionnel proportionnellement aussi restreint que, de nos jours, celui des avocats et des médecins. Écrire, et par conséquent lire, étaient un métier, la spécialité d'un nombre limité de « scribes », par lesquels passait obligatoirement tout ce qui était mis par écrit et qui, en bonne règle, travaillaient tous d'abord pour les représentants du pouvoir. Les cuisiniers, de soi illettrés comme tout le monde, n'auraient guère eu l'idée de composer des « livres », pour d'autres cuisiniers, non moins « analphabètes » qu'eux, ou pour un public de scribes restreint et occupé à tout autre chose qu'à s'informer sur la confection des plats, et encore moins pour un « grand public » totalement inexistant.

Nos tablettes ne peuvent donc être tenues d'abord pour didactiques ; elles sont d'ordre essentiellement administratif et normatif. Elles auront été « écrites », par commandement supérieur, pour enregistrer et fixer « ce qui se faisait en cuisine », comme d'autres tablettes (que nous possédons également) enregistraient et fixaient ce qui se faisait à la cour, selon l'étiquette ; au temple, suivant la liturgie ; dans les officines des médecins et des apothicaires, conformément à la pratique ; chez certains techniciens, en fonction des formules et des procédures traditionnelles. Plutôt qu'un *manuel* culinaire, nos tablettes représentaient un *codex*, ou, si l'on veut, un *rituel* culinaire : elles codifiaient la pratique contemporaine, résultat d'habitudes séculaires, enrichies (et pouvant et devant d'ailleurs l'être encore) de perfectionnements et d'inventions constants.

D'autre part, il devrait être clair aux yeux de tous que cette cuisine, ainsi « ritualisée » et fixée par écrit, était essentiellement celle qui se pratiquait au Palais (ou au Temple). Un tel raffinement, une pareille recherche, une technique aussi complexe, nécessitant un appareil et des installations considérables, des ingrédients nombreux – dont quelques-uns au moins, évidemment précieux et chers –, et qui ne pouvait guère s'exécuter que par de

véritables spécialistes (les *nuhatimmu*), n'étaient viables
que pour le compte et au service des grands de ce monde
– ou de l'autre. Ces misérables paysans et « ouvriers » qui
composaient le plus clair de la population du pays, aux
ressources chétives, écrasés de corvées, de servitudes... et
de dettes, tels que nous les font connaître nos documents,
on ne peut guère les imaginer avec assez de temps et de
moyens pour se préparer ou se payer les « bouillis » ou
« plats d'oiseaux » fastueux que nous avons découverts
dans nos tablettes. Il y avait donc en Mésopotamie –
comme ailleurs, autrefois et de nos jours encore – une
haute cuisine, réservée à la haute classe (et aux dieux), et
une cuisine populaire, pour le gros de la population. C'est
la haute cuisine dont nous venons de faire la connaissance
et l'éloge.

Mais chacun sait que dans une société et une culture
données, l'imagination et le goût sont contagieux. Je suis
donc convaincu, pour ma part, que les plus humbles
« cuisinières des petits ménages », si l'on peut ainsi
s'exprimer (car, en dehors de la haute cuisine, qui relevait
des *nuhatimmu*, un peu comme, de nos « chefs » celle des
grands restaurants ou des grandes maisons, le tout-ve-
nant de la cuisine, parmi la population, était « affaire de
femmes » chez les Sumériens et les Babyloniens), savaient, avec leurs moyens réduits et besogneux, leurs
minuscules fourneaux et leur batterie fort modeste,
confectionner des plats, toutes proportions gardées, aussi
goûteux et imaginatifs, sinon variés, que ceux auxquels
s'affairaient les *nuhatimmu* du Palais, encore que bien
plus simples et faciles. Et je n'ai jamais accepté cette
peinture que mes collègues s'obstinent à faire – peut-être
parce qu'eux-mêmes manquent d'imagination et n'ont
jamais de leur vie mis véritablement le nez en cuisine –
d'un peuple mésopotamien réduit, des millénaires durant,
à mastiquer, comme de tristes ruminants, des « bouillies »
perpétuelles et mornes. Même si – comme il n'avait pas
accès à l'écriture – il y a de fortes chances que nous
ignorions à jamais son ordinaire, ses recettes et ses
habitudes culinaires.

Enfin, ces recettes de la haute cuisine mésopotamienne

que nous avons découvertes, déchiffrées et lues, il nous
est, disons-le tout net, quasiment impossible de les exécuter. D'abord parce que le sens précis et concret d'un
certain nombre de termes, évidemment techniques, et par
conséquent des « tours de main » qu'ils évoquaient aux
yeux de ceux qui les utilisaient, nous échappent et risquent de nous échapper toujours, puisque, pour bien
comprendre et pouvoir imiter un geste tant soit peu
compliqué, il faut l'avoir vu accomplir. Or toute cuisine,
comme toute technique, est faite d'abord de « tours de
main ». On ne doit pas oublier que la civilisation mésopotamienne ancienne, ses langues et son écriture, mortes
depuis avant notre ère, ont disparu ensuite complètement
de la mémoire humaine durant deux millénaires et qu'il
nous a fallu les restituer en totalité. Une telle rupture dans
la tradition est un terrible handicap pour l'historien.
Voilà pourquoi nous ne sommes que trop souvent dans
l'impossibilité d'identifier quantité de denrées, d'ingrédients et de condiments, de gestes et d'objets qui nous
apparaissent dans ces recettes. Et même lorsque nous
arrivons à cerner « en gros » tel d'entre eux – c'est une
alliacée ! ce doit être un produit du lait ! –, nous ne
sommes jamais sûrs de tomber sur le bon. Or chacun sait
qu'en honnête cuisine il serait catastrophique de remplacer un débonnaire fromage blanc par un munster explo-
sif, bien qu'ils soient l'un et l'autre des produits du lait...
   Enfin, si nous nous sommes trouvés contraints de
célébrer les vieux Mésopotamiens comme les plus vieux
gourmets et gastronomes connus, il est clair que leur
notion de la bonne chère et du goût était à mille lieues des
nôtres. Pour n'en citer que deux ou trois traits : leur
dévotion à la graisse (de mouton), dont ils arrosaient si
généreusement tous leurs plats ; leur véritable rage d'alliacées, et d'alliacées combinées et comme renforcées ; le
rôle peut-être secondaire que semblerait jouer le sel dans
leur diététique, et d'autres indices encore, à tort ou à
raison – *de gustibus non est disputandum !* – nous paraissent diantrement réfrigérants... Je ne m'amuserai donc
jamais à tenter de refaire leurs recettes ; et bien que je les
tienne, pièces en main, pour les premiers inventeurs et

pratiquants d'une gastronomie et d'une grande cuisine, je ne conseillerai à personne d'incorporer à la nôtre leur tradition culinaire, telle quelle.

C'est, du reste, à mon sens, inutile : modifiée, adaptée, élaborée et enrichie, leur cuisine a chance d'être parvenue jusqu'à nous : c'est celle que l'on appelle aujourd'hui « turco-arabe », qui se pratique, se mange et délecte les palais, de la Grèce au fond de l'Iraq, et qui nous offre bien des régals quand nous l'apprécions sur place. Il y a des chances que, polie et domestiquée par les siècles, sa substance remonte jusqu'aux vieux « chefs » – *nuhatimmu* de Sumer et de Babylone.

Note

1. Je veux, ici, remercier avec chaleur mes collègues et amis : W.W. Halo (Yale), F. Köcher (Berlin) et J. van Dijk (Rome/ Amsterdam), grâce à qui j'ai eu connaissance de ces tablettes, et j'ai pu les étudier avant même leur publication officielle, qui ne saurait tarder.

Orientation bibliographique

Les cuisines antiques.

J. André, *Apicius. L'art culinaire. De re coquinaria*, Paris, Klincksieck, 1965. La meilleure édition critique, avec traduction et commentaire, du « Manuel » d'Apicius.

Du même auteur, à la même librairie : *L'Alimentation et la Cuisine à Rome*, 1961, la plus riche et solide étude sur ce thème.

Athénée, *Les Deipnosophistes*, Paris, Belles Lettres, 1956. Les deux premiers des 15 livres que comportait l'ouvrage. Texte et traduction (en anglais) sont complets, publiés par G.B. Gulick, en 1961, dans les 7 volumes que leur a consacrés la Loeb Classical Library, Cambridge, Mass. University Press.

La Mésopotamie ancienne et sa cuisine.

Jean Bottéro (articles en français, mais sous titre allemand) dans le *Reallexikon der Assyriologie*, Berlin, (Walter de Gruyter, 1928 ss, repris en 1957 ss ; « Épices et condiments » (« Gewürze », t. III, p. 340-344) ; « Ail » (« Knoblauch », t. VI, p. 39-41) ; « Conservation des aliments » (« Konservierung von Lebensmitteln », *id.*, p. 191-197) et surtout « Cuisine » (« Küche », *id.*, p. 277-298) ainsi que « The culinary tablets at Yale » (p. 11-19 du *Journal of the American Oriental Society*, 107 / 1, 1987).

Le plus vieux festin du monde

Jean Bottéro

Après la cuisine, la « salle à manger ». Presque toutes les recettes de ce qui compte aujourd'hui pour le plus vieux recueil culinaire connu – il remonte aux alentours du XVIIᵉ siècle avant notre ère – se terminent par une formule marquant l'étape ultérieure du plat dûment préparé : « à envoyer à table », ou, plus souvent, « prêt à servir » – mot à mot : « à présenter au couteau », l'unique ustensile mis alors à disposition des consommateurs pour s'attaquer aux victuailles. Le rôle du « chef » terminé, entraient donc en scène les convives.

Pour risquer un œil sur ce deuxième temps du spectacle et épier les nouveaux acteurs en train de dépêcher ce qu'on leur avait plus ou moins artistement apprêté, nous nous trouvons assez démunis. Nous ne savons même pas s'il existait un théâtre régulier du repas, et lequel : il y a des chances que les vieux Mésopotamiens n'aient point connu de « salle à manger », d'autant que leurs « tables » étaient constituées de plateaux que l'on amenait aux consommateurs dans la partie de la maison : chambre, divan, hall ou jardin, où ils mangeaient. Nous n'avons pas retrouvé encore, parmi notre demi-million de tablettes cunéiformes, le moindre récit en règle, truculent ou sérieux, d'un festin, d'un simple repas. Il nous faut donc procéder obliquement, et les documents « indirects » ne nous manquent pas, même s'ils sont moins loquaces que nous ne voudrions. Outre les allusions éparses, dans la correspondance et la littérature notamment, nous disposons d'un prodigieux amas de pièces administratives, entre lesquelles un bon nombre portent sur la nourriture et nous suggèrent donc bien des conclusions, parfois inattendues, touchant sa consommation.

Il nous reste aussi, pour surprenant qu'on le tienne, l'ample littérature religieuse. Du fait que ces gens-là avaient résolument imaginé leurs dieux sur le modèle, exalté et superlatif, il est vrai, de leur propre personnalité et société, ils n'en pouvaient guère parler sans se mirer en eux, transposant et magnifiant à leur propos ce qu'ils connaissaient d'eux-mêmes. Si bien que mythes, chants sacrés et rituels liturgiques, pour peu que nous sachions les lire, nous en disent couramment plus sur leurs auteurs que sur leur objet. On le verra encore, ici même, à propos de l'amour et de la vie sexuelle. Moyennant quoi, nous arrivons donc, tant bien que mal, à nous faire une certaine idée de la table, dans cette vénérable Mésopotamie, vraisemblable patrie des plus vieux « civilisés » identifiables de notre passé.

Comme en matière de cuisine – et dans à peu près tous les autres départements de la vie –, ce qui nous échappe le plus, ce sont les petites gens, ce que l'on appelle aujourd'hui « les masses laborieuses ». Non seulement cette majorité de la population était bien incapable de nous parler d'elle-même en utilisant les redoutables complications de l'écriture alors en usage, mais les lettrés ne la prenaient pas volontiers pour objet de leurs œuvres. Nous l'entrevoyons surtout en d'interminables listes, dressées par l'administration, où se trouvaient consignées, en particulier, les rations allouées en paiement aux ouvriers et corvéables. Mais on ne leur distribuait que les aliments de base de ces pitances : céréales, huile, bière, surtout, viande et poisson plus rarement. Le reste : légumes, fruits et condiments, ils devaient se le procurer par eux-mêmes, et rien ne nous révèle leurs façons d'accommoder le tout pour leur ordinaire, ni leurs habitudes de consommation et leurs manières de table.

Le régime commun paraît avoir été de deux repas quotidiens : un « du matin », l'autre « du soir ». Ce dernier était probablement le principal, puisque les Sumériens désignaient « le repas » en général du même mot que « le crépuscule » : *kin.sig*, alors qu'en akkadien le terme se référait seulement à la « comestion » : *nap-tanu*. Mais les grands de ce monde, au moins, doublaient ces séances de deux « petits repas », également le matin et le soir.

Compte tenu de la modestie de leurs moyens, voire de leur indigence chronique et de leur acharnement forcé au travail, les petites gens, « les silencieux du pays » ainsi que les aurait désignés un proverbe en sumérien, ne pouvaient guère faire bombance tous les jours : il leur manquait toujours quelque chose, explique un autre proverbe analogue : « Un pauvre homme, quand il a du pain, il n'a pas de sel, et quand il a du sel, pas de pain ; s'il a du condiment, la viande lui fait défaut, et s'il a de la viande, pas de condiment ! » Si bien que plus d'un assyriologue, peut-être impressionné par les susdites listes de céréales distribuées, imagine volontiers ces populations vouées, jour après jour, à de sempiternelles bouillies, tristement mastiquées comme par un troupeau de ruminants mélancoliques. Les indices ne manquent pourtant pas qu'une aussi sombre hypothèse refléterait, plutôt que la réalité, quelque allergie gastronomique de ses tenants...

C'est entendu, l'expression courante pour désigner la réfection était « pain et eau ». Mais il s'agit là d'une métonymie, fondée sans doute moins sur ces aliments par excellence que sur les actes premiers qu'ils commandaient : « manger et boire ». L'on n'en saurait donc tirer argument pour se figurer ces multitudes réduites, pour survivre, à grignoter de déprimants quignons trempés d'eau. Non seulement (comme je l'ai avancé dans « La plus vieille cuisine du monde », cf. p. 81) la recherche gastronomique dont témoignent les antiques recettes « de haute cuisine » était forcément contagieuse, mais le grand traité local d'Oniromancie [1], qui enregistrait et classait les songes communs pour en tirer – selon une logique à nos yeux farfelue, mais qu'on voulait alors croire infaillible – des conclusions touchant l'avenir des rêveurs, comptait tout un large chapitre consacré aux rêves de nutrition. Et le nombre et la variété des plats (la plupart tout à fait réels et dûment attestés par ailleurs) que l'on croyait avoir dégustés en songe, composent une carte enviable. Nous avons aussi quelques bonnes raisons pour nous persuader que, dans sa variété, une pareille chère, sauf exceptions fâcheuses, était, comme le rêve, bel et bien accessible à tout un chacun.

Qui n'en avait pas les moyens pouvait toujours se faire inviter par de plus fortunés. Un conte, bonhomme et satirique à la fois, nous rapporte comment « un pauvre hère de la ville de Nippur », le ventre creux et pris d'une stridente envie de bon repas, imagine de se faire convier par le maire, en lui offrant, pour son écot, un mouton qu'il compte se procurer par la vente de ses dernières hardes. Mais comme il n'en tire que juste assez pour acheter une vieille chèvre, le magistrat, prenant de haut un aussi dérisoire présent, fait avec ignominie chasser le malheureux – lequel se vengera, plaisamment mais de cuisante façon, par trois fois, et c'est toute l'histoire. Dans cet antique pays, comme partout et de tous temps, les plaisirs de la table étaient donc à portée de tous, même si les plus modestes sujets n'en pouvaient avoir tout leur soûl autant que les riches et les « officiels ».

Car il est bien clair qu'également, comme partout et toujours, c'est d'abord à l'avantage des nantis, bénéficiaires de la « haute cuisine » – pour ne point parler ici des dieux, dont une grande partie du culte se confondait avec le service de leur table –, que les banquets étaient plantureux et fréquents. Nous en avons de surabondants témoignages. A Mari, par exemple, autour de 1780 avant notre ère, il nous reste quelques centaines de tablettes éphémérides, portant la liste de victuailles fournies, jour après jour, sur plusieurs années, principalement par les magasins des produits céréaliers, huiles et fruits secs, mais aussi par les « bouchers », pour l'ordinaire quotidien du roi, lequel paraît avoir été tout à fait confortable...

Et, pourtant, les plus humbles individus pouvaient participer à bien de ces festivités : une occasion de plus, pour eux, de faire bonne chère. Dans le récit du Déluge (cf. « Le plus vieux récit du Déluge », cf. p. 259), le Noé babylonien, le roi Atrahasîs (« Supersage »), après avoir, sur les conseils de son dieu protecteur Enki / Éa, fait construire et armer son « Arche » par ses sujets, invite ces derniers à un grand banquet, pour les récompenser et comme pour leur accorder, sans qu'ils s'en doutent, un ultime moment de joie avant la brutale irruption de leur destin funeste. Pourtant, leur amphitryon, anxieux et malade à la pensée de la catastrophe imminente, ne participe guère aux ébats : « On mangea donc copieusement / Et l'on but d'abondance ! / Lui, cependant, ne faisait qu'entrer et sortir, / Sans jamais demeurer assis, ni même accroupi, / Tant il était désespéré et nauséeux !... »

On nous évoque ainsi plus d'une fois des fêtes données pas les souverains, en particulier à leur personnel et à leurs troupes, et ces « grands banquets » s'accompagnaient volontiers de distributions de cadeaux-récompenses, voire d'onguents parfumés, pour une toilette digne de la cérémonie. Nous n'avons malheureusement pas les menus de ces bombances. Mais il nous reste au moins le décompte des victuailles consommées au cours d'un des plus énormes festins de l'histoire, et qui bat de loin le célèbre banquet offert, le 22 septembre 1900, par Émile Loubet, président de la République, dans les jardins des Tuileries, aux vingt mille maires de France.

Il s'agit d'une réjouissance célébrée vers 870 avant notre ère, dans la ville assyrienne de Kalhu (connue aujourd'hui sous le nom de Nimrûd, à quelque 25 kilomètres au sud de Mossoul, en Iraq), pour en inaugurer les palais somptueusement rebâtis, et à laquelle le roi Assurnasirpal II (883-859) n'avait pas convié (si l'on n'a pas trop exagéré, comme c'était le faible des rédacteurs des inscriptions à la gloire des rois), et pour dix jours, moins de « soixante et neuf mille cinq cent soixante et quatorze » invités, et parmi eux – un peu comme Atrahasîs, plus haut, après l'édification de son « Arche » – les quelque 40 000 de ses sujets qui avaient été requis pour le travail, plus le personnel de sa cour, et quantité de « grands » d'un peu tous les recoins du royaume : c'était, en somme, pour « pendre la crémaillère » de la capitale nouvelle et de ses installations...

Une stèle, retrouvée sur place en 1951, nous fournit le détail de cette monstrueuse mangeaille : quelque 50 000 pièces de gros et menu bétail, de basse-cour et de gibier ; 10 000 poissons ; autant d'œufs ; sans parler du somptueux catalogue des légumes, des fruits et des condiments variés, par boisseaux, et des produits du lait, par corbeilles, avec, pour arroser le tout, 10 000 jarres de bière et autant d'outres de vin, pain et eau n'étant sans doute pas comptés dans cette énumération somptuaire. On ne nous dit rien des bataillons de cuisiniers qui avaient dû s'affairer à une aussi pantagruélique ripaille. L'étude détaillée du tableau laisse toutefois deviner que tous les convives n'avaient pas été uniformément traités et que plusieurs menus étaient intervenus, semble-t-il, selon le rang social ou l'importance politique des participants. Quoi qu'il en fût de ces disparités, le roi, en terminant le récit de cet événement mémorable, pouvait se flatter d'avoir, après ces dix jours de célébration masticatoire, « renvoyé chez eux, satisfaits et heureux », tous les commensaux de ce gigantesque festin.

Car, en ce temps-là comme au nôtre, si le repas apportait d'abord l'appoint et le réconfort indispensables à la vie, il procurait du même coup la joie – « sentiment de la vie », comme l'entendent les bons philosophes –, il mettait en allégresse et plongeait dans une certaine félicité. Pas seulement par l'abondance, le raffinement et la variété des mets, la compagnie des convives et ce que nous appelons la chaleur communicative des banquets, mais aussi par l'accompagnement quasi obligatoire du tout, dès que le simple repas touchait au festin : la boisson alcoolisée.

Dans ce pays, où le vin était bien connu depuis la très haute époque (cf., p. 122 : « Le vin il y a 5 000 ans. »), le breuvage fermenté « national » était pourtant la bière, à base de céréales et préparée, suivant des techniques raffinées, depuis avant l'histoire, de plus de trente façons, à en croire nos textes ; « blanche », « rousse », « claire », « foncée », « trouble », « adoucie au miel » et « parfumée » de multiples aromates, parfois « coupée » mais souvent « forte ». On la buvait volontiers à plusieurs, l'aspirant à même la jarre au moyen de tubes munis, à leur extrémité inférieure, d'une façon de grille pour filtrer les impuretés. C'est à elle qu'est consacré l'unique échantillon connu dans ce pays de ce que nous appellerions une « chanson à boire », peut-être composée, opine son traducteur, pour l'inauguration d'une taverne, et qui se clôt sur ces vers glorieux : « Je vais mander brasseurs et échansons / Nous servir des flots de bière à la ronde ! Quel plaisir ! Quel délice / A la humer béatement, / A entonner dans la liesse cette noble liqueur, / Le cœur ravi et l'âme radieuse ! »

Quand un dieu a trop bu.

La bière était l'accompagnement obligatoire du banquet, au point que, pour le désigner, là où les « Akkadiens », en disant *qerîtu*, mettaient seulement l'accent sur le nombre des convives « invités » à participer aux agapes, les Sumériens insistaient sur la « bière versée » (*kash. dé. a*). Sa présence nous laisse nous figurer ces antiques réjouissances plus ou moins sur le modèle des nôtres, avec leurs solides masticationss, sans doute, mais aussi leurs libations, leurs trinqueries, leur rumeur joyeuse et parfois tonitruante, à mille lieues d'un cérémonial compassé et hiératique. Le danger, c'était que la bonne chère, les breuvages capiteux et l'échauffement mutuel montassent promptement à la tête. Sans aller jusqu'aux bagarres et aux « révoltes contre l'ordre établi » que nos documents y localisent parfois, on y perdait aisément son sang-froid, comme cela nous arrive encore. C'est ce qu'un vieux mythe en sumérien nous conte joliment du dieu Enki.

Le plus intelligent, le plus ingénieux de tous les dieux, Enki avait découvert et mis au point toutes les prérogatives de la civilisation raffinée : institutions, manières et techniques, que l'on imaginait matérialisées en autant de Talismans précieux, d'où émanaient les « Pouvoirs » correspondants, et qu'il gardait jalousement en sa cité-temple d'Éridu. Un jour que la patronne surnaturelle de la ville d'Uruk, Inanna, était venue lui rendre une visite, apparemment de courtoisie, mais sans doute aussi plus ou moins intéressée, de biais, légèrement allumé, dirait-on, par la capiteuse et aguichante déesse, il lui offre un festin de choix, dans le récit duquel, comme souvent, on met surtout en avant la boisson : « A la table sacrée, à la table céleste, / Il souhaita bienvenue à la Sainte Inanna ! / Et Enki, côte à côte avec elle, en son Temple, / D'entonner de la bière et de lamper du vin, / Leurs gobelets pleins à verser, / Trinquant à qui mieux mieux au Ciel et à la Terre, / Humant, sans se presser, / Aux hanaps profonds comme des chaloupes !... »

« La bière bue, le vin apprécié », Enki, plus ou moins éméché, est pris de cette générosité attendrie et ostentatoire qui monte souvent avec les fumées de l'alcool. Il décide donc brusquement d'offrir en cadeau à Inanna – trop rusée pour avoir rien demandé et pour s'être laissée aller à lever immodérément le coude – le trésor au complet de ses valeurs culturelles. Ainsi dotée, et sans demander son reste, la déesse charge en hâte le tout sur son bateau et cingle vers sa propre ville. A peine est-elle partie que, « les effets de la bière dissipés », Enki cherche fébrilement partout les Talismans, dont il ne se souvient même pas avoir disposé en faveur de son invitée. C'est son page qui le lui remet en mémoire. Et Enki de l'expédier en toute hâte à la poursuite d'Inanna pour lui reprendre ses trésors : trop tard !... Voilà comment, expliquait-on, Uruk avait pu accéder à la haute civilisation empruntée à Éridu.

Ce mythe – ils le sont quasi tous – est ambigu. Certes, il présente comme un accident dû aux effets d'un banquet trop arrosé la communication des prérogatives culturelles. Mais, en même temps, il s'inscrit dans toute une série de récits analogues, selon lesquels les grandes décisions concernant l'univers, nature et culture, avaient été prises par les dieux à table, celle-ci manifestement tenue pour le cadre propre des principales délibérations et résolutions de la communauté divine.

Par exemple, c'est à la fin d'un festin célébré en l'honneur de l'« invention » des hommes par le même Enki, et qui avait pareillement mis en joie les convives, qu'il se voit proposer, par la déesse Ninmah, une manière de tournoi. Au cours de cette partie, il devra « assigner un destin », autrement dit, trouver un rôle valable, une utilité réelle, à divers spécimens que la déesse aura tirés du même « moule » humain, mais avec quelque grave défaut de fabrication, comme des vases manqués : aveugles, paralytiques, hermaphrodites, femmes stériles... Il va sans dire que le dieu joue, et gagne. Voilà pourquoi les aveugles de naissance sont musiciens et aèdes ; ceux dont le sexe est incertain ont leur place dans le bataillon, alors populaire, des invertis et travestis ; les femmes incapables de porter des enfants sont faites pour la prostitution, etc. A la fin, toutefois, Enki fait quinaude Ninmah en lui proposant à son tour un monstre tel – inerte, amorphe, sans réaction, sans force, sans parole – qu'elle n'arrive pas à lui imaginer une occupation utile quelconque. C'était le cas d'êtres totalement malformés et déshérités à la naissance, dont divers passages de traités médicaux et divinatoires nous font en effet le portrait...

L'importance du banquet, cadre régulier de la réunion plénière des membres de la société divine, est encore plus manifeste dans la célèbre *Épopée de la création*. Lorsque les dieux, devant le mortel danger que leur fait courir « Mer » (Tiamat), leur monstrueuse et formidable aïeule première, veulent faire face à la situation, c'est autour d'un festin qu'ils se réunissent. Répondant à l'appel du chef de leur lignée, qui les a convoqués, « Tous les Grands-dieux, assignateurs des destins, / Entrés en présence d'Anshar, furent comblés de joie / A se trouver tous réunis, et s'embrassèrent. / Après avoir tenu conciliabules, ils prirent place au Banquet ! / Ils mangèrent leur "pain" et ils burent leur bière : / Du doux breuvage capiteux, ils emplirent leurs chalumeaux-à-boire ! / Humant ainsi la boisson enivrante, ils se sentaient détendus, / Sans le moindre souci, leur âme en allégresse ! »

Les festins des dieux.

C'est alors qu'ils décident à l'unanimité d'investir leur champion, le jeune dieu Marduk, des pleins pouvoirs pour mener la guerre contre leur épouvantable ennemie. Cette dernière abattue, et le Monde créé de ses dépouilles par son vainqueur, lorsque Marduk a trouvé, en sus, en inventant les hommes, le moyen d'assurer à tous ses frères en divinité une vie ocieuse, béate et fournie de tous biens moyennant le travail de ces créatures, et que, reconnaissants, ils lui ont splendidement édifié pour résidence Babylone et son Temple fameux, nouveau Banquet, donné, cette fois, par Marduk au cours duquel les dieux parachèvent son investiture et, du plus fort et du plus sage d'entre eux font leur Souverain suprême et le Maître du Monde, à jamais.

Ici apparaît, dans le miroir grossissant de la mythologie, un nouveau rôle du Repas solennel communautaire : ce n'est plus seulement le théâtre de la réfection, de la gastronomie, de l'ébaudissement, de la détente et du plaisir, c'est l'occasion pour les commensaux de prendre les décisions capitales pour leurs propres intérêts. Nous avons gardé à nos festins la première de ces fonctions, physiologique et psychologique, pour ainsi parler, mais de l'autre fonction, sociale et surtout « politique », nous avons quasiment perdu conscience. Raison de plus pour nous y attarder un moment, car, sur ce point, les choses allaient assez loin en Mésopotamie ancienne.

Il y a des chances qu'une telle signification « politique » se dissimule plus ou moins subtilement, à nos yeux inexperts, dans la plupart des festins officiels et publics plus haut évoqués, parfaitement sensible à leurs participants, lesquels percevaient les choses bien mieux que nous. Pour le souverain, réunir ses sujets, tout au moins un choix représentatif d'entre eux, en une même « tablée », à partager son propre repas, c'était à la fois mettre en évidence et créer, ou conforter, la cohésion de tous en un seul « corps », un État unique. C'était aussi démontrer et consolider son pouvoir sur eux : non seulement ses invités consommaient la même nourriture que lui, en d'autres termes communiaient dans la même vie puisée aux mêmes vivres, mais leur présence ensemble, les biens qu'ils partageaient, leur liesse commune, proclamaient tacitement leur approbation du souverain de qui ils tenaient ces avantages ; entérinaient son autorité sur eux tous et sur la population entière qu'ils représentaient, et renouvelaient, pour aimer parler, son investiture. Pour compléter ce tableau, quelques rituels soulignent le

contexte liturgique d'une telle démonstration : ainsi rat-
taché à un moment du culte des dieux, le banquet du roi,
chargé de tout ce sens, recevait, en même temps que de ses
sujets, l'approbation et la sanction d'En-haut.

Telle est en particulier la signification vraisemblable
d'une cérémonie étrange et mystérieuse, qui a fait couler
bien de l'encre et imprimer force sottises : la Hiérogamie
ou Mariage sacré – union charnelle entre un dieu et une
déesse, sous les espèces de leurs statues et par une sorte de
jeu de statues marionnettes à l'époque récente, mais bel
et bien figurés et remplacés, plus anciennement, par le roi
et une prêtresse. Ce n'était là ni plus ni moins qu'un
complément nécessaire de l'investiture royale, ou, selon la
coutume probable, de son renouvellement annuel régulier : grâce à cette formalité, le roi, mis par son « mariage » en position d'assurer désormais sa descendance et
la perpétuation dynastique de son autorité suprême dans
le pays, devenait véritablement le monarque achevé, le
parfait représentant de cette « Royauté descendue des
cieux », disait-on, et envoyée par les dieux parmi les
hommes pour leur plus grand profit mutuel. Or, la nuit
de ces noces était obligatoirement suivie d'un grand
banquet, nommément servi au couple divin et royal, mais
auquel la population prenait part dans l'allégresse,
comme pour faire mieux bloc autour de son souverain
nouvellement investi, ou réinvesti.

Si l'on y regarde de près, la fonction « politique » du
banquet public n'était, en fin de compte, que le résultat de
l'extension à la solidarité « nationale » du rôle essentiel
que tenait le repas dans la cohésion de la famille, cellule
première, unité de base et modèle de toute l'organisation
sociale. Sur ce chapitre du repas de famille, nous sommes
mieux renseignés. Directement ou non, un bon nombre
de textes de divers genres nous démontrent à souhait que
tous les grands moments de la vie familiale étaient mar-
qués par autant de festins réservés à la parenté entière, et
à elle seule.

Repas solennels pour les mariages.

Ainsi, cet épisode capital du développement de la famille qu'était le mariage. Dans une société aussi exclusivement patriarcale, la femme devait quitter les siens pour s'en aller demeurer, jusqu'à sa mort, dans la « maison » et parmi la maisonnée de son époux, laquelle versait aux parents de l'épouse une somme compensatoire prévue par le contrat d'accord entre les deux groupes familiaux. Tant qu'on n'en était qu'au contrat, qui pouvait se signer dès la naissance des futurs, en tout cas bien avant leur nubilité, le mariage n'était que promis. Il devenait effectif par l'« entrée » de la « fiancée » dans la maison qui serait désormais la sienne. Et ce « passage » était sanctionné par un banquet dont les débours étaient au compte de la famille de l'époux. Les contrats – il nous en reste une belle collection – en parlent peu : leur but était de souligner les seules conditions juridiques et économiques de l'accord, et non pas le cérémonial de la fête. Mais les « codes » de « lois » vont çà et là un peu plus loin, et nous avons retrouvé, entre autres, un mythe assez charmant qui nous en dit bien plus.

On y raconte comment le grand dieu Enlil était tombé amoureux d'une fort jolie fille de dieux, étrangère à sa ville. Il l'avait d'abord prise pour une femme facile et ne lui avait équivalemment proposé que de coucher avec elle ; de quoi elle l'avait fièrement rabroué. Comprenant son erreur, tout confus et d'autant plus fou d'elle, Enlil dépêche donc son chargé d'affaires demander sa main dans les règles à ses parents. Aussitôt que son envoyé revient lui annoncer l'accord de la famille, le premier soin de l'heureux futur, transporté d'aise, est de faire acheminer, non seulement un riche présent rituel de bijoux à sa bien-aimée, mais, à la famille de celle-ci, de quoi préparer un énorme et ostentatoire banquet.

« La nouvelle, dit le texte, soulagea Enlil, / Et lui mit au cœur grande joie... / Il donna donc des ordres... » pour rassembler et expédier des troupeaux d'animaux sur pieds : « Les quadrupèdes, des capridés aux asinés, / Qui croissent librement en la Steppe / Et hantent le Haut-

Pays, / On en choisit une multitude :... / Bovidés trapus,
à cornes massives et meuglants ; / Vaches avec leurs
veaux ; / Bétail sauvage aux amples cornes, / Menés de
laisses précieuses ; / Brebis avec leurs agneaux ; chèvres
avec leurs chevreaux, / Cabriolant et luttant entre eux ; /
Chevreaux râblés, à la longue barbiche, / Piaffant de leurs
sabots... / Moutons dignes de la table royale... » Puis, de
quoi compléter avec faste cette déjà tant somptueuse
nourriture carnée : « Tommes ; fromages épicés ; froma-
geons... ; / Produits du lait de toute sorte ;... / Miel blanc,
miel durci ; pâtisseries (?) les plus suaves... ; Dattes ;
figues ; lourdes grenades... ; / Cerises (?) ; prunes : noix ;
pistaches et glands... ; / Grappes massives de raisins de
primeur ; / Fruits exotiques sur leurs branches... » C'est
un vrai festin royal !

Or, le sens d'un tel repas de noces est fort clair, pour
peu que l'on se mette dans la peau de ces gens : à
consommer les propres denrées fournies par la famille de
son mari, la nouvelle épouse s'incorporait à elle, en tirant
sa vie des mêmes vivres qu'elle. Ce repas n'était donc pas
seulement une réjouissance, ou une dépense de prestige,
mais le propre signe efficace, le propre « sacrement » de
l'union des époux par l'introduction de l'épouse dans la
famille de son mari. Désormais, elle en ferait véritablement partie, au même titre que tous les autres membres.

Lorsque, hors la circonstance du mariage, il s'agissait,
pour une raison ou une autre, d'agrandir la famille en y
agrégeant un étranger par adoption, un repas pris par
l'adopté dans et avec sa nouvelle « parenté » consacrait
également cette intégration.

Même la simple vente de biens fonciers se sanctionnait
de semblable manière. Il faut savoir que, surtout à
l'époque archaïque, les anciens Mésopotamiens avaient
un sens particulier de la terre. Comme tels, les biens
fonciers d'où le groupe familial tirait sa subsistance et sa
vie faisaient tout autant partie de la famille que les
personnes : c'étaient des possessions nobles, essentielles,
nous dirions « sacrées », et donc inaliénables. Procédure
logique et sincère, ou simple subterfuge pour tourner les
rigueurs de la prohibition, lorsqu'on en arrivait à devoir

céder de la terre à un étranger, l'acheteur devait être agrégé d'abord à la famille venderesse, ce qui se faisait par un repas pris en commun, et dont il arrive, surtout à la haute époque (IIIe-IIe millénaire), que la teneur du contrat fasse mention. Voici, par exemple, le texte de l'un d'entre eux, assez tardif (des environs de 1780 avant notre ère) : « Ili-pahallu [le vendeur] a cédé à Yarîm-Addu [l'acheteur] 180 mètres carrés de terrain bâti ; et [en contrepartie] Yarîm-Addu a cédé à Ili-pahallu 85 grammes d'argent... Par-devant un tel, un tel et un tel [ici, les noms d'une dizaine de personnes témoins de la conclusion de l'affaire] : ils ont mangé et bu ensemble... »

Banquets de famille avec les morts.

Le banquet de famille, le repas solennel pris en commun était donc bien autre chose qu'une simple absorption de nourriture, une simple occasion de se retrouver et de se réjouir de compagnie : c'était tout ensemble, et consciemment, le signe et l'agent de la solidarité familiale. Il en existait même un qui n'avait de toute évidence d'autre but que d'affirmer et d'entretenir une telle solidarité, à ce point que, non seulement il était réservé aux seuls parents, mais il s'étendait à tous, défunts compris. On l'appelait *kispu*, terme akkadien dont le sens radical faisait précisément appel au « partage d'une même nourriture » – élément cardinal du rite.

Ce repas solennel se célébrait à intervalles réguliers : en bonne règle le dernier jour du mois, lorsque la disparition de la Lune évoquait la Mort et, par là, tournait la pensée vers les trépassés. On semble du reste y avoir procédé de préférence dans le coin « sacré » de la maison : l'aile – dirions-nous – des « icônes », sous le sol de laquelle, suivant une coutume ancienne, on ensevelissait volontiers les morts de la famille. De ces derniers, outre les ossements, et en relations mystérieuses, mais certaines, avec eux, il subsistait, croyait-on, ce que l'on appelait le « fantôme » – l'« ombre », l'« esprit » ou l'« âme » de notre folklore –, sorte de double inconsistant, vaporeux et vague de ce qu'avait été le mort de son vivant – un peu ce que l'on en retrouvait en rêve. Introduit sous le sol par le rite obligatoire de l'ensevelissement du cadavre, ce fantôme rejoignait ce qui serait désormais son « lieu » propre et définif : l'Enfer, sorte d'immense caverne souterraine coextensive à notre terre. Tous les trépassés s'y trouvaient réunis, sous la mainmise des dieux infernaux après avoir été, sous le ciel, régis par les dieux d'En-haut. Ils y menaient une existence somnolente, engourdie, parcimonieuse et triste. S'ils n'y avaient plus, comme dans leur force, ici-bas, les mêmes besoins de subsides copieux et quotidiens de nourriture et de boisson, il leur en fallait encore un peu, de temps à autre, pour alimenter leur chétive survie. Le repas du *kispu*, auquel ils étaient invités, auquel ils avaient leur place marquée et auquel ils venaient mystérieusement prendre part, pourvoyait en partie à ce besoin, et c'était un devoir sacré des survivants que de le célébrer, avec plus ou moins de solennité ou de faste, selon les moyens de chacun.

La famille royale n'y manquait naturellement pas. Nous avons même retrouvé une tablette, datée de l'avant-dernier roi de la Première Dynastie de Babylone, Ammî-saduqa (1646-1626), qui y paraît consacrée. Elle dresse une longue liste généalogique à rebours des ancêtres du roi, remontant aux lignées qui avaient précédé la sienne, et se termine par cette apostrophe : « Ô membres-fantômes de la Dynastie amurrite ; ceux de la Dynastie hanéenne ; ceux de la Dynastie qutienne..., vous, et tous les fantômes des soldats tombés en de terribles guerres au service de leur souverain : ceux des princes et des princesses, et de vous tous, de l'Orient à l'Occident, qui n'avez plus personne pour s'occuper de vous, venez, prenez votre part de ce repas, et bénissez Ammî-saduqa », le roi qui vous l'offre ! N'est-il pas émouvant de voir ainsi interpeller ces vieux morts, non pas les seuls monarques, mais leurs troupes, et tous leurs sujets, et nommément les plus abandonnés d'entre eux ? N'est-il pas saisissant de les voir tous également conviés par le souverain à un banquet préparé pour eux et propre à soulager leur faim et leur soif pitoyables, mais, surtout, les réunissant tous autour d'une même provende que consommaient aussi les vi-

vants avec eux, à affirmer et entretenir ainsi leur apparte-
nance à une immense et solidaire famille « nationale »,
que même le trépas ne pouvait pas briser ?

« *Plût à Dieu.* »

Ce *kispu*, les dieux le célébraient aussi pour leur
compte, dans le même but et le même sens ; et comme il
n'y avait point de défunts parmi eux, leurs « frères » de
l'Enfer en tenaient lieu. Mais, retranchés en leur souterraine résidence, ils ne pouvaient assister en personne,
croyait-on, au repas qui se tenait au Ciel, et devaient donc
envoyer leur représentant prendre, pour la leur rapporter,
leur portion. Car ce qui importait, ce n'était pas leur
présence physique autour d'une même « table », mais la
consommation d'une même nourriture : rien ne suggère
mieux le sens profond du rite, fondé, non pas sur le plaisir
pris en commun, mais sur la vie puisée à une seule et
même source, et par conséquent identique et reliant
ensemble indissolublement les uns aux autres tous les
participants.

Il nous reste un fort curieux mythe dont le point de
départ est justement l'invitation faite aux dieux infernaux, et principalement leur souveraine Ereshkigal, à ce
banquet familial céleste : « Un jour, sur le point de leur
festin-rituel, / Les dieux expédièrent un courrier / A leur
sœur Ereshkigal (en Enfer) : / "Nous autres, nous ne
pouvons descendre auprès de toi, / Et toi, tu ne peux
monter jusqu'à nous ! / Dépêche donc quelqu'un prendre
ta part de la chère !" » Mais lorsque ce messager arrive,
un des dieux d'En-haut, par espièglerie ou foucade, refuse
de le saluer comme font tous les autres : offense gravis-
sime qu'Ereshkigal, informée, veut venger en sommant le
coupable de comparaître devant elle ; ce qui, après bien
des péripéties captivantes, finira par un mariage : un
mariage « d'intérêt », suivant une des versions du mythe ;
d'amour fou suivant l'autre, les deux versions voulant
également expliquer comment un dieu, d'abord assigné
au Ciel, avait fini Souverain de l'Enfer...

De la terre au ciel, chez les dieux comme chez les

hommes, consommer la nourriture avait donc *aussi*, en ces temps-là, une valeur « mystique » et « sacrée », comme nous dirions. Elle se retrouve en la Bible, et, s'il nous en reste quelque chose, c'est par le biais de la religion. Certes, l'agape des premiers chrétiens, d'une part, et, de l'autre, la célébration eucharistique du « pain » et du « vin » : en d'autres termes, du repas en commun, ont acquis entre-temps des références nouvelles, et des significations enrichies. Mais ce sont encore des repas « sacrés » et la vision et la pratique des anciens Mésopotamiens devraient intervenir dans leur plus vieille histoire.

Hors ce domaine, et puisque nos « repas d'affaires » ne sont guère que des célébrations de victoires économiques, ou des exercices propres à faire capituler en douceur ses adversaires, le banquet, même de famille, n'a guère plus, à nos yeux, qu'une valeur de retrouvaille, de rencontre, de déploiement de prestige, de bombance, d'exploration gastronomique et œnologique, et surtout de réjouissance. Et son meilleur chantre, c'est à jamais ce paillard de Rabelais : « Plût à Dieu [dit Pantagruel à ses commensaux, au cours d'une de ces franches lippées dont le récit truculent constelle les quatre ou cinq Livres immortels], plût à Dieu que chacun de vous eût deux paires de grelots... au menton, et que je eusse au mien les grosses horologes de Rennes, de Poitiers, de Tours et de Cambrai, pour voir l'aubade que nous donnerions, au remuement de nos badigoinces ! » (II/XXVI)...

Note

1. Férus de divination, les anciens Mésopotamiens en avaient mis au point une méthode bien à eux : ils tiraient les diverses possibilités de l'avenir d'une multitude de phénomènes de tous ordres, dont ils avaient dressé de longues listes en des façons de « traités », spécialisés chacun par son objet principal (cf. plus loin dans « L'astrologie est née en Mésopotamie », « Une longue tradition d'écoles divinatoires », p. 232). L'un d'entre eux, dont il nous est resté de larges fragments, concernait les rêves.

Le vin
il y a 5000 ans

André Finet

Dans l'antique Mésopotamie, chez les plus vieux
« civilisés » du monde, dès que le simple repas touche au
festin, la boisson alcoolisée est de la fête. Même si la
bière, fabriquée surtout à base d'orge, reste la « boisson
nationale », le vin n'est pas ignoré. On le trouve men-
tionné au début du IIIe millénaire et son succès ne se
démentira jamais tout au long de l'histoire mésopotamienne.

Au XVIIIe siècle avant notre ère, il en est couramment
question dans les archives du palais de Mari, la brillante
métropole du Moyen-Euphrate. Ces textes, qui nous
éclairent sur la vie politique et sociale du royaume et de
ses voisins, nous documentent aussi sur les habitudes
alimentaires. Certes, il s'agit essentiellement de la table
royale. Nous manquons d'informations directes sur la vie
des gens du commun, et il paraît peu probable, *a priori*,
qu'elle soit un décalque de celle de la cour. N'empêche
que le vin figure parmi les provisions de route allouées
aux messagers étrangers et que, beaucoup plus tard il est
vrai – mais cela ne tient peut-être qu'au hasard de notre
documentation –, des marchands ambulants le propose-
ront dans les rues.

Au temps de Mari, les principales cultures de vignes
s'étendaient en dehors du royaume, au Nord et à l'Ouest.
Aujourd'hui encore, on les trouve dans le Sud anatolien,
à Nizip ou à Gaziantep, comme en Syrie occidentale, aux
environs de Homs ou d'Alep. La viticulture est affaire de
tradition autant que de sol ou de climat favorables. La
ville de Carkémish sur l'Euphrate, à la frontière actuelle
turco-syrienne, débouché des produits d'Anatolie et des

piémonts, était, par sa position géographique, le port le plus important du Haut-Euphrate et un marché très achalandé. C'était la capitale d'un royaume indépendant, en relations d'amitié avec Mari.

Si Carkémish est la clé du Nord, le port d'Émar, sur la grande boucle de l'Euphrate, là où le fleuve quitte la direction nord-sud pour celle de l'est, est la plaque tournante du commerce avec l'Occident, c'est-à-dire le pays de Yamhad et sa capitale Alep, Canaan et les ports de la côte méditerranéenne comme Byblos et Ugarit. Au temps de Zimri-Lim (1775-1760 av. J.-C.), la ville d'Émar est une possession du roi d'Alep. Comme à Carkémish, outre le grain, on y charge aussi du bois et du vin. Les crus de Canaan sont réputés ; d'après la Bible, la région de Samarie était entourée de vignobles, et le pays de Moab abondait en pressoirs. Le cru de Gibéon était célèbre aux VIIIe-VIe siècles avant notre ère ; les fouilles d'El Jîb/Gibéon y ont révélé un centre très important de fabrication du vin, avec pressoirs, cuves de fermentation et celliers à température fraîche constante. Les 83 entrepôts découverts pouvaient contenir quelque 100 000 litres. Hérodote confirme sur ce point l'importance des régions occidentales ; selon lui, la vigne n'existe pas chez les Babyloniens et on y apporte par des bateaux le vin de Phénicie.

Les variétés de vin sont nombreuses, mais ce n'est qu'au Ier millénaire qu'on les désignera parfois par leur terroir. Le plus souvent le vin, *karânu*, est cité sans qualification. Lorsqu'il est déterminé, on connaît surtout le vin *rouge*. Il y a peu de mentions du vin *blanc*, mais ceci tient peut-être à notre ignorance du sens précis de certains adjectifs. Il y a le vin *de première qualité* et du vin *ordinaire*, ou *de second choix*. Il y a du vin *clair*, c'est-à-dire *blanc* ou *rosé*, ou peut-être *jeune*. Le même adjectif qualifie le vin qui est employé pour les offrandes rituelles : en l'occurrence on le traduit par *pur*, ce qui signifie qu'il est apte à un emploi liturgique ou, tout simplement, qu'il n'est pas coupé d'eau.

Il y a du vin *nouveau* et du vin *vieux* ; ce dernier serait un vin qu'on a laissé vieillir pour développer ses qualités

– ce qui se faisait aussi pour certaines bières. Il y a du vin *doux* et du vin *blanc sucré*, naturellement ou par l'adjonction de miel ou d'extrait de fruits. Il y a du vin *amer*, sans doute rendu tel par l'incorporation du suc de certains végétaux. Il y a du vin *fort*, probablement à haute teneur en alcool. Il y a surtout du *bon vin*, comme celui que le roi de Carkémish destine à Mari, ou celui que, mille ans plus tard, les soldats de Sargon puisent à pleins seaux dans les réserves du palais d'Ulhu. Faut-il entendre par là du vin de qualité supérieure, réservé aux tables royales, ou, moins probablement, un vin *sucré*, peut-être au miel ?

Les envois de vin du Nord à destination du palais de Mari s'accompagnent souvent de jarres de miel : mais ce qui est concomitant n'est pas nécessairement complémentaire. Il arrive, en effet, qu'on manipule le vin en y incorporant diverses matières destinées à en modifier le goût ou la densité ; de l'eau, du miel ou tel exsudat sucré, des essences de bois aromatiques. Outre le coupage, on procédait aussi à des transvasements, sans doute pour éliminer la lie, et à des mélanges.

Les réserves de vin du palais de Mari étaient entreposées dans un ou plusieurs celliers ; les jarres y étaient logées dans un râtelier de bois destiné à les maintenir et à les isoler. Cette armature s'appelait *kannum*, et la cave à vin en tirait son nom : « pièce au *kannum* ». A côté des jarres usuelles, *karpâtum*, d'une capacité d'un peu moins de 10 litres, s'y trouvaient aussi, peut-être, des cuves d'une capacité plus grande. Tous les magasins du palais étaient sous scellés et seuls les hauts fonctionnaires y avaient accès. Les réserves de vin étaient particulièrement précieuses, à en juger par un passage des *Annales* de Sargon II d'Assyrie qui, lors de sa campagne de 714 avant notre ère, a méticuleusement pillé le palais d'un vassal de l'Urartu : « Je suis entré dans son cellier à vins qui relève du trésor secret. » De la région d'Ulhu, dans les monts d'Arménie, le roi d'Urartu avait fait un pays où « *pleuvaient* » fruits et vin. Sargon y sème l'effroi, en force la résidence royale, et ses soldats « y puisent le bon vin dans des outres et des seaux, comme s'il s'agissait des eaux d'une rivière ». Les fouilles archéologiques ont mis au jour d'importants celliers à Karmir-Blur près d'Érevan.

Aux tables princières, on buvait le vin rafraîchi à la glace. C'est à la réserve, *nakkamtum*, qu'on déposait vin et glace juste avant la consommation. La glace était récoltée en hiver dans les montagnes du Nord, ainsi peut-être que la neige durcie en névé, et certainement les grêlons lorsqu'un orage soudain s'abattait sur le pays. Il fallait alors se les réserver en en assurant la surveillance, réunir les portefaix pour les recueillir de toute urgence et les acheminer jusqu'en un lieu où des *shaqû*, des « échansons », en prendront livraison pour les verser ensuite dans l'un ou l'autre dépôt. Tout ce travail requiert une exécution rapide, en dehors de toute improvisation. Dans ce domaine, comme dans les autres, il y avait des spécialistes pour répartir les tâches, et le matériel de transport – jarres, outres ou sacs – était suffisamment éprouvé pour être fiable. Il nous paraît aujourd'hui incroyable qu'avec des moyens rudimentaires et sous un climat peu propice, les Mésopotamiens aient pu transporter de la glace sur 200 kilomètres !

Cette glace que, pour l'usage immédiat, on prenait à la réserve pour la déposer dans les coupes, était conservée dans les *glacières*. On a trouvé de ces *maisons à glace, bît shurîpim*, à Hattusas, capitale des Hittites, au cœur de l'Anatolie, ou à Qatarâ, dans le Nord-Ouest de l'Iraq actuel. Ces deux contrées connaissent en hiver des gelées parfois sévères et longues. Mais là où ce n'est pas le cas, dans le royaume de Mari, les textes mentionnent trois *glacières*. Il s'agit de bâtisses en briques enterrées avec tuyaux de drainage pour l'évacuation de l'eau. Bref, une construction très similaire aux glacières que l'on trouvait encore chez nous, au siècle passé, dans les parcs des châteaux et des grosses propriétés campagnardes.

C'est surtout à l'occasion de fêtes et de banquets qu'on dégustait les boissons fortes. Les convives buvaient à même la jarre, à l'aide d'une tige creuse. Beaucoup de monuments évoquent la boisson au chalumeau. Certaines représentations l'associent à des scènes érotiques, où d'aucuns ont cru reconnaître, lorsqu'il s'agit de scènes d'accouplement entre un homme et une femme, le rite annuel du *hieros gamos*. Ce « *mariage sacré* » entre le roi et une prêtresse tenant la place d'une déesse de la fertilité est bien attesté dans la littérature ; il est censé assurer la prospérité générale pendant un an. La dégustation de boisson forte préparait aux ébats ou réparait les forces ébranlées. D'autres ne voient dans ces figurations rien de cultuel ; ce n'est qu'une image de bonheur dans une civilisation où l'acte sexuel, même le plus aberrant, n'est l'objet d'aucun tabou (cf. « L'amour à Babylone », p. 130).

Des libations offertes aux dieux.

On buvait aussi au gobelet. Trinquer ensemble était signe d'allégresse. On scellait ainsi la conclusion d'un accord ou la « signature » d'un contrat. De même, chacun se conciliait son dieu et sa déesse personnels par l'offrande des prémices du repas. Les divinités du panthéon sont partout sensibles aux libations de bière fine ou de vin. Lorsque Sargon II, en 714 av. J.-C., procède au pillage méthodique du temple du dieu Haldia, figure parmi le butin : « une grande cuve de bronze d'une capacité de 80 *mandâtu*[1], avec son grand support de bronze, que les rois du pays d'Urartu remplissaient de vin à libations lors de l'accomplissement des sacrifices devant le dieu Haldia ». Il est souhaité à un roi cassite de Babylone, à la fin du IIe millénaire, « que mon seigneur boive la vie, en buvant le vin amer de Tupliash, reste de l'offrande à la déesse Ishtaran, qui t'aime ». Le vin de Tupliash est un cru réputé récolté dans la région d'Eshnunna, à l'est du Tigre.

Les Mésopotamiens connaissent aussi les vins de fruits. Difficile de les identifier, faute de bien comprendre le vocabulaire. Le vin *amurdinnum* pourrait être à base des fruits noirs du mûrier sauvage ; d'autres ne sont pour nous que des noms. On fabriquait une boisson à base de dattes, le *shikar suluppî*, que certains assyriologues tiennent pour une variété de bière. Des dattes sont dites *ana shikari*, « pour la boisson fermentée », peut-être parce que leur état de blettissement les y destinait. On fabrique toujours en Iraq un alcool de dattes, l'« *arak* » de dattes, de même qu'on trouve en Turquie, dans la région de Dörtyol, un « *arak* » d'oranges. La boisson enivrante amène l'euphorie. Il y avait des soûlards dans les rues. Lorsque Enkidu, dans l'épopée de Gilgamesh, maudit la courtisane qui l'a éveillé à la civilisation, il souhaite « que l'ivrogne, de ses vomissements [?], souille ton vêtement de fête [...], que l'ivrogne et le soiffard te frappent la joue ! ». A une époque où l'usage du vin s'était répandu au point d'être offert par des marchands ambulants, un correspondant du roi Assurbanipal (668-627) le met en garde. Le souverain vient de promouvoir trois militaires, or « ces trois hommes sont des ivrognes et, s'il a bu, un porteur de poignard ne se détourne pas de celui qui vient à sa rencontre ». Comme la langue d'Ésope, la vigne est la meilleure et la pire des choses. On comprend que certains milieux juifs, vers le temps de Jésus, en aient fait l'arbre de la connaissance du bien et du mal, au fruit défendu.

Note

1. Mesure de capacité de valeur inconnue, mais sûrement importante.

Orientation bibliographique

J. Bottéro, article « Getränke » (« Boissons » en français) dans *Reallexikon der Assyriologie* III/4, Berlin, 1966, p. 302-306.

J.-M. Durand, *Archives royales de Mari* XXI, Paris, 1983, p. 104-112.

A. Finet, « L'Euphrate route commerciale de la Mésopotamie », *Annales archéologiques arabes syriennes* XIX, Damas, 1969, p. 37-48, et « Le vin à Mari », *Archiv für Orientforschung* XXV, 1974-1977, p. 122-131.

A. Finet, « Le port d'Émar sur l'Euphrate, entre le royaume de Mari et le pays de Canaan » dans *The Land of Israël : Cross-roads of Civilizations* (OLA 19), Peeters, Leuven, 1985, p. 27-38.

Les principales œuvres littéraires akkadiennes sont traduites par R. Labat, dans *Les Religions du Proche-Orient*, Paris, Fayard, 1970. On en trouvera un commentaire dans J. Bottéro-S.N. Kramer, *Lorsque les dieux faisaient l'homme. Mythologie mésopotamienne*, Paris, Gallimard, 1989.

Sur les découvertes de Mari, cf. le fascicule consacré à *Mari*, dans *Les Dossiers/Histoire et Archéologie*, n° 80, février 1984, qui en donne l'aperçu le plus récent.

L'amour à Babylone

Jean Bottéro

Tout comme les impératifs et les rites du manger et du boire, l'amour et la sexualité qui le commande sont inscrits dans notre nature profonde et originelle. Chaque culture leur a donc, par force, gardé une place privilégiée dans son système, tout en les présentant à sa manière. Or, pas plus que nous ne savons comment nos ancêtres de la Préhistoire accommodaient leur cuisine, nous ne saurons jamais comment ils faisaient, et surtout estimaient l'amour : les images qu'ils nous en ont laissées sont ambiguës et malaisées à interpréter. Seule une documentation écrite pourrait nous en fournir une connaissance circonstanciée et sans ambages.

Avec l'Égypte ancienne, l'antique Mésopotamie est le plus vieux pays qui ait connu et utilisé l'écriture, dont elle nous a laissé, entre 3000 avant J.-C. et les alentours de notre ère, un monumental amoncellement de pièces : quelque chose comme un demi-million de tablettes, qui couvrent bien des « genres littéraires », depuis les comptes d'apothicaires les plus tatillons jusqu'aux créations les plus échevelées de l'imaginaire. Il serait bien surprenant que dans ce gigantesque fouillis, trituré depuis un bon siècle par les assyriologues, nous ne retrouvions pas, entre autres trésors, de quoi nous faire une idée de la vie sexuelle et amoureuse des très anciens habitants d'un pays où est née, au tournant du IVe au IIIe millénaire, la première grande civilisation véritablement digne de ce nom : complexe et raffinée dans tous les secteurs de l'existence.

Certes, si les Mésopotamiens ignoraient beaucoup de nos « tabous » tournant autour du sexe et de son usage, du moins, à la différence de nos contemporains, n'aimaient-ils pas se prévaloir exagérément, en tout cas par écrit, de leurs préoccupations, capacités et prouesses en ce domaine. Elles leur semblaient bien trop naturelles pour qu'il valût la peine d'en disserter. Du reste, même dans la portion la plus personnalisée de leur littérature : leur correspondance, ils paraissent avoir gardé une étrange pudeur touchant leurs sentiments les plus intimes : nous n'y trouvons pas la moindre déclaration d'amour, ni même d'épanchement ou de tendresse. De pareils mouvements du cœur ne s'y font jour que rarement et sont plus suggérés qu'exprimés. Ainsi dans cette missive en laquelle la reine de Mari, vers 1780 avant J.-C., souhaite à son époux en campagne de regagner au plus tôt ses foyers, « *tranquille et satisfait* », et l'invite à porter les lainages qu'elle lui a préparés et qu'elle lui envoie par le même courrier. Ou dans ce billet désespéré d'une jeune femme qui, vers la même époque, annonce à son mari la mort, à sept mois de grossesse, du bébé qu'elle portait « en son ventre », et sa propre peur de mourir, de maladie ou de chagrin, abandonnée de tous, loin de son époux qu'elle languit de revoir vite.

Si donc, parmi leur héritage littéraire, il ne faut pas espérer surprendre beaucoup de ce que l'Amour – sentiment, passion ou simple amusement – peut avoir déclenché d'expériences, de bonheurs ou de drames personnalisés, il reste largement de quoi nous laisser entrevoir comment ces vieux ancêtres le comprenaient, comment ils le pratiquaient et bien des plaisirs et des peines qu'il pouvait apporter à leur vie. D'autant qu'ayant imaginé leurs dieux sur leur propre modèle mis au superlatif, nombre de pièces, qui ont pour sujets ces hauts personnages, nous renseignent tout aussi bien, voire mieux, que si de simples mortels étaient en jeu : on en trouvera plus loin des exemples suggestifs.

En Mésopotamie comme chez nous, impulsions et capacités amoureuses avaient été traditionnellement canalisées par la contrainte collective en vue d'assurer ce que l'on tenait pour la propre cellule du corps social : la famille, et de pourvoir ainsi à sa continuité. La vocation foncière de chaque homme et de chaque femme, son

« *destin* », comme on disait, en référant les choses à une volonté radicale des dieux, c'était donc le mariage. Et l'on réputait marginaux, voués à une existence languissante et malheureuse, « le jeune homme demeuré solitaire [...] qui n'avait ni pris de femme, ni élevé d'enfants, et la jeune femme [qui n'avait été] ni déflorée, ni imprégnée, [dont] nul mari n'avait détaché l'agrafe de son vêtement et écarté la robe, [pour] la serrer contre lui et lui faire goûter le plaisir, [jusqu'à ce que] ses mamelles se gonflassent de lait [et qu'] elle fût devenue mère ».

Ce mariage, normalement monogamique, se faisait très tôt, arrangé par les parents des futurs dès l'enfance de ces derniers, parfois même avant leur naissance, quitte à ne les réunir qu'une fois l'épouse nubile. C'est alors qu'elle laissait sa famille pour « être introduite en la maison paternelle de son époux », où elle demeurerait jusqu'à sa mort, à moins qu'elle ne fût stérile et incapable d'accomplir sa fonction essentielle : dans ce cas, le mari pouvait la répudier. Rien ne fait mieux comprendre à quel point vocation et union matrimoniales étaient avant tout « asservies » à la constitution de la famille, à la procréation et l'éducation des enfants, à la survie de la communauté.

Que cette institution n'ait pas suffi à épuiser, si l'on peut dire, toutes les possibilités amoureuses, on le perçoit d'abord à la faculté accordée à chaque homme, au gré de ses fantaisies et surtout de ses capacités économiques, de se prendre, chez lui, une ou plusieurs « épouses secondes » ou concubines. Mais on le voit surtout à quantité d'« accidents de parcours », aventures ou drames conjugaux, signalés çà et là dans ces manuels de casuistique jurisprudentielle que l'on a appelés à tort « codes de lois », dans les pièces de procédure judiciaire et dans les traités divinatoires, où les présages et l'avenir dont ils étaient chargés ne transposaient guère que du « déjà vécu ». On y trouve des hommes qui se jettent « en pleine rue » sur des femmes pour les séduire ou les violer ; ou qui couchent avec elles en secret, qu'elles soient mariées ou non, au risque d'être surpris par le mari, le père ou des témoins gênants. On y trouve des femmes courant la prétantaine et faisant jaser ; d'autres réputées « faciles » ; d'autres qui trompent leur époux, sans vergogne ou en tapinois, moyennant les bons offices d'amies complaisantes ou d'entremetteuses ; d'autres encore qui abandonnent, « jusqu'à huit fois », leur foyer, ou se font prostituées ; d'autres enfin qui vont jusqu'à se débarrasser de leur mari gênant en le dénonçant, en le faisant assassiner ou même en le trucidant de leur propre main...

Découvertes, ces fautes étaient sévèrement punies par les juges, peine de mort comprise : celles des hommes dans la mesure où elles portaient un tort grave à des tiers ; celles des femmes parce que, même secrètes, elles pouvaient nuire sérieusement à la cohésion de la famille. Sans compter que, dans ce pays de culture foncièrement patriarcale, l'homme était, de plein droit, le maître absolu de sa femme, au même titre que de ses serviteurs, de son bétail et de ses biens. Une telle position de principe, commune aux Sémites antiques et modernes, paraît avoir été, de fait, passablement atténuée en Mésopotamie, non seulement par une conception plus libérale de la condition féminine (cf. p. 155 *sq.*) – peut-être héritée de l'influence archaïque des Sumériens –, mais aussi par le fait que, dans ce temps, comme toujours, et dans ce pays, comme partout, personne n'a jamais réussi à empêcher les femmes de n'en faire qu'à leur tête et de mener, sans le dire, les hommes par le bout du nez...

Les dieux eux-mêmes n'échappaient pas à de telles mésaventures. Dans un mythe sumérien, le dieu Enlil épie la jeune déesse Ninlil, se jette sur elle, la viole et l'engrosse si bien que les autres dieux, révoltés par cette méconduite, finissent par le bannir –, ce qui ne l'empêche pas de recommencer ! Inanna, la fille du dieu An, se fait violenter par le jardinier de son père, selon un autre mythe sumérien, alors que, dans sa transposition en akkadien, c'est elle qui le sollicite éhontément et en termes fort crus, et qui, devant sa résistance, le change en grenouille. Dans la célèbre *Épopée de Gilgamesh*, en langue akkadienne, la même déesse s'offre pareillement sans vergogne au héros revenu glorieux de son expédition dans la Forêt des Cèdres ; mais celui-ci, ne tenant pas à tomber dans les pattes de la dévergondée, lui jette au visage la liste des nombreux amants qu'elle a tous abandonnés et maltraités après les avoir aimés.

L'amour « libre ».

Une telle situation explique qu'à côté de l'amour « asservi » aux besoins de la société, il y ait eu place pour ce que j'ai appelé l'amour « libre », pratiqué librement par chacun pour son propre plaisir. Afin qu'il ne portât préjudice à personne, il était assuré par des « spécialistes » exerçant ce que nous appellerions la prostitution. Vu les goûts et les manières de voir du temps et du pays, selon lesquels l'amour n'était pas forcément hétérosexuel, ces employés de l'amour « libre » étaient des professionnels de l'un et de l'autre sexe. Mais, à la différence de ce qui se passe chez nous, il y a de fortes chances que leur office ait été fortement coloré de religiosité. Non seulement ils prenaient part, ès qualités, à des cérémonies liturgiques, en particulier dans certains sanctuaires, mais on leur avait donné pour patronne et modèle la déesse appelée Inanna en sumérien, Ishtar en akkadien, la plus notoire du panthéon, où elle avait le titre de « Hiérodule » : prostituée surnaturelle. L'on s'est déjà fait, ci-dessus, quelque idée des licences qu'un tel rôle lui autorisait...

A en juger par les dénominations multiples que nous en connaissons, mais qui, la plupart, ne nous disent plus grand-chose, « prostituées » et « prostitués » nous apparaissent répartis en catégories ou corporations diverses, dont nous n'avons plus les moyens de percevoir différences et spécialisations. L'une d'entre elles aurait été, à en croire sa désignation (« Ishtariennes »), rattachée plus immédiatement à la personne d'Ishtar, et l'autre (« consacrées »), en contact plus direct avec le monde religieux. Parmi les hommes, certains devaient être, non seulement invertis mais travestis, quelques-uns – on n'a rien inventé ! – portant même des noms de femmes, voire – si l'on en croit un texte oraculaire étonnant – pouvant jouer les épouses et même les accouchées...

Ces officiants de l'amour « libre » étaient apparemment nombreux, surtout autour de certains temples. Le bon Hérodote (I, 199) s'y est trompé : surpris de voir tant de créatures offrir à l'encan leurs services, il a cru comprendre qu'il s'agissait de « toutes les femmes du pays » obligées, par une « coutume honteuse », de s'y prêter au moins « une fois dans leur vie »... On les traitait comme des marginaux, les reléguant à la frontière de l'espace socialisé des villes, dans la région des remparts, et ils semblent n'avoir guère été protégés contre mauvais traitements, avanies et mépris. Un mythe en sumérien nous en suggère la raison : chacun avait en somme « manqué son destin » spécifique – les femmes, de n'avoir qu'un époux, afin de lui donner des enfants, et les hommes, de jouer en amour le rôle masculin.

Un pareil jugement dépréciatif porté sur le personnel au service de l'amour « libre » n'empêchait pas que l'on tînt ce dernier, en tant qu'activité humaine, dans la plus haute estime, et qu'on le réputât une prérogative essentielle de ce que nous appellerions la culture raffinée. Un autre mythe en sumérien nous l'explique sans ambages, et nous en avons la preuve dans l'histoire d'Enkidu, le futur ami et compagnon de Gilgamesh, au début de l'*Épopée* qui porte le nom de ce héros. Né et élevé dans la steppe, avec les bêtes sauvages pour toute société, sorte de brute puissante et de « bel animal », il découvre l'amour véritable – non plus bestial, mais avec une vraie femme, experte et lascive – grâce à une prostituée qu'on lui a expédiée pour l'amadouer :

« Elle laissa tomber son écharpe / Et découvrit sa vulve, pour qu'il pût jouir d'elle. / Hardiment, elle le baisa sur la bouche ("lui prit le souffle") / Et rejeta ses vêtements. / Alors il s'allongea sur elle, / Qui lui montra, à ce sauvage, / Ce que peut faire une femme, / Tandis que de ses mamours il la cajolait » / (Tabl. I, colonne IV, 16 ss).

Après « six jours et sept nuits » d'étreinte, il se trouve complètement subjugué par cette enchanteresse et prêt à la suivre partout. Elle lui fait alors quitter sa steppe natale et ses compagnons animaux, qui d'ailleurs le refuient désormais, et l'emmène en ville, où, grâce à elle, il

« devient un homme », un homme au sens plein du mot,
cultivé et civilisé. C'est l'amour « libre » qui, de la nature,
l'a introduit en la culture. Comment marquer mieux à
quel point on estimait un des privilèges de la haute
civilisation, cette possibilité d'exercer librement et pleinement, si nécessaire, avec l'aide d'« experts », nos capacités amoureuses natives ?

Il va sans dire qu'à notre connaissance nulle interdic-
tion explicite, nulle inhibition, consciente ou non, ne
venaient freiner l'exercice d'une telle prérogative. Faire
l'amour était une activité naturelle, aussi culturellement
anoblie que le manger magnifié par la cuisine. Au nom de
quoi se serait-on senti déchu, ou amoindri, ou coupable
devant les dieux et le pratiquant de quelque manière que
ce fût, pourvu, la chose va de soi dans une société aussi
policée, que, le faisant, on ne portât nul préjudice à des
tiers ou que l'on n'enfreignît pas un de ces interdits
coutumiers qui quadrillaient la vie de chaque jour. Par
exemple, à tel ou tel jour de l'année (le 6 du mois de
Tashrît – septembre-octobre – pour n'en citer qu'un), il
était déconseillé ou prohibé, nous ignorons pourquoi, de
faire l'amour. Et encore : certaines femmes paraissant
avoir été en quelque sorte « réservées » aux dieux, totalement ou en partie, c'était une faute grave que de
coucher avec les premières ou de faire un enfant aux
autres. Ces restrictions mises à part, non seulement la
pratique de l'amour ne posait pas le moindre problème
« de conscience », mais les dieux en personne étaient tout
prêts, pour peu qu'on le leur demandât selon les rites, à
contribuer à sa réussite.

Prières pour le bon succès de l'amour.

Il nous reste ainsi un certain nombre de prières et
d'exercices dévots « pour [favoriser] l'amour d'un homme
envers une femme », ou « d'une femme envers un
homme », et même « d'un homme envers un homme »
(bien que le symétrique attendu, « d'une femme envers
une femme », ne figure pas dans la liste, nous savons par
ailleurs que l'amour saphique n'était évidemment pas

inconnu) ; d'autres « pour séduire une femme » ; « pour arriver à faire l'amour » (mot à mot « à rire », un de ces nombreux synonymes imagés, dans tout langage érotique, pour désigner l'union des sexes) ; d'autres « pour le cas où un homme ne serait point encore parvenu à coucher avec une femme » ; d'autres encore « pour qu'une femme se laisse séduire », etc.

En voici une « pour obtenir qu'une femme ait envie [mot à mot : "porte les yeux sur le pénis"] d'un homme :

La plus belle des femmes a inventé l'Amour ! Ishtar, qui se délecte de pommes et de grenades [fruits réputés aphrodisiaques], a créé le Désir. Monte et descends, pierre-d'amour [terme érotique probable, se rapportant au membre en érection plutôt qu'à un simple adjuvant] ; entre en action à mon avantage ! C'est Ishtar qui doit présider à notre accouplement ! A réciter trois fois sur une pomme ou une grenade, que l'on fera ensuite croquer à la femme désirée : dès lors, elle s'abandonnera, et on pourra lui faire l'amour. »

D'autres procédures analogues, sortes de charmes, mais à peu près toujours subordonnées à l'aide implorée des dieux et que, pour cette raison, il vaut mieux considérer comme « sacramentelles » que comme « magiques » – on en a retrouvé des quantités et qui intéressent tous les secteurs de la vie individuelle ou sociale –, sont peut-être encore plus éloquentes. Un catalogue, en partie perdu, en dénombrait au moins 70 ; mais nous n'en avons récupéré guère plus d'une trentaine, souvent délabrées. Toutes sont mises sur la bouche de la partenaire (« la femme » et non pas « l'épouse » !), avec, pour but, d'obtenir que l'amant, « tenant bon » jusqu'au bout, lui assure ainsi tout le plaisir physique qu'elle était en droit d'attendre de leur rapprochement. Cette capacité, pour l'homme, de conduire sans faute son amante jusqu'à l'orgasme, on l'appelait, dans la langue érotique, *nîsh libbi*, mot à mot « lever du cœur » – métaphore transparente.

De telles « prières » sont tout à fait remarquables. Adressées aux dieux et déesses, elles soulignent à quel point plaisir sexuel et sentiment religieux étaient compatibles. Elles attestent aussi que, dans une société apparemment aussi « machiste », comme on dit aujourd'hui, la femme, en amour, était vraiment l'égale de l'homme : elle avait droit comme lui au plaisir, elle n'était ni un objet, ni un instrument, mais une véritable partenaire – ce qui vaut bien la peine qu'on le souligne. Enfin, le contenu même de ces dévotions est particulièrement savoureux : il nous fait entrer, si l'on peut dire, dans l'intimité du couple en action. On y trouve une amante enflammée, déchaînée et un peu folle, qui déparle et rugit de désir et de plaisir. Ce sont d'excellents documents de la vie amoureuse. En voici deux, le premier accompagné de manipulations « confortantes », le second fait de seuls cris, mais combien éloquents !

Prière. « Prends-moi ! N'aie pas peur ! Bande sans crainte ! Par ordre d'Ishtar [la déesse de l'Amour], de Shamash, d'Ea et d'Asalluhi [les dieux qui présidaient couramment aux rites "sacramentels"] ! Cette recette n'est pas de moi : c'est celle-là même d'Ishtar, déesse de l'Amour ! [manière courante de souligner l'origine surnaturelle et donc l'infaillibilité du rite]. On recueillera quelques poils arrachés à un bouc en rut, un peu de son sperme, quelques poils d'un bélier en rut... ; on amalgamera le tout ensemble pour le fixer aux lombes de l'amant, après avoir récité sept fois, par-dessus, la susdite prière. »

Prière. « Excite-toi ! Excite-toi ! Bande ! Bande ! Excite-toi comme un cerf ! Bande comme un taureau sauvage ! [...] Fais-moi l'amour six fois comme un mouflon ! Sept fois comme un cerf ! Douze fois comme un mâle de perdrix ! [tous animaux réputés pour leur vigueur sexuelle]. Fais-moi l'amour parce que je suis jeune ! Fais-moi l'amour parce que je suis ardente ! Fais-moi l'amour comme un cerf ! Et moi, protégée par le dieu Ningirsu [lequel devait avoir sur le présent article une autorité qui ne nous est pas autrement attestée], moi, je t'apaiserai ! »

Les ébats amoureux.

Puisque nous voici en l'alcôve, demeurons-y un instant grâce à un document assez inattendu et fort suggestif. C'est le chapitre d'un gros traité divinatoire. Férus de divination « déductive », les anciens Mésopotamiens avaient pour principe de considérer comme un présage à peu près tout ce qui se voyait, au monde, dans la nature et dans la vie de l'homme, d'inhabituel, de fortuit ou de singulier.

Moyennant des règles d'herméneutique qu'ils avaient élucubrées, ils se faisaient fort d'en « déduire » l'avenir heureux ou malheureux à quoi étaient exposés ceux que concernaient de telles conjonctures. Un des nombreux ouvrages qu'ils y avaient consacrés rassemblait les aléas de la vie quotidienne : tous les événements imprévus, les rencontres peu communes qu'un individu pouvait affronter au jour le jour dans les divers secteurs de son existence. Et l'une des divisions de ce recueil monumental (dans son état originel et indemne des injures du temps, il comprenait environ 110 tablettes, ce qui devait représenter entre 10 000 et 15 000 présages et oracles) se trouvait assignée aux relations sexuelles et conjugales. Tout le début de la tablette 104, qui nous est parvenue à peu près complète, poursuivant la 103e, dont il ne reste que des bribes, étudie précisément les rapports amoureux. Il ne s'agit évidemment pas de leurs aspects de routine, banals et constants – on ne nous y souffle mot par exemple des « positions » universellement adoptées et les plus courantes –, mais seulement des fantaisies plus inhabituelles, ou alors des accidents qui pouvaient survenir à l'occasion des ébats.

Il arrivait, par exemple, que, pour ceux-ci, l'on choisît un cadre excentrique au lieu de s'en tenir à son lieu d'élection, « la chambre à coucher » : on pouvait se mettre en tête de « faire l'amour sur le toit-terrasse de la maison » ; ou « sur le seuil de la porte » ; ou « en plein milieu d'un champ ou d'un verger » ; ou « dans un lieu désert » ou « un chemin sans issue » ; ou encore « en pleine rue », soit avec une femme quelconque, sur laquelle

on s'était « jeté », soit avec une prostituée ; et l'on pouvait
aussi, seul ou accompagné de sa partenaire, s'en aller
dans ce but « à la taverne », qui jouait le rôle à la fois
d'estaminet et de lupanar... Diverses « positions » peu
habituelles pouvaient être adoptées : « debout » ; « sur
une chaise » ; « en travers » du lit ou de la partenaire ;
« en la prenant par-derrière » ou même « en la sodomi-
sant » ; ou alors « chevauché par elle », voire « en préfé-
rant jouer le rôle féminin »... On se livrait aussi à l'amour
homosexuel et, dans ce cas, ou bien l'on sodomisait
« quelqu'un de son milieu » – autrement dit un non-
professionnel – ou « l'un de ses propres domestiques » ou
« de ses serviteurs », si l'on ne recourait pas à un inverti
qualifié ; ou encore, on préférait si délibérément « se
soumettre à d'autres hommes » qu'on finissait par passer
pour un professionnel.

Il y avait encore les rêves érotiques : l'homme pouvait
en faire juste après l'amour et même en éprouver une
perte séminale carabinée ; ou alors, au lit avec sa femme,
il la rêvait ne cessant de le désirer, mot à mot de
« regarder vers son membre ». Le traité d'oniromancie,
dont nous avons également retrouvé des portions, complète sur ce point le tableau : le sujet se rêve faisant
l'amour à la déesse Ishtar en personne ou à une prêtresse
(interdite) ; à la reine du pays ; à la fille du roi ; à sa
propre fille ; à sa propre sœur ; et, dans le domaine
homosexuel, à un dieu ; au souverain ; à un notable ; à un
jeune homme ; à un petit garçon ; et même, en fin de
compte, à... un cadavre !

Il est remarquable qu'on n'ait jamais trouvé, dans ces
documents ou ailleurs, la moindre allusion à l'usage
sexuel de la bouche, si bien qu'on peut se demander si
fellation et cunnilingue – pourtant bien connus ailleurs à
l'époque, par exemple en Égypte – n'étaient pas l'objet
d'une aversion particulière ou d'un interdit coutumier.
En revanche, la sodomie était courante, avec les femmes
aussi bien qu'avec les hommes : elle n'est pas seulement
attestée par d'assez nombreuses figurines, mais les textes
en parlent sans détour. Outre le passage plus haut rap-
porté de la tablette 104 du traité, elle reparaît au moins

quatre fois dans les débris de la 103. On trouve même cette pratique choisie comme « contraceptive » : dans un traité d'extispicine – ou divination par l'état des entrailles de l'animal sacrifié – est mentionnée une prêtresse qui « se fait sodomiser pour éviter de tomber enceinte ». On ne paraît du reste pas, à notre connaissance, avoir connu d'autres moyens anticonceptionnels : les « pierres pour ne pas concevoir », comme celles « pour concevoir », « pour enfanter », ou « empêcher l'enfantement », « pour [favoriser] l'amour » ou « l'empêcher », relevaient de la thérapeutique « magique » ou « exorcistique ».

A ce tableau de la vie sexuelle, les textes médicaux ajoutent quelques touches. On y fait état de relations intimes sacrilèges – et donc porte-malheur – : avec des femmes « réservées aux dieux » ; ou incestueuses : avec des membres de la proche parenté féminine, mère ou sœur ; et de rapports sexuels avec des femmes enceintes jusqu'à une date proche de la délivrance. On y signale également des maladies que le patient a dû contracter, par contagion apparemment, « alors qu'il était au lit avec une femme », autrement dit en lui faisant l'amour, et des affections proprement vénériennes, qu'on appelait « maladies du coït ». C'était le cas, par exemple, de ce que nous appellerions l'urétrite :

« Lorsque le patient éprouve de vives douleurs au pénis, qu'il perd spontanément du sperme en urinant, qu'il n'a plus d'érections et se trouve dans l'incapacité de faire l'amour, et que de son pénis ne cesse de découler du pus : il souffre d'urétrite [mot à mot "d'écoulement"]. »

Deux ou trois passages, qui ont quelque chose d'émouvant parce que le portrait, en somme, nous est toujours familier, décrivent même « le mal d'amour » : « Quand le patient ne cesse de toussoter ; que la parole lui manque souvent ; qu'il se parle constamment tout seul et rit sans raison à tout bout de champ [...] ; qu'il est habituellement déprimé, la gorge serrée, sans le moindre plaisir à manger ou à boire, et n'arrêtant pas de répéter, avec de grands soupirs : "Ah ! mon pauvre cœur !" – il souffre du mal d'amour. » Et le texte, qui – sauf maladies spécifiques – ne s'occupe régulièrement et directement que du sexe masculin, ajoute pour une fois cette remarque, que je ne puis m'empêcher de trouver attendrissante : « Pour l'homme et pour la femme, c'est tout un ! » (cf. plus loin, p. 161).

L'amour-sentiment.

Voilà qui dépasse le simple érotisme et qui nous introduit dans le domaine de l'amour-sentiment. Sur ce chapitre, les documents « techniques » consultés sur les tablettes 103 et 104 citées plus haut, ne nous sont guère de secours. C'est dans la littérature proprement dite, surtout la poésie, que nous avons le plus de chances de trouver quelques échos de ces soupirs, de ces transports, de cette flamme, de cette douceur, de cette tendresse, parfois de ces orages et de cette fureur, qui traduisent l'attachement viscéral à « l'autre », l'irrépressible besoin que l'on ressent de lui : le véritable amour du cœur, lequel peut certes éveiller l'érotisme et s'en emparer, mais n'en a pas véritablement besoin pour s'alimenter et, de toute manière, l'anime et en fait quelque chose de noble et de réellement à l'échelle de l'homme.

Poèmes et chants d'amour « profanes » sont rares dans ce que nous avons récupéré des belles-lettres mésopotamiennes. L'unique pièce, à peu près entière, en notre possession, d'environ 150 lignes et dont il nous reste les deux tiers, est cependant tout à fait remarquable. Composée vers 1750 avant J.-C., en un akkadien archaïque et ultra-concis, au vocabulaire particulier et souvent obscur, remplie de traits qui, après 38 siècles, nous échappent, elle est divisée en courtes « strophes », qui constituent les éléments d'un dialogue entre deux amants. Du moins est-il clair que tout s'y passe sur le seul plan des sentiments et du cœur : pas la moindre allusion au sexe, pas le moindre érotisme dans le discours ! Le thème en est simple : l'amante soupçonne son bien-aimé d'avoir des faiblesses pour une autre. Elle se plaint ; elle crie son amour, qui fleurit naturellement en une jalousie à la fois tendre et véhémente. Mais elle se dit convaincue de reconquérir le volage par sa loyauté ! Voici, au hasard des strophes, comment elle s'exprime :

« Je te demeurerai fidèle, / M'en soit témoin Ishtar-la-Souveraine : / Mon amour prévaudra, / Et sera confondue cette mauvaise langue [sa rivale !]. / Désormais je m'accroche à toi / Et je compenserai ton amour par le mien ! [...]

« Mais non, elle ne t'aime pas ! / Qu'Ishtar-la-Souveraine la confonde / Et qu'elle perde, comme moi, le sommeil, / Et demeure des nuits bouleversée et accablée ! [...]

« Oui ! J'embrasserai mon chéri : / Je lui donnerai des baisers / Et n'arrêterai point de le manger des yeux ! Ainsi l'emporterai-je sur ma rivale ; / Ainsi retrouverai-je mon bien-aimé ! [...]

« Car c'est ton charme que je recherche, / C'est de ton amour que j'ai soif ! »

Face à ces déclarations touchantes et brûlantes, l'amoureux n'a guère le beau rôle : comme tous les hommes dans ces cas-là – et, on le voit, depuis la nuit des temps ! –, il se contente de dénégations, de mauvaise humeur et de rebuffades, qui ne découragent point son interlocutrice :

« Ne dis rien ! / Pas tant de discours ! / Il ne faut point parler pour ne rien dire ! / Mais non, je ne te mens pas ! / En vérité, c'est amasser du vent / Que d'attendre du sérieux d'une femme ! [...]

« Plus que toi, je repense / A tes ruses anciennes ! / Mais nous voici bien réveillés [de notre rêve] ! / Et pourtant je n'ai, dans mon cœur / Pas la moindre tendresse pour elle [toujours la rivale !] [...]

« Ne crois donc pas ce que l'on te répète : / Que tu ne serais plus la seule à mes yeux ! / Mais, si tu veux la vérité, / Ton amour n'est à présent, pour moi, / Que trouble et fâcherie ! [...] »

Et cependant, vaincu à la fin par la fidélité, la discrétion et la tendresse de son amoureuse, il revient à elle, comme elle l'espérait :

« Oui ! Tu es la seule qui compte ! / Ton visage est toujours aussi beau ! / Il est comme autrefois, / Lorsque je me serrais contre toi / Et que tu reposais sur moi ta tête ! / Je ne t'appellerai plus que "Charmante", / Et

"Sage" sera ton seul titre, pour moi ! / Ishtar m'en soit témoin : / Désormais ta rivale sera notre ennemie ! »

C'est là, je le répète, un document unique et il est d'un réel intérêt qu'on l'ait ainsi consacré à exalter l'amour pur et désintéressé d'une femme, tout en jetant quelque ombre sur le sentiment que lui porte l'homme qu'elle aime. Que bien d'autres poèmes ou chants amoureux analogues – mais évidemment pas tous dans le même sens – aient été écrits et diffusés, même si la chance ne nous les a point conservés ou si nos archéologues ne les ont pas encore exhumés, nous en avons la preuve dans un catalogue de la fin du IIe millénaire avant notre ère, qui en rassemblait, par leur « titre » (autrement dit, leurs premiers mots) pas loin de 400, desquels il nous reste à peu près le quart. Comme ces intitulés sont assez éloquents par eux-mêmes, en voici quelques-uns, qui composent un assez joli tableau des sentiments amoureux :

« Va-t'en, sommeil ! Je veux serrer dans mes bras mon chéri ! »

« Lorsque tu me parles, tu me dilates le cœur à en mourir ! »

« Ah ! Comme je te clignerai de l'œil droit... »

« Me voici amoureuse de tes charmes ! »

« Je n'ai pas fermé l'œil de la nuit : / Oui, j'ai veillé la nuit entière, mon chéri ! »

« Ô bonheur ! Le jour ne m'a apporté que de bonnes nouvelles ! »

« Une, qui ne me vaut pas, s'est mis en tête de me supplanter... »

« C'est pour cette nuit ! Pour ce soir ! »

« Qu'elle est charmante ! Qu'elle est belle ! »

« Elle cherche le beau Jardin du plaisir que tu vas lui donner ! »

« C'est donc toi, mon mignon, qui préfères mes charmes ! »

« Ô mon oiselle ! Ma tourterelle ! Tu gémis comme un lamentateur ! »

« C'est lui, le jardinier du Jardin d'amour ! »

« Cette fille, son cœur la porte à s'amuser ! »

« Depuis que j'ai dormi tout contre mon chéri !... »

A ces chants et chansons de tendresse, de joie et de passion, manifestement à l'usage des jeunes gens et jeunes filles au temps des amourettes et des amours, le même catalogue en entremêle d'autres, qui introduisent dans le secteur de la poésie amoureuse une couleur de dévotion :

« Réjouis-toi, Notre-Dame ! Pousse des cris d'allégresse ! »

« Ô la plus Sage des sages : toi qui prends soin des humains ! »

« La plus redoutable entre les dieux, c'est moi ! »

« Je veux chanter le Roi-divin très-fort, le Roi omnipotent ! »

« Qui donc serait ma Reine si ce n'est toi, Ishtar ?... »

Le fait est que la plus grande partie des poèmes et chants d'amour qui nous ont été préservés tournent autour de la déesse en qui l'on voyait à la fois la Protectrice et le Modèle surnaturels de l'« amour libre » : Inanna / Ishtar.

« Laisse-moi ! Je dois rentrer ! »

Imaginés sur le patron des hommes, les dieux avaient donc aussi chacun son épouse, voire ses concubines ; ils fondaient des familles, ils avaient des enfants. Sur ce plan, tout se passait entre eux sans histoires, et nous ne connaissons ni mythes ni légendes qui – comme chez les Grecs – répercutent orages et déboires conjugaux entre divinités. Certaines solennités, mieux attestées au cours du Ier millénaire avant notre ère, célébraient leurs noces autour de leurs statues de culte : baignées, parfumées, splendidement vêtues, puis transportées en grande pompe dans une pièce du temple que l'on appelait la « Chambre nuptiale », elles y passaient quelque temps côte à côte, censées y consommer leur union, que l'on fêtait par des banquets et des réjouissances du peuple entier autour d'elles.

Mais les dieux pratiquaient aussi l'amour « libre ». C'est surtout la personnalité exceptionnelle d'Inanna/ Ishtar, totalement indépendante, sans la moindre attache conjugale ou maternelle, livrée à ses seules toquades et passions, qui avait, sur ce chapitre, inspiré quantité de récits et de chants. On lui prêtait beaucoup d'aventures, mais celle dont on avait gardé le souvenir le plus vif, et touchant laquelle il nous est resté une documentation mythologique et lyrique impressionnante, c'était la première : son « amour de jeunesse » avec Dumuzi (en sumérien) / Tammuz (en akkadien), sans doute un souverain archaïque, anciennement héroïsé et passé au rang des dieux ; il était considéré comme pasteur, et Inanna, contait-on, avait d'abord hésité entre lui et le dieu fermier Enkimdu –, écho probable d'une situation économique et sociale déterminée, qui nous échappe tout à fait, tant elle est reculée, dans ce pays où agriculteurs et éleveurs de menu bétail, agents principaux de la production des ressources locales, ont dû rivaliser longtemps. Puis elle avait choisi le berger, comme le rappelait une sorte de duo avec chœur, composé en sumérien :

Inanna. – « Et quant à moi : ma vulve, mon tertre rebondi, / Qui donc me le labourera ? / Ma vulve à moi, la Reine, ma glèbe toute humide, / Qui y passera la charrue ?

Chœur. – « Ô Dame Souveraine, c'est le Roi qui te labourera ! / C'est Dumuzi, le Roi, qui te labourera !

Inanna. – « Eh bien ! laboure-moi la vulve, ô toi que j'ai choisi !... »

Une autre pièce, également en sumérien, la décrivait rêvant par avance à l'amour :

« Lorsque je me serai baignée pour le Seigneur, pour Dumuzi, / Lorsque j'aurai paré mes flancs, / Couvert mon visage de crème, / Lorsque j'aurai fardé mes yeux de khôl, / Lorsque ses mains charmeuses m'enserreront les lombes, / Lorsque allongé contre moi il pétrira mes seins laiteux et succulents, / Lorsqu'il mettra la main sur ma vulve précieuse, / Lorsque son membre, pareil à une proue, y portera la vie, / Alors, moi aussi, je le caresserai longuement [...] / Il mettra sa main en ma main, son cœur contre mon cœur : / Quel doux repos à dormir sa main dans ma main ! / Quel suave plaisir à serrer son cœur contre mon cœur ! »

Une autre, dans la même langue, la dépeignait attendant avec impatience la visite que son amant devait lui faire chez elle – dans la maison de ses parents, puisqu'elle était censée être encore jeune fille :

« Inanna prit un bain et se passa de l'onguent fin, / Revêtit son splendide Manteau-royal / Et disposa autour de son cou un collier de lazulite. / Après quoi, elle attendit anxieusement [...] / Lors, Dumuzi d'ouvrir la porte / Et de se glisser en la maison comme un rayon de lune ! [...] / Il la contempla, fou de joie, / La serra dans ses bras, l'embrassa [...] »

Il lui arrivait aussi, furtivement enfuie comme une adolescente amoureuse, d'aller à la rencontre de son chéri sous les étoiles, « qui scintillaient comme elle », puis de s'attarder sous ses caresses et de se demander, tout à coup, voyant la nuit avancer, comment elle allait expliquer à sa mère son absence et son retard :

« Laisse-moi ! Je dois rentrer ! / Laisse-moi, Dumuzi ! Je dois rentrer ! / Quel mensonge raconterai-je à ma mère ? / Quel mensonge raconterai-je à ma mère Ningal ? »

Et Dumuzi de lui suggérer la réponse : elle prétendra avoir été emmenée par ses compagnes écouter de la musique et danser... On se croirait vraiment de nos jours !

Les amours d'Inanna et de Dumuzi ont été célébrées, elles aussi, dans la liturgie, spécialement au tournant des IIIe et IIe millénaires, pour autant que nous soyons bien informés. Ce « Mariage sacré », cette union des deux amants surnaturels, était à la fois figuré et réalisé : non pas, comme ce sera le cas plus tard, sous les espèces des images des dieux, mais par une vraie nuit d'amour entre le souverain du pays, représentant Dumuzi, et une « prêtresse » tenant la place d'Inanna. Nous avons retrouvé tout un dossier à ce sujet et les archéologues qui fouillaient à Uruk ont même exhumé, en 1935, le collier d'une certaine Kubatum, « chérie du roi Shû-Sîn » (vers 2030 avant J.-C.), dont nous croyons savoir qu'au moins une fois elle a joué ce rôle. Pour de telles occasions, on avait composé des chants ou des récitatifs de circonstance, parfois encore prenants en dépit des clichés inévitables dans ces poèmes de cour. Un exemplaire au moins

nous a été conservé en entier. Il évoque le Cantique des
cantiques de notre Bible (cf. traduction du Cantique des
cantiques, pages suivantes) et il est bien à sa place ici,
d'autant que, daté du même roi Shû-Sîn, il avait peut-être
été mis sur les lèvres de la charmante Kubatum :

« Ô mon amant, cher à mon cœur, / Le plaisir que tu
me donnes est doux comme le miel ! / Ô mon lion, cher
à mon cœur, / Le plaisir que tu me donnes est doux
comme le miel ! / Tu m'as ravie ! Je suis toute tremblante
devant toi ! / Que je voudrais déjà, mon lion, être
emportée par toi en ta chambre ! / Laisse-moi te caresser,
mon chéri ! / Mon doux chéri, je veux plonger en tes
délices ! / Dans la chambrette, pleine de suavité, / Jouissons de ta beauté merveilleuse ! Laisse-moi te caresser,
mon lion ! / Mon doux chéri, je veux plonger en tes
délices ! / Tu as pris ton plaisir avec moi, mon chéri : /
Dis-le donc à ma mère, qu'elle t'offre des friandises ! / Et
dis-le à mon père : il te fera des cadeaux ! / Ton âme, je
sais comment égayer ton âme : / Dors chez nous, mon
chéri, jusques au point du jour ! / Ton cœur, je sais
comment te dilater le cœur : / Dors chez nous, mon lion,
jusques au point du jour ! / Et toi, toi, puisque tu
m'aimes, / Prodigue-moi, s'il te plaît, tes caresses, ô mon
lion ! / Mon divin Souverain, Seigneur et protecteur, /
Mon Shû-Sîn qui réjouit le cœur du roi des dieux, Enlil,
/ Prodigue-moi, s'il te plaît, tes caresses ! / Ce recoin doux
comme le miel, pose ta main dessus, je t'en prie : / Pose
ta main dessus comme sur une étoffe agréable au toucher,
/ Et referme ta main dessus, comme sur une étoffe
voluptueuse au palper ! »

De la tendresse à la passion, de la douceur à la volupté,
ces ébats d'Inanna et de Dumuzi ne sont, en somme, que
la projection sur un écran surnaturel des transports qui
agitaient les hommes dans leur cœur et dans leur chair. Ils
ne traduisent pas seulement les amours de nos vieux
ancêtres de Mésopotamie, mais les nôtres, puisque nous
pouvons vibrer encore devant ces tableaux lascifs et
tendres, devant ces murmures et ces cris de passion,
immortalisés dans d'aussi beaux poèmes près de quatre
fois millénaires !

Ces gens-là étaient si bien entrés dans les secrets du cœur qu'ils avaient déjà compris que les grandes amours finissent toujours mal. Leurs mythes nous racontent en détail comment Inanna/Ishtar, au bout du compte, abandonnait lâchement son amant, le condamnant à mort et l'expédiant au Royaume des Ombres, où elle s'était, un jour, imprudemment fourvoyée, n'ayant obtenu sa libération de la poudreuse Geôle qu'à condition de s'y faire remplacer. Toute une série d'élégies, que nous avons retrouvées presque entières, déploraient les angoisses et les tortures du malheureux Dumuzi/Tammuz poursuivi par les sbires infernaux qui réclamaient leur proie. Et, comme pour mettre une dernière touche à ce tableau de l'Amour, elles soulignaient l'héroïque sacrifice de la sœur du pauvre amant rejeté, Geshtinanna, qui s'offrait à partager avec lui son séjour dans l'Empire des Trépassés ! Ainsi opposait-on déjà le véritable amour, désintéressé et noble, à cette tapageuse mais fragile et trompeuse ivresse de la passion.

Le Cantique des cantiques

Quels que soient les problèmes posés aux exégètes et aux théologiens par la présence dans le recueil biblique, essentiellement religieux, d'un ouvrage apparemment aussi profane que le Cantique des cantiques, dans lequel même le nom et la personne de Dieu n'apparaissent jamais et où l'on ne trouve guère, en somme, que de l'amour, voire de l'érotisme, il faut en citer ici quelques passages, précisément pour illustrer l'expression littéraire de cet amour et de cet érotisme en Israël, quelque peu avant notre ère. Presque tout le texte est fait de monologues ou de dialogues entre une jeune femme et son bien-aimé, à qui elle donne çà et là le nom de « Roi » ; parfois elle s'adresse aussi à ses jeunes compagnes ; et le ton de tous leurs discours rappelle par moments les chants amoureux de Mésopotamie.

La bien-aimée. – (i, 2) Embrasse-moi à pleine bouche : / Tes caresses sont bien meilleures que le vin, /
(3) Meilleurs que tes senteurs exhalées ! / Ta personne est un parfum qui embaume : /
(4) Les jeunes femmes sont folles de toi ! / Entraîne-moi à ta suite : courons ! / Le Roi m'a introduite en sa chambre : / Folâtrons, jouissons de toi ! / Préférons au vin tes caresses ! Ah ! que l'on a raison de t'aimer ! /
(5) Je suis bronzée et belle, filles de Jérusalem, / Comme les tentes des Bédouins, / Comme les étendards des Arabes [...].

La bien-aimée. – (ii, 3) Tel le pommier entre les arbres du verger, / Tel est mon bien-aimé entre les [autres] hommes ! / J'aime m'accroupir à son ombre, / Et son fruit m'est doux au palais !
(4) Il m'a introduite en un cellier / Dont l'enseigne, suspendue, est : « Amour » ! /

(5) Soutenez-moi de gâteaux-de-raisin, / Et réconfortez-moi de pommes, / Car je suis malade d'amour : Sa main gauche me tient la tête / Et sa droite m'étreint [...] /

(8) C'est le bruit [des pas] de mon chéri ! Le voilà : il arrive, / Il saute les montagnes / Et franchit d'un bond les collines : /

(9) Mon chéri est comme une gazelle / Ou comme un jeune faon ! / Le voici debout derrière notre mur, / Guettant par la fenêtre, / Épiant par le treillis. /

(10) Il s'adresse à moi et me dit : / « Debout, ma chérie ! / Viens, ma belle ! /

(11) Puisque voilà l'hiver passé, / La pluie stoppée et disparue ! /

(12) Sur le sol apparaissent les fleurs ; / Le temps des gazouillis est venu, / Et l'on entend la voix des tourterelles ! /

(13) Les figuiers poussent leurs figues-fleurs ; / En pleine florai-son, la vigne embaume ! / Debout, ma bien-aimée ! / Viens, ma belle ! /

(14) Depuis ton trou de rocher, ma colombe, / depuis ta cachette escarpée, / Montre-moi ton visage,/ Fais-moi ouïr ta voix : / Ta voix [si] douce, / Ton [si] ravissant visage ! » [...].

Le bien-aimé. – (IV, 1) Que tu es belle, ma chérie, / Que tu es belle ! / Derrière ton voile, tes yeux paraissent des colombes ! / Tes cheveux, une bande de chèvres / Dévalant des hauteurs de Gile'ad ! /

(2) Tes dents, un troupeau de brebis-à-tondre / Lorsqu'elles remontent du bain : / Toutes paraissent jumelles, / Et pas une n'est dépouillée ! /

(3) Tes lèvres sont un ruban d'écarlate / Et ta bouche est charmante ! / Derrière ton voile, tes joues / Sont comme des demi-grenades ! /

(4) Ton cou ressemble à la Tour de David, / Édifiée en glacis [?] ! / Mille boucliers y sont appendus : / Tous les écus des braves ! /

(5) Tes seins sont pareils à deux faons, / Jumeaux d'une gazelle / Et broutant au milieu de lis ! /

(6) Avant le premier souffle du jour / Et le départ de la nuit, / J'irai [te] visiter, [ma] montagne de myrrhe, / [ma] colline d'encens ! /

(7) Ma chérie, tu es toute belle, / Sans le moindre défaut ! /

(8) Viens du Liban, [ma] promise, / Viens du Liban, me rejoin-dre : / Arrive des crêtes de l'Amana, / Des cimes du Shanir et de l'Hermon, / Repaires de lions et gîtes de panthères ! /

(9) Tu me rends fou, ma sœur, [ma] promise : / Tu me rends fou d'un seul de tes regards, / D'une seule « perle » de ton « col-lier » !

/

(10) Que tes caresses sont charmeuses, / Ma sœur, [ma] promise, / Et combien tes mamours valent mieux que le vin, / Et les effluves de tes parfums, que tous les baumes !
(11) Tes lèvres, ô [ma] promise, distillent du nectar ; / Il y a du miel et du lait sous ta langue, / Et tes vêtements embaument [toute] la fragrance du Liban ! /
(12) Ma sœur, [ma] promise, c'est un jardin clos, / Un jardin [bien] enclos, / Une source scellée ! /
(13) Les jeunes pousses (que sont) tes (membres) / Composent un parterre de grenadiers / Et de toutes les plus rares senteurs : /
(14) Nard et safran, / « Roseau-parfumé » et cinnamome, / Et tous arbustes à encens, / Et myrrhe, et aloès, / Avec les baumes les plus exquis ! [...].

Le bien-aimé. – (VI, 4) Tu es belle comme la cité de Tirsa, [ma] promise, / Aussi splendide que Jérusalem ! /
(5) Détourne de moi tes regards : / Ils m'ensorcellent ! / Tes cheveux semblent une bande de chèvres / Dévalant des hauteurs de Gile'ad ! /
(6) Tes dents, un troupeau de brebis-à-tondre / Lorsqu'elles remontent du bain : / Toutes paraissent jumelles / Et pas une n'est dépouillée ! /
(7) Derrière ton voile, tes joues / Sont comme des demi-grenades ! /
(8) Soixante sont les épouses-royales, / Et quatre-vingts les concubines, / Plus des jeunes femmes sans nombre ; /
(9) Mais ma colombe, ma parfaite, est unique / Unique même au regard de sa mère, / La préférée de sa génitrice ! / En la voyant, les jeunes-femmes l'admirent / Épouses-royales et concubines la célèbrent : /
(10) « Qui donc est-elle, celle-là / Qui s'avance comme l'aurore : / Belle comme la Lune, / Scintillant comme le Soleil ? » [...].

Le bien-aimé. – (VII, 3) Ton nombril, c'est une coupe bien-ronde : / Que n'y manque jamais le vin ! / Ton ventre, c'est un monceau de froment / Environné de lis ! /
(4) Tes seins sont pareils à deux faons, / Jumeaux d'une gazelle ! /
(5) Ton cou est une tour d'ivoire ! / Tes yeux sont les étangs de Heshbôn, / Près de la Porte-de-Bat-Rabbim ! / Ton nez, c'est la Tour du Liban, / Qui surveille [jusque] Damas ! /
(6) Comme le Mont Carmel se dresse ta tête, / Et tes nattes sont comme la pourpre : / [Même] un roi se prendrait à tes boucles ! /

(7) Que tu es belle ! Que tu es ravissante ! / O bien-aimée ! Ô délicieuse ! /
(8) Par ta sveltesse, tu as l'air d'un palmier / Dont tes seins formeraient les grappes : /
(9) Je grimperai à [ce] palmier, [me] suis-je dit, / Pour m'emparer de ses régimes ! / Tes seins seront (pour moi) comme des grappes, / Et le parfum de ta bouche, comme celui des pommes ! [...]

La bien-aimée. – (11) J'appartiens à mon bien-aimé, / Et son désir le porte vers moi ! /
(12) Viens, mon chéri : Sortons à la campagne / Allons passer la nuit au village, /
(13) Pour nous rendre dès l'aube à la vigne : / Nous la regarderons bourgeonner, / Et ses pampres s'épanouir, / Et les grenadiers fleurir ! /[C'est] là [que] je t'accorderai mes caresses, /
(14) Au parfum exhalé des mandragores [...].

Présenté et traduit par Jean Bottéro

Orientation bibliographique

Sur l'amour, cf :

J. Bottéro, « L'amour libre et ses désavantages », *in Mésopotamie. L'écriture, la raison et les dieux*, Paris, Gallimard, 1987, p. 224-240.

J. Bottéro, *Homosexualité* (le titre est en allemand : *Homosexualität*, mais l'article en français), p. 459-468 du tome IV du *Reallexikon der Assyriologie*, Berlin, De Gruyter, 1972-1975.

Aux pages 221-223 du tome III du même ouvrage, R. Labat avait publié, en allemand, sous le titre *Geschlechtskrankheiten*, un aperçu concernant les « Maladies vénériennes » ; *ibid.*, p. 223-224.

Pour les chants d'amour, cf. notamment S.N. Kramer, *Le Mariage sacré*, Paris, Berg International, 1983.

Pour les mythes d'Ishtar et de Dumuzi, cf. *Lorsque les dieux faisaient l'homme. Mythologie mésopotamienne*, Paris, Gallimard, 1989.

Les libertés
des femmes de Babylone

Jean Bottéro

En matière de féminisme, les vieux Sémites (cf. p. 291 *sq.*) – et leurs descendants – ont plutôt mauvaise réputation. Ce n'est pas d'eux que Diodore de Sicile aurait pu écrire, comme il l'a fait des Égyptiens en sa *Bibliothèque* (I, 27, 2), vers la fin du Iᵉʳ siècle de notre ère, que « les femmes y ont le pas sur les hommes ». La Bible reflète un tout autre tableau, en somme « antiféministe ». Quand l'Ecclésiaste nous déclare : « Un homme sur mille, je l'ai trouvé ; mais une femme sur la totalité de ces créatures, je ne l'ai jamais rencontrée » (VII, 28), il nous prépare à découvrir avec moins de surprise, dans le plus vieux récit de la Création (Genèse, II, 4b-III), la première femme, non seulement responsable de la première faute, cause originelle de tous nos maux et malheurs, mais extraite, d'abord, du corps de l'homme, en d'autres termes en sa dépendance et infériorité radicales. Dans ces conditions, pourquoi, voulant désigner le « mari », l'hébreu biblique aurait-il recouru à un autre terme que « propriétaire » (*ba'al*), *alias* « seigneur-et-maître » de sa femme (Exode, XXI, 3, etc.), comme de n'importe quel autre de ses biens (XX, 17, etc.) ?

Le Coran est dans la même tonalité, qui décide d'emblée « les hommes supérieurs aux femmes, Allâh les ayant préférés à elles » (Sourate, 4, 39). D'où, jusqu'aujourd'hui, cet inflexible « machisme », ces harems cadenassés et ces voiles imposés aux épouses, afin que, hors de chez elles, nul autre ne les puisse dévisager que leur « seigneur-et-maître » (*ba'l*, même mot que le *ba'al* hébreu). Lorsque, avec des archéologues allemands, je travaillais aux fouilles d'Uruk, dans le Sud de l'Iraq, en plein désert, les femmes de nos gardiens et serviteurs, tous bédouins, ne portaient pas de voiles comme les citadines, mais, sauf à nous rendre coupables d'une mortelle injure envers nos amis leurs époux, il n'était pas question de nous adresser à elles, ni même de nous aviser de leur présence lorsque nous les croisions. Ramené un jour en auto à Bagdad par un collègue, avec un de nos familiers accompagné de sa femme, nous bavardions à trois, pour tuer le temps sur la longue route, mais même lui ne soufflait mot à sa jeune épousée, dont nous savions pourtant comme il lui était attaché ; et, sur le coup de midi, il eût été incongru que nous partagions avec elle nos victuailles, que son mari en personne nous aidait allègrement à exterminer...

Inutile d'en étaler davantage et de multiplier aphorismes, citations, coutumes et droits : plus ou moins frottés d'ethnologie et conscients de l'extrême diversité des cultures, nous arrivons, certes, à concevoir que d'autres aient une pareille attitude envers nos compagnes, mais elle heurte de plus en plus notre sensibilité et notre égalitarisme. Même si plus d'un parmi nous devait se sentir plutôt « sémite » sur ce point, il tomberait peut-être d'accord, un jour de franchise, que c'est par autoritarisme, par égoïsme, par vanité, mais il hésiterait à se prévaloir d'un tel principe absolu et d'une aussi ferme conviction.

Qu'en était-il en Mésopotamie, où nous apparaissent les plus vieux Sémites connus, que nous appelons par convention « Akkadiens » ? Ils s'y sont trouvés, dès le IVe millénaire sans doute, en symbiose avec un autre groupe ethnique d'origine ignorée et de culture et de langue tout à fait différentes : les « Sumériens ». De leur conjonction est née cette haute et antique civilisation hybride, dans laquelle il saute aux yeux que la partie sumérienne, plus inventive et entraînante, a laissé une profonde empreinte indélébile.

Ethniquement plus vigoureux, toutefois, les Akkadiens ont résorbé leurs partenaires au cours du IIIe millénaire et sont demeurés seuls responsables du maintien et du développement de leur fastueux système culturel, jusqu'à sa disparition, peu avant notre ère. Devant un laps de temps aussi considérable, il ne peut être ici question de pointilleux détails diachroniques, mais seulement d'un panorama de la condition féminine en Mésopotamie.

Mettons d'emblée à part les esclaves, butin de guerre ou asservies pour plus d'une raison, et qui, par définition, dépendaient totalement de leurs maîtres, même s'ils paraissent les avoir traitées assez humainement, et plutôt comme des domestiques. A en croire notre volumineux dossier, et pour prendre d'abord ce qui permet peut-être le mieux de juger la condition des femmes, à savoir le tableau juridique des rapports fondamentaux entre les sexes dans l'état qui, en les appariant, les oppose en pleine lumière : le mariage et ses suites, la situation ne nous paraît d'abord guère loin de celle que trahissent Bible et Coran ultérieurs. Dans cette culture tout aussi stricte-ment patriarcale, la sujétion de l'épouse au mari éclate aux yeux de toutes parts en nos copieuses sources : papiers d'affaires et décisions de justice.

Pour un homme, se marier, c'était, en akkadien, « pren-dre possession de sa femme », du même verbe (*ahâzu*) couramment entendu de la prise de corps de personnes ou de la mainmise sur un territoire ou une marchandise quelconques. C'est du reste la famille du futur qui avait en la matière l'initiative et qui, le choix fait d'une fille, versait aux siens, après accord, une somme compensatoire (*ter-hatu*), transaction qui fait, en somme, forcément penser à une manière d'achat. Après quoi, la fille ainsi « acquise » – elle l'était couramment bien avant sa nubilité et demeu-rerait alors, en attendant, comme en dépôt chez ses parents – se trouvait, par la cérémonie matrimoniale, enlevée à sa propre famille et « introduite » (*shûrubu*) dans celle de son conjoint où, sauf accident, elle demeurerait jusqu'à sa mort. Ici aussi le mari (*mutu*) était en titre « propriétaire » de sa femme, comme de ses autres biens meubles et im-meubles : *bêlu*, équivalent akkadien exact du *ba'al* hébreu et du *ba'l* arabe.

Une fois dans son nouvel état, toute notre jurispru-dence nous montre la femme sous l'entière autorité de son mari, et la contrainte sociale, qui lâchait volontiers la bride à ce dernier, n'est pas tendre pour elle. D'abord si la monogamie était courante, chaque homme, au gré de ses envies, de ses besoins et de ses ressources, pouvait adjoindre une ou plusieurs « épouses secondes », voire servantes concubines, à la première. Celle-ci devait garder le pas sur elles : son accord pour leur choix pouvait même être sollicité, en particulier lorsque, sans enfants, son mari en prenait une autre qui en fît à sa place et à son nom, la descendance étant, comme partout, le but essentiel du mariage.

Mais, seule ou avec ses compagnes, la femme devait à son *bêlu* totale obéissance, tenue de rester au foyer, « soumise et sans sortir », vaquant aux tâches ménagères et à l'éducation des enfants, et contribuant ainsi, de son modeste coin, à la bonne marche de la maison. En cas de mésentente ou de brutalités, il n'était toutefois pas question pour elle de demander le divorce, inconnu comme tel : l'unique issue était la répudiation, au pouvoir du mari seul. Rien ne fait mieux toucher du doigt l'inégalité de leur condition réciproque comme la clause suivante, insérée, aux alentours de 1700 av. J.-C., dans un contrat de mariage : « Dorénavant, si l'épousée en vient à dire à son époux : "Je ne veux plus de toi pour mari !", on la jettera à l'eau pieds et poings liés. En revanche, si lui déclare : "Je ne veux plus de toi pour épouse !", il lui versera [en la répudiant ainsi, une prime – assez confortable pour l'époque ! – de] 80 grammes d'argent. »

La femme au foyer.

Celle qui voulait quitter son homme ne pouvait procéder qu'obliquement, et à ses risques et périls : ou bien en se rendant insupportable – mais le mari était libre de la retenir quand même, et, s'il la renvoyait chez elle, c'étaient les mains vides ; ou bien elle se refusait à tout rapport sexuel –, mais alors on enquêtait dans leur voisinage sur leur conduite respective : si les torts étaient du côté du mari, elle avait tout loisir de regagner sa famille, en reprenant sa dot ; mais, s'il était établi qu'elle fût « désobéissante, coureuse [mot à mot : « sorteuse » : quitter son coin du feu, c'était déjà s'exposer au soupçon !], dissipant sa maison et faisant déconsidérer son mari », « on la jetait à l'eau », sans autre forme de procès (« Code » de Hammurabi, § 141 s ; vers – 1750).

Alors que les fredaines du mari n'étaient punissables que si elles nuisaient gravement à des tiers, celles de la femme se trouvaient châtiées sans merci : on ligotait ensemble les amants surpris pour les jeter à l'eau (même « Code », § 129), ou licence était donnée au mari de les faire occire, ou de les mutiler : sa femme, par exemple, en lui « coupant le nez », et son amant, en « faisant de lui un eunuque » (« Lois » médio-assyriennes, A, § 15 ; seconde moitié du IIe millénaire avant notre ère).

Il est clair qu'ainsi monopolisée par son époux et parquée au foyer il était difficile à la femme de jouer un rôle public quelconque : économique et encore moins politique. Les métiers qui lui étaient réservés, pour meubler son temps libre, étaient tous liés à ses tâches ménagères, sédentaires et dans l'ombre : meunerie, cuisine ou confection de spécialités culinaires, filage ou tissage... Dans la plupart des professions de prestige, c'est tout juste si l'on rencontre, çà et là, quelques exemples au féminin, et moins encore lorsque étaient supposées connaissance et pratique de l'écriture, réservées, même chez les hommes, à une élite professionnelle : les femmes-scribes ou copistes, exorcistes ou expertes en divination « déductive », se comptent sur les doigts d'une main, et le cas de lettrées véritables et auteurs d'œuvres littéraires est encore plus exceptionnel.

Sans parler, évidemment, de celles qui, mariées ou non, étaient vouées à quelque office proprement religieux, et de celles – apparemment si nombreuses que l'excellent Hérodote (I, 199 ; vers 450 avant notre ère) a cru comprendre qu'elles y passaient toutes, au moins une fois en leur vie... ; cf. déjà p. 135 – qui, par aventure, après un échec matrimonial, se consacraient à un métier « de plaisir » : tenancières de « cabarets », « chanteuses » ou ballerines, et, plus généralement, à la prostitution, à « l'amour libre ». Elles aussi, par métier, menaient une vie à l'écart, humiliée et, en somme, pénible, si l'on en croit le sort que promet à leur prototype l'*Épopée de Gilgamesh*

(VII / III : 6 s) : « Jamais ne te construiras de foyer heureux ! / Jamais ne seras introduite au harem ! / L'écume de la bière souillera ton beau sein, / Et les pochards, de leur vomi, éclabousseront tes atours ! / Tu logeras dans la solitude, / Et tu stationneras dans les renfoncements du rempart ! / Ivrognes et soiffards te rosseront à l'aise ! »...

Telle est, en somme, ce que l'on pourrait appeler la « bonne règle », l'état normal de la quasi-totalité des femmes, la condition féminine commune, issue du paramètre fondamental de la mentalité locale qui assignait à la femme, en tant que femme, sinon une essence, du moins un rôle en quelque sorte ontologiquement – et donc personnellement : économiquement, socialement, politiquement – inférieur et soumis à l'homme. Les mêmes documents juridiques qui traduisent au mieux cette situation rendent pourtant une tout autre musique pour peu que nous les interrogions « entre les lignes » : ils se muent alors en autant de témoignages d'un ensemble de pratiques, d'un mode de vie que, justement parce qu'il était courant, on entendait rectifier comme choquant ou périlleux d'une manière ou d'une autre. La condamnation de l'adultère, comme du vol ou du faux témoignage, suppose obligatoirement leur pratique assez fréquente pour qu'on y voulût mettre le holà.

Mais surtout, en sus de ces textes, il nous reste mille et mille échos de la vie quotidienne : dans les documents administratifs, la correspondance, les œuvres littéraires, et d'autres sources encore, à commencer par ces énormes recueils divinatoires, dans lesquels, surtout anciennement, l'avenir prédit par les oracles était volontiers transcrit d'un passé trivial et notoire. Ces copieuses archives laissent transparaître, non plus la vie réglementée, encadrée, organisée par la conscience collective, pour la conformer à quelque axiome de la culture, élaboré et imposé par leurs supérieurs « naturels », les hommes, et selon quoi les femmes devaient, par eux, être tenues sous le boisseau, mais la vraie vie au jour le jour, spontanée et courante, et qui n'avait que faire de telles maximes contraignantes et rectificatrices.

Et qu'y voit-on alors ? Qu'à défaut de la *liberté* de principe qu'on leur refusait ou marchandait, les femmes avaient ou prenaient, *de facto*, assez de *libertés* pour que leur vie et leur état fussent, au bout du compte, aussi tolérables, équilibrés, voire attrayants que dans d'autres cultures – s'il en existe ! – tout à fait ignorantes d'aussi intempestives et discriminatoires sujétions.

En fait, en Mésopotamie comme ailleurs, toute femme avait bel et bien en elle au moins deux sérieux atouts pour tenir tête à n'importe quel représentant du sexe appelé fort, voire pour le dominer, en dépit de toutes contraintes coutumières ou légales : sa féminité, tout d'abord, puis sa personnalité, son énergie, son caractère. Et d'elle dépendait qu'elle en usât pour remonter le courant que lui opposait la « mentalité » courante.

Par son attrait sexuel, elle pouvait fasciner et vaincre les hommes (cf. « L'amour à Babylone », p. 130) : leur prestige, leur pouvoir, leurs richesses, et constituer pour eux, de la sorte, un danger redoutable : « La femme est un vrai puits, une citerne, une fosse [où l'on tombe], / Une dague de fer qui coupe la gorge de l'homme ! » fait dire à son flegmatique et goguenard « valet » l'auteur du *Dialogue pessimiste* (51 s ; première moitié du Ier millénaire avant notre ère). Car l'amour a toujours existé et toujours fait des ravages : « Si le patient est accablé ; s'il ne fait que parler tout seul, que rire sans raison ; ou alors s'il a la gorge serrée, du dégoût de manger et de boire, s'il laisse échapper des "Ah ! pauvre de moi !" et se répand en soupirs : il a le mal d'amour ! » constataient déjà les vieux médecins (*Traité de diagnostics*, p. 178 s : 6 s ; cf. déjà p. 142). Et le même passage de l'*Épopée de Gilgamesh* qui assignait d'abord à la femme publique un morne et pénible destin, exaltait, en un second temps, et comme par compensation, son redoutable pouvoir sur les hommes : « Les plus grands seront fous de toi ! / Encore à un mille de toi, chacun se frappera la cuisse [d'impatience] ! / A deux milles, il se mettra à secouer la tête [d'énervement] ! / ... On te couvrira d'or et de pierres fines... / Suspendant à tes oreilles de précieux anneaux... / Et chacun sera prêt à délaisser pour toi / Sa propre épouse, fût-elle mère de sept enfants ! » (VII / IV : 2 s).

La femme mariée, pour peu qu'elle ait eu quelque cran et su faire usage de ses charmes, en déployant ses ruses, n'était pas moins capable de mettre au pas son propre époux. Notre dossier nous dresse un assez divertissant tableau de la vie conjugale, non plus selon l'imperturbable rigueur du droit, mais selon les tumultueuses réalités du fait : de l'existence quotidienne, et, dans ce tableau, la partie présumée « forte » a souvent le dessous. On y voit l'infortuné époux victime, non seulement des éclats et fureurs d'une mégère, qui pouvait aller jusqu'à « incendier sa maison en mettant le feu au lit » conjugal, mais témoin impuissant des « sorties » (nous dirions des fugues) de sa femme, qui lui échappait pour chercher ailleurs ce qu'elle estimait ne point trouver chez elle, « dissipant ainsi sa maison » et la laissant à l'abandon et à la ruine. Un tel comportement menait tout droit à l'adultère, en effet maintes fois signalé, et à ses suites, avec leurs problèmes et leurs tragédies : un oracle divinatoire évoque une « femme, enceinte des œuvres d'un tiers, et qui ne cesse d'implorer la déesse de l'amour, Ishtar, en lui répétant : "Pourvu que cet enfant ressemble à mon mari !" ».

Il arrivait, du reste, que la « sorteuse » se laissât prendre, en flagrant délit, aux bras de son amant : certes, ils encouraient alors la peine capitale comme on l'a marqué plus haut, mais, ici même, le « Code » de Hammurabi (§ 139) insère une clause touchante et qui met en lumière, ou la faiblesse du mari trompé et son « masochisme », comme nous disons, ou son amour-malgré-tout, et ce, tout en rappelant son rapport juridique de supériorité totale vis-à-vis d'elle : « Si toutefois le propriétaire [*bêlu*] de l'épouse veut la garder en vie [ce qu'il pouvait évidemment obtenir en implorant le juge], le roi fera pareillement grâce à son serviteur [le complice de la coquine]. »

Une pareille indulgence ne portait pas toujours son fruit : on nous parle de femmes qui, pour courir le guilledou, abandonnent leur foyer et leur homme, pas seulement une fois, mais deux, trois... jusqu'à huit, certaines revenant ensuite, l'oreille basse, ou ne revenant plus du tout et finissant par embrasser l'état de prostituée. D'autres agissaient en catimini, recourant à des amies complaisantes, voire à des entremetteuses plus ou moins professionnelles, pour rencontrer, à l'insu de leur mari, le chéri de leur cœur. Quelques-unes allaient plus loin encore, faisant assassiner leur époux « à cause d'un autre homme », parfois même après l'avoir ruiné. On voit qu'en dépit de son infériorité physique, sociale et juridique, la femme pouvait fort bien l'emporter haut la main dans cette rivalité avec l'homme, et le mener à son gré par le bout du nez, comme c'est, toujours et partout, son privilège incontesté et immémorial, pour peu qu'elle y mette le prix. Un « proverbe » sumérien marque même, à la fois, le point extrême d'un pareil retournement des forces, et tout l'odieux qu'il suppose : « Mon mari entasse pour moi ! Mon fils travaille pour me nourrir ! Si seulement mon amant pouvait m'éplucher le poisson que je mange !... » En vérité, nous n'avons rien inventé !

En dépit des obstacles dressés sur son chemin, une femme pouvait, tout aussi bien, avec du caractère, de la volonté et de l'intelligence, pour peu que les circonstances lui fussent favorables, se débrouiller parfaitement sur le plan économique. Il est vrai, et nous touchons ici un point nouveau, quasi inconnu des cultures que représentent la Bible et le Coran, il est vrai que sur ce plan, le droit lui-même, reflet de la mentalité commune, reconnaissait à la femme, en Mésopotamie, une réelle indépendance et une authentique personnalité : elle n'était plus ici, comme dans la vie familiale et sociale, une sorte d'objet, mais un sujet.

En arrivant dans la maison de son époux, elle apportait avec elle sa dot, dont le contenu était plus ou moins riche, selon l'état financier de sa famille : vêtements et bijoux, ustensiles de toilette, de cuisine, de ménage, mais aussi, éventuellement, de l'argent, des serviteurs, des terres. A ces biens, qui lui appartenaient en propre, sa vie durant, ne revenant à sa nouvelle famille qu'à sa mort si elle en faisait alors toujours partie, s'ajoutaient fréquemment une sorte de douaire, que lui constituait son mari au moment où il l'épousait, et des bijoux qu'il lui offrait traditionnellement, alors ou à des occasions ultérieures. Il lui était loisible d'arrondir ce pécule de diverses façons, à commencer par la « caisse noire » qu'elle pouvait se mettre de côté au jour le jour de sa vie conjugale.

Le cas sur ce chapitre le plus significatif est celui des femmes appelées *nadîtu*, mieux connues au deuxième tiers du IIe millénaire. Ce nom akkadien, qui signifiait « laissée en friche », comme un champ non cultivé, métaphore transparente, s'entendait de filles de grandes familles que, peut-être pour éviter le démembrement des patrimoines – car leurs biens revenaient à leur famille après leur mort –, l'on vouait à un dieu. Particulièrement dévotes, comme on le comprend aux formules, au ton et au contenu de leurs lettres, elles vivaient ensemble, dans une sorte de béguinage appelé *gagû* et attenant au temple ou en sa dépendance, sous la direction d'une « mère », entourées et assistées de tout un personnel, masculin et féminin.

Normalement, elles n'étaient point mariées ; mais surtout, il leur était interdit d'avoir des enfants. Elles menaient une vie retirée et plutôt édifiante : menacées d'être brûlées vives pour peu qu'elles se montrassent dans quelque mauvais lieu. Riches et libres, elles paraissent s'être organisé en leur retraite une existence industrieuse, chacune suivant ses goûts et ses possibilités. Quelques-unes, par exemple, filaient et tissaient pour de l'argent. Mais la plupart ont l'air dévouées... au négoce : le copieux dossier que nous avons conservé d'elles est édifiant. Elles vendent et achètent des biens fonciers et des maisons, ou bien elles les louent ; elles prêtent des fonds à intérêt : argent ou grain ; elles font des investissements, et s'associent avec des agents d'affaires itinérants pour organiser tout un trafic d'exportation de produits indigènes et d'importation de marchandises étrangères ; elles achètent et vendent des esclaves ; elles surveillent les travaux de leurs terres, engagent des fermiers, des agriculteurs, des journaliers, des spécialistes de la culture du palmier-dattier, commandant les uns, morigénant les autres, réclamant des rapports sur l'état des travaux –

bref, menant, au calme de leur béguinage, une véritable existence, aventureuse et fiévreuse, de « femmes d'affaires ». Le « Code » de Hammurabi (§ 40) les mentionne côte à côte avec les *tamkaru*, agents d'affaires, sur qui reposait pratiquement toute la haute activité commerciale du pays, et il suggère ainsi qu'elles en constituaient la contrepartie féminine. Réussite assez étonnante dans un contexte culturel aussi « masculinisé » et centré sur les hommes !

On doit à présent reconnaître que, pour donner de tels résultats, il fallait que la condition féminine réelle, au moins par quelque biais, ne fût pas, dans ce pays, en accord rigoureusement logique avec la prémisse plus haut exposée : primauté absolue de l'élément masculin ; et qu'à la différence des autres cultures sémitiques l'on eût accordé aux femmes quelques avantages et libertés que n'avaient point leurs sœurs qui relevaient de la culture biblique ou coranique.

La Mésopotamienne, on l'a vu, mariée ou non, pouvait librement posséder en propre des biens meubles ou immeubles, des bijoux, de l'argent, des esclaves, et en disposer à son gré : les vendre, les faire rapporter, les donner en cadeau de son vivant ou les laisser à qui elle l'entendait après sa mort – car elle était tout à fait libre de tester.

Elle pouvait, la chose va de soi dans de pareilles conditions, acheter ce qu'elle voulait, emprunter des fonds, prendre à bail ou à location un terrain ou un immeuble. Elle pouvait adopter des enfants ou des adultes – car, dans ce pays, l'adoption n'était pas réservée au bas âge : n'importe qui, même tout à fait mûr, avait, par une telle « filiation conventionnelle », la possibilité d'entrer dans une famille, s'il n'en avait pas, ou d'en changer, s'il en avait une. C'était là, en somme, le plus souvent, une simple fiction juridique destinée à légitimer et couvrir plus d'une opération, relative, entre autres, à la propriété foncière, qui ne devait point sortir des mains de la famille et que l'on pouvait donc céder à un étranger après avoir pris soin de le faire artificiellement entrer parmi les siens.

La femme avait également le droit de servir de témoin d'une transaction, et d'en garantir légalement l'authenticité, en apposant son sceau-signature à l'acte qui en faisait foi – car elle disposait d'un sceau personnel : indubitable marque de son indépendance juridique. Elle pouvait intenter un procès, engager une action en justice, non seulement hors de son mari, et en se passant de son autorisation, mais, on en a des exemples, même contre lui. Elle pouvait être appelée en justice à titre de témoin, et son témoignage était aussi valide que celui de n'importe quel homme adulte.

En conséquence, la femme pouvait également fournir la preuve légale d'un fait, soit en prêtant serment devant un dieu, soit en se soumettant à la procédure « ordalique », sorte de « jugement de Dieu », qui se pratiquait alors plus volontiers par plongée dans le Fleuve, considéré comme un être surnaturel, censé attirer en son fond et noyer les coupables, et laisser surnager les innocents (cf. plus loin, p. 244). En somme, et à la différence de ses sœurs puînées de la Bible et du Coran, la Mésopotamienne avait une personnalité juridique complète et indépendante.

Elle semble leur avoir aussi été supérieure, encore que moins franchement, jusque sur le plan politique. Certes, il est bien constant qu'en matière d'autorité publique et de pouvoir souverain, le devant de la scène n'était occupé, en Mésopotamie, que par des représentants du sexe masculin. La partie féminine ne fournissait que des atouts : telles ces filles de rois que leurs pères mariaient à des dauphins étrangers, pour sceller avec leur dynastie de plus solides alliances ; ou des appoints : bien des reines, depuis celle de Mari, vers 1780 av. J.-C., jusqu'aux épouses des derniers rois d'Assyrie, mille ans plus tard, ont à l'évidence joué, dans l'ombre du pouvoir, un rôle important, influençant leurs augustes époux sur l'oreiller, ou ailleurs et autrement, manœuvrant, par exemple, pour que la succession fût assurée à tel prince plutôt qu'à tel autre. Mais à l'époque historique, l'hypothèse de l'accession d'une femme au pouvoir suprême n'est mise en avant que par un nombre infime d'oracles divinatoires. Sans doute faisaient-ils référence, principalement, à une tradition vénérable selon laquelle, vers 2500 av. J.-C., la ville de Kish aurait eu à sa tête, non pas un roi, mais une reine énergique, appelée Ku-baba, ancienne « tavernière », dont nous ne savons rien d'autre.

L'effacement des déesses.

Cela rappelle quelques traits épars, qui, s'ils ne font point partie, à proprement parler, de la tradition historique, figurent dans la mythologie, dont chacun sait à quel point elle a chance d'avoir été transposée de la réalité, et donc de témoigner indirectement sur son compte. La souveraineté de l'Enfer, cet hémisphère symétrique du Ciel, sous nos pieds, où s'en allaient, après la mort, somnoler tous les « fantômes » engourdis, mornes et vaporeux des hommes, on l'avait d'abord imputée à une déesse : Ereshkigal, nom sumérien transparent, qui signifiait « Souveraine-du-Grand-En-Bas » ; et c'est seulement plus tard que cette reine surnaturelle devait partager son pouvoir avec un dieu, Nergal, devenu son mari au terme d'aventures racontées par un mythe. A en juger par son nom, Ereshkigal était donc d'origine sumérienne. Or, dans le plus vieux panthéon local, à la constitution duquel les Sumériens ont dû mettre la main pour une large part, figuraient précisément un nombre important de déesses, dont la troupe a fort diminué lorsque, les Sumériens disparus, seuls sont demeurés les Sémites. N'y aurait-il point là comme un indice que les premiers, beaucoup plus que les seconds, accordaient aux femmes et à la femme un statut moins déprécié, une plus grande considération et une plus grande égalité avec les hommes ?

Et plus d'un mythe antique, rédigé en sumérien et pouvant remonter, au plus tard, à la fin du IIIe millénaire, qui tourne autour des rapports matrimoniaux, ou simplement amoureux, entre dieux et déesses, impute à celles-ci des initiatives et des prérogatives qui cadrent mal avec ce que nous savons d'autre part du rituel admis, en la matière, par la pratique et le droit courants – autre

signe possible d'une vision archaïque plus libérale et plus
« égalitaire » envers les femmes et que, vu sa diamétrale
opposition avec les représentations et le coutumier de
tous les Sémites que nous connaissons, depuis la nuit des
temps, il est difficile de mettre à leur compte : ce qui nous
rejette, au moins par raisonnable conjecture, vers l'autre
source originelle de la civilisation du pays : vers les
Sumériens.

Ces données nous sont chichement mesurées et elles
sont fragiles : perdues dans une tradition vénérable dont
il ne nous reste, surtout à haute époque, que des lambeaux pas toujours nettement discernables et exploitables. Mais elles sont convergentes, ce qui en renforce
considérablement la valeur. Elles nous autorisent à
conclure, sous bénéfice d'inventaire et sous réserve de
découvertes nouvelles – il est vrai peu probables – qui
donneraient un tout autre sens à notre documentation,
que si, dans l'ancienne Mésopotamie, la femme, encore
que tenue, sur tous les plans, pour inférieure à l'homme,
et traitée comme telle, semble pourtant y avoir joui de
plus de considération, de droits et de libertés, c'est
peut-être un des lointains résultats et vestiges de la vieille
et mystérieuse culture sumérienne, laquelle n'avait donc
pas, en matière de féminisme, la même optique et la même
hiérarchie des valeurs que ces terribles Sémites.

Orientation bibliographique

J. Bottéro, « La femme dans l'Asie occidentale ancienne : Mésopotamie et Israël », *Histoire mondiale de la femme*, I, Paris, Nouvelle Librairie de France, 1965, p. 153-243.

–, « La femme, l'amour et la guerre en Mésopotamie ancienne, *Poikilia. Études offertes à Jean-Pierre Vernant*, Paris, École des hautes études en sciences sociales, 1987, p. 165-183, et cf. l'article de B. Lafont, « Les femmes du palais de Mari », p. 170 *sq.* ; et, du même, « Le jugement du dieu-Fleuve en Mésopotamie », p. 244.

Les femmes
du palais de Mari

Bertrand Lafont

Les historiens n'écrivent guère que l'histoire des hommes. Et l'ambiguïté d'un mot qui, en français, désigne à la fois l'espèce humaine (*anthrôpos*) et l'individu de sexe masculin (*anêr, andros*) est peut-être bien commode pour qu'ils n'aient pas à avouer parfois leur ignorance et les lacunes de leur information sur l'histoire d'une moitié de l'humanité : celle représentée par les femmes (cf. p. 130 *sq.*).

Typique à cet égard est la documentation écrite dont l'historien dispose pour le Proche-Orient ancien : sur les 3 000 ans d'histoire qui, de la période sumérienne jusqu'à l'époque hellénistique (305 av. J.-C.), caractérisent la civilisation mésopotamienne, innombrables sont les documents qui montrent l'individu dans son rôle de père, de fils, de frère ou de mari. Mais des mères, filles, sœurs et épouses, il n'est presque jamais question. Les ouvrages spécialisés ne peuvent guère évoquer que quelques figures de prêtresses et de reines, parfois légendaires, ou le monde clos et très particulier de certains cloîtres de la Babylonie, ou bien encore les archives de quelques « femmes d'affaires », ou certaines dispositions légales relatives aux femmes dans ce qu'il est convenu d'appeler les « codes » de lois comme celui du roi Hammurabi.

Au cours de l'été 1986 un colloque a cependant été réuni à Paris sur le thème de « La femme dans le Proche-Orient antique ». Ce qui a motivé une telle entreprise, c'est l'accumulation, au cours des dix dernières années, de données nouvelles permettant de reposer certaines questions relatives au rôle et au statut de la femme dans les sociétés anciennes du Proche-Orient. Et c'est notamment avec l'exploitation des documents retrouvés à Tell Hariri, l'ancienne Mari, sur les bords de l'Euphrate, qu'a pu s'opérer un véritable renouvellement de nos connaissances sur ce sujet.

Les archives provenant de Tell Hariri représentent une masse documentaire considérable : près de 20 000 tablettes cunéiformes écrites en akkadien (langue sémitique parente de l'hébreu et de l'arabe) et dont le déchiffrement, qui a été confié à une équipe du CNRS, se poursuit à l'heure actuelle. Elles datent de près de 4 000 ans et se rapportent pour la plupart au règne du dernier des rois de Mari, répondant au nom de Zimri-Lim, qui régna une quinzaine d'années (1775-1760 av. J.-C.), après avoir reconquis le trône que son père avait dû céder au grand royaume rival d'Ekallâtum, capitale située sur le Tigre, non loin de l'actuelle ville de Mossoul (Iraq) et au cœur de ce qui allait devenir plus tard le grand royaume d'Assyrie. Ces archives se laissent, *grosso modo*, répartir en deux lots : d'une part, une très abondante correspondance que le roi de Mari entretint avec ses voisins, ses gouverneurs, ses fonctionnaires ou ses proches ; d'autre part, d'importants dossiers d'actes administratifs ou comptables illustrant la vie quotidienne dans le palais.

Or cette documentation retrouvée à Tell Hariri offre une particularité intéressante : contrairement aux autres, elle contient quantité de textes relatifs à la population féminine du royaume, notamment de nombreuses lettres émanant de femmes qui, du fait de leur naissance ou de leurs fonctions, ont parfois joué un rôle important à la cour de Mari et dans les affaires de l'État. Ces lettres ont été regroupées sous l'appellation de « correspondance féminine [1] ». On y trouve ainsi des missives échangées entre le roi Zimri-Lim et la reine – nommée Shiptu – lorsque le souverain s'absentait, mais également des lettres d'épouses secondaires, de filles du roi, de prêtresses ou d'autres femmes de haut rang. Au total, il y a là tout un dossier constitué de documents exceptionnels qui jettent une vive lumière sur la situation des femmes dans le royaume, et singulièrement des grandes dames du palais.

On sait aujourd'hui que la reine Shiptu, fille de l'un des

plus puissants dynastes de l'époque, le roi Yarîm-Lim d'Alep, arriva sur le trône de Mari au cours de la quatrième année du règne de Zimri-Lim. Il est intéressant pour nous d'observer qu'elle mit quelque temps à trouver sa place de première épouse et de reine au sein d'un harem royal qui existait déjà à son arrivée. Il semble qu'il lui fallut attendre le décès de la reine mère, qui se nommait Adad-dûri et qui mourut la sixième année du règne de son fils, pour devenir réellement la première dame du palais. Dans les lettres qu'on a retrouvées d'elle, l'impression qui ressort – à moins que cela ne traduise une façon officielle de se conduire et de s'exprimer – est qu'elle était à l'entière dévotion de son royal époux et pleine de sollicitude envers lui.

Correspondance royale.

Ainsi, en l'absence de ce dernier, qui eut à guerroyer fréquemment dans le nord de son royaume, elle lui écrit : « A mon seigneur, lettre de Shiptu ta servante. Le palais va bien. Les temples des dieux et les ateliers vont bien. J'ai fait prendre des présages pour la santé de mon seigneur. Ces présages sont bons jusqu'à la fin du mois ; mais il faut que mon seigneur, lorsqu'il est en plein soleil, prenne bien garde à lui ! » (*ARM* x, 11).

Ou encore cette lettre, envoyée sans doute avec quelques vêtements en cadeau : « A mon seigneur, lettre de Shiptu ta servante. Puisse mon seigneur conquérir ses ennemis et revenir à Mari dans la paix et la joie du cœur ! Pour l'heure, que mon seigneur veuille bien porter l'habit et le manteau que je [lui] ai confectionnés » (*ARM* x, 17).

Ailleurs, Shiptu s'inquiète : « Mon cœur s'est grandement alarmé [...] Qu'une tablette de mon seigneur me parvienne, [pour] que mon cœur s'apaise » (*ARM* x, 24).

Et voici l'une des réponses que put lui expédier Zimri-Lim : « A Shiptu, lettre de ton seigneur. Je crains que ton cœur s'inquiète de quelque nouvelle que tu pourrais apprendre. [En réalité,] l'ennemi ne m'a aucunement menacé par ses armes. Tout va bien. Que ton cœur ne s'afflige point » (*ARM* x, 123).

Mais ce n'est pas tant sur le caractère de Shiptu, épouse apparemment docile et aimante, que nos textes nous renseignent le plus : c'est sur son rôle de reine que nous possédons le plus grand nombre de témoignages. On a vu plus haut (*ARM* x, 11), et cela se retrouve à plusieurs reprises, que, dans la correspondance au roi absent, elle commence par écrire : « Le palais, les temples et les ateliers vont bien. » Elle ajoute parfois à cette énumération « la ville de Mari ». Voilà qui permet de définir ce qu'ont pu être ses attributions de reine : en l'absence du souverain, c'est elle qui régentait le palais. On voit d'ailleurs Zimri-Lim lui envoyer des instructions et l'informer de certaines affaires politiques, ce qui devait lui permettre de superviser en partie les fonctionnaires, les gouverneurs des provinces, etc., garante qu'elle semble avoir été, dans ces moments-là, des intérêts du roi et du royaume. Sinon, en période ordinaire, Shiptu paraît avoir eu deux domaines de prédilection : l'organisation du culte rendu aux diverses divinités du pays et la « gestion » de l'abondante main-d'œuvre, notamment féminine, employée par le palais.

Sur la situation et le rôle des femmes de haut rang, nous possédons également le témoignage des nombreuses filles de Zimri-Lim (on en connaît une dizaine qui, au début du règne, sont mariées ou en âge de l'être). Le roi eut en effet largement recours à une politique d'alliances matrimoniales les concernant : il maria la plupart d'entre elles à des rois voisins, particulièrement à certains de ses vassaux de Haute-Mésopotamie (soit la région de l'actuelle frontière entre la Syrie et la Turquie), dans l'espoir sans doute d'affermir son emprise sur ces roitelets, dont les querelles intestines et les ambitions empoisonnèrent sa politique tout au long du règne. Cependant, la vie dans le palais de Mari devait être plus agréable qu'à la cour de ces petits rois « du Nord ». C'est ce que l'on peut conclure, en tout cas, des plaintes et récriminations qui abondent dans les lettres adressées par ces filles à leur père, doléances auxquelles Zimri-Lim semble d'ailleurs avoir prêté fort peu d'attention.

Un cas particulier est cependant représenté par le

passionnant dossier, récemment réinterprété[2], des documents relatifs à l'alliance que contracta le roi de Mari avec le prince de l'une de ces villes du Nord, Hâya-Sûmû, roi d'Ilânsurâ, cité proche de l'actuelle frontière syro-turque, entre les villes de Mardîn (Turquie) et Haseke (Syrie). A moins de trois années d'intervalle, Zimri-Lim lui donna en mariage deux de ses filles : Shîmatum et Kirûm. Nous possédons encore les textes relatifs au mariage et à l'arrivée à Ilânsurâ de l'aînée des deux sœurs, Shîmatum, ainsi que le catalogue précis de sa dot : beaucoup de bijoux somptueux, des habits et étoffes de grand luxe, un mobilier de prix, une dizaine de servantes.

Cependant, après trois années de mariage, arriva Kirûm. On a de bonnes raisons de croire que cette seconde alliance fut contractée du fait que Shîmatum ne parvenait pas à donner d'enfant à Hâya-Sûmû. A peine arrivée, Kirûm se conduisit ouvertement en reine. Elle semble d'ailleurs avoir eu un caractère nettement plus incisif que celui de sa sœur. Ainsi la voit-on traiter, dans les premières lettres à son père, d'affaires politiques importantes. A dire vrai, l'enjeu de la rivalité qui opposait désormais les deux sœurs était considérable : il s'agissait de savoir qui serait l'épouse principale, le droit babylonien de l'époque reléguant les secondes épouses au rang de servantes de la première. On observe très nettement, dans la correspondance de chacune des deux sœurs, que, pendant toute une période, elles cherchèrent l'une et l'autre à obtenir l'appui de leur père pour affermir leur propre situation à Ilânsurâ.

Mais cette compétition prit fin brutalement lorsque, après quelque temps, Shîmatum put expédier à son père une brève missive ainsi libellée : « A mon seigneur, lettre de Shîmatum ta servante. Je viens d'enfanter des jumeaux, un garçon et une fille ; que mon seigneur se réjouisse ! » (*ARM* x, 26).

Kirûm avait perdu. Commença alors pour elle une période de difficultés d'autant plus grandes que Shîmatum, ayant vraisemblablement retrouvé sa suprématie, ne manqua pas, semble-t-il, de lui faire payer fort cher les périodes d'angoisse qu'elle avait connues. On voit ainsi

Kirûm se plaindre de multiples avanies qu'on lui fit alors subir : certains de ses serviteurs lui furent retirés ; elle qui se voulait si présente, on « ne lui demanda plus jamais son avis » ; et à la suite d'interventions sans doute malencontreuses de sa part, elle se fit sévèrement rabrouer par son époux, puis menacer par sa sœur.

C'est en tout cas ce qu'elle rapporte ici à son père que, comme plusieurs de ses autres sœurs, elle surnomme parfois « mon Étoile » : « A mon Étoile, père et seigneur, lettre de Kirûm ta fille [...] Hâya-Sûmû s'est dressé face à moi et il m'a dit : "Exerces-tu ici la charge de préfet ? Dès que j'en aurai fini avec toi, que vienne ton Étoile, et qu'il t'emmène !" Puis il [m'] a enlevé jusqu'à [mes] dernières servantes. Que mon seigneur m'envoie un seul soldat, un seul homme de confiance parmi ses serviteurs, pour que rapidement on me ramène. Et Shîmatum s'est également dressée face à moi et elle m'a déclaré : "Mon Étoile pourra bien me faire tout ce qu'il voudra, mais moi, tout ce que je veux, je vais te le faire !" Si mon seigneur ne m'a pas écrit ni ne me ramène, sûr, je mourrai ; je ne peux plus vivre ! » (*ARM* x, 32 et *MARI* III, 169).

Ce ton passionné, pour ne pas dire dramatique, se retrouve dans une autre lettre de Kirûm, qu'elle fit porter à son père par un certain Yarîm-Dagan, et qui suivit sans doute de peu la précédente. L'on y comprend ce que Hâya-Sûmû entendait lorsqu'il disait à Kirûm qu'il allait « en finir avec elle » : « A mon Étoile et seigneur, lettre de Kirûm ta fille. J'en ai assez de la vie, à force d'entendre les propos de Shîmatum ! Si mon seigneur ne me ramène pas à Mari, je courrai me jeter du haut du toit. Que Yarîm-Dagan expose toute l'affaire à mon seigneur ! Quant à moi, je suis allée dire à Hâya-Sûmû : "Tu es un roi... ; et moi qui suis-je donc ? Une servante de pauvre ? A force de... une affaire pareille, j'en ai assez de la vie ! Que mon père écrive pour qu'on me ramène à Mari. Je n'y réclamerai point une situation de premier plan. Mais, pour l'heure, je te souhaite bien du plaisir !" Alors il a rompu ma cordelette par-devant les rois en disant : "Va-t'en à la maison de ton père ! Loin de la face de mon épouse, j'ai détourné les

yeux." Autre chose : la dame dont j'avais parlé à mon
seigneur, il me l'a prise ; et c'est à Shîmatum qu'il l'a
donnée » (*ARM* x, 33 et *MARI* iii, 170).

« Couper la cordelette » est un geste symbolique, fondamental et bien connu, qui appartient au rituel babylonien du divorce. Il faut donc comprendre que c'est
l'épisode final qui est ici raconté par l'insolente Kirûm :
son époux, exaspéré, a décidé la rupture et en a accompli
tous les gestes solennellement et en public, les rois dont il
est question étant sans doute les représentants des pouvoirs locaux et les chefs des tribus nomades relevant de
Hâya-Sûmû. Il est d'autre part intéressant de relever les
propos du roi d'Ilânsurâ : en « détournant les yeux de la
face de son épouse », il a employé une formule exactement opposée à l'expression biblique « porter les yeux sur
une femme » pour dire qu'on l'a choisie.

Voilà donc comment la disgrâce dans laquelle était
tombée peu à peu Kirûm et qui la poussait au désespoir
trouva une conclusion, brutale certes, mais qu'elle semble
avoir finalement appelée de ses vœux. On ne sait pas à
quelle date exacte eut lieu ce divorce ; mais il intervint
sans doute quelque sept années après l'arrivée de Kirûm
à Ilânsurâ, car nous savons par ailleurs que Zimri-Lim,
lors d'un grand voyage accompli dans le nord puis dans
l'ouest de la Syrie au cours de la onzième année de son
règne, passa chez Hâya-Sûmû ; et l'on nous dit qu'il en
profita pour « libérer le palais d'Ilânsurâ », tournure
pudique pour signifier sans doute qu'il y récupéra sa fille.

Le harem.

De récentes recherches, menées aussi bien à partir des
textes que sur les vestiges mêmes du site archéologique,
ont permis de mieux connaître la population féminine du
palais de Mari, notamment celle du harem, dont certains,
il y a peu, contestaient encore jusqu'à l'existence. Pour
cela on s'est principalement servi d'un précieux ensemble
de pièces comptables ayant enregistré, mois après mois,
les rations d'huile distribuées, pour leur toilette et leur
éclairage, à chacune des dames du palais. Ces documents,

dont certains ont été tout récemment mis au jour, datent du règne de Yasmah-Addu, fils du roi d'Ekallâtum et rival malheureux de Zimri-Lim, ce dernier étant finalement parvenu à le chasser du trône de Mari. Ils comportent chacun les noms d'une quarantaine de femmes, enregistrées selon un ordre strict et avec la mention des rations plus ou moins importantes qui leur étaient attribuées. D'autre part, tous ces textes se terminent invariablement avec les noms de trois hommes, que l'on peut supposer avoir été les « portiers » du harem. Cet ordonnancement rigoureux montre, à l'évidence, qu'il existait parmi ces quarante femmes une véritable hiérarchie.

Pour l'époque suivante, celle du règne de Zimri-Lim, nous ne possédons malheureusement que quelques textes, souvent en mauvais état, qui puissent nous donner des informations comparables. Sur l'un de ces documents, fondamental mais fragmentaire, on constate que les femmes sont en nombre beaucoup plus important (près de 250 au lieu de 40) et qu'elles sont rangées par catégories, ce qui nous permet d'entrevoir la structure même du harem. Ainsi, en combinant les informations de l'ensemble de ces textes du « bureau de l'huile », on comprend comment cette population féminine était répartie entre :

– les personnes royales (la mère du souverain, sa première épouse, ses sœurs, ses filles) touchant la ration d'huile maximale ;

– les concubines royales (ou épouses secondaires) ;

– le groupe des « chanteuses » (*nârtum*) dont il faut comprendre qu'il s'agissait en fait d'une autre catégorie de concubines (cf. la lettre *ARM* x, 126, citée plus loin), et qui étaient elles-mêmes réparties entre « grandes » et « petites » chanteuses ; elles étaient d'autre part encadrées par des « institutrices » (*mushâhizâtum*) ;

– le groupe des « recluses » (*sekertum*), qui devaient avoir la charge du bon fonctionnement interne et de l'intendance du harem, puisque l'on voit certaines d'entre elles recevoir explicitement les attributions de « cuisinière », « échanson », etc. Une autre catégorie était celle des *kezrêtum* ;

– la domesticité et les portiers.

Il est donc clair que, dans le harem, toutes les femmes n'étaient pas des épouses du souverain. Grâce aux lettres, on peut entrevoir de façon très vivante comment était organisée cette population féminine à l'intérieur du palais, et quels rapports ces personnes pouvaient entretenir, aussi bien entre elles (nous possédons par exemple des récits de disputes, notamment pour des affaires de bijoux) qu'avec le roi ou d'autres grands personnages du royaume. Certaines gravirent peu à peu les échelons de la « hiérarchie », passant parfois du rang de simple « chanteuse » à celui de « concubine » ; d'autres, au contraire, s'enfoncèrent jusqu'à disparaître dans un réel anonymat.

Il faut cependant mettre en garde contre la tentation qu'il y aurait, avec ces quelques éléments, à se laisser aller aux visions du harem oriental façon *Mille et Une Nuits*, avec ses eunuques et ses odalisques, tel qu'il existe souvent dans nos imaginaires d'Occidentaux.

Force est, en effet, de constater qu'il n'existe pas de terme spécifique dans le vocabulaire des textes de Mari pour désigner le harem. En outre, dans les vestiges du palais royal, la partie dont on a pu montrer qu'elle était réservée aux femmes n'était sûrement pas un espace complètement clos, encore moins une prison. Pour s'en convaincre, il n'est que de voir le nombre important de documents qui font allusion à des déplacements de dames ou d'épouses du roi. Seules les femmes appartenant à la catégorie des « recluses » devaient sans doute être obligées de rester dans le palais, au bon fonctionnement duquel elles participaient tout particulièrement.

Le déchiffrement des tablettes du « bureau de l'huile » a également ménagé une autre grande surprise. Il a en effet été possible de constater que plusieurs des dames du harem de Zimri-Lim se trouvaient déjà dans le harem de Yasmah-Addu. Mieux : on est parvenu à retrouver dans celui de Yasmah-Addu des dames du harem de son prédécesseur Yahdun-Lim, père de Zimri-Lim. Ces femmes de Yahdun-Lim furent donc sans doute « capturées » au moment de la prise de Mari par les Ékallatéens. Et Zimri-Lim, lorsqu'il chassa à son tour Yasmah-Addu, quelque vingt ans plus tard, s'empara de la même façon du harem de ce dernier. Prendre possession des femmes du chef ennemi apparaît donc comme une donnée fondamentale de la conduite royale de cette époque. Et cette façon de marquer sa puissance trouve une ultime confirmation, quand on observe que Zimri-Lim lui-même ne cessa d'augmenter son propre harem de ceux des rois vaincus de Syrie du Nord, qu'il combattit si longtemps (d'où son importance numérique évoquée plus haut). Il est d'ailleurs intéressant de retrouver un écho de cette pratique dans le passage de la Bible qui raconte comment Absalom, en révolte contre son père David, reçut le conseil d'accomplir l'acte symbolique qui aurait définitivement marqué sa rébellion et affirmé son pouvoir, à savoir s'emparer du harem de son père (2 Samuel XVI, 21).

Sur la façon dont Zimri-Lim augmenta son prope harem, à la suite des victoires qu'il remporta dans le nord de son royaume, nous avons le témoignage de lettres qu'il écrivit à la reine, restée à Mari. Celle-ci par exemple : « A Shiptu, lettre de ton seigneur. Concernant le choix des musiciennes parmi le butin que je [t'] ai fait conduire [et] au sujet duquel je [t'] ai déjà écrit, finalement [je préfère] que l'on ne choisisse aucune musicienne dans ce butin. Que ces filles soient uniquement admises comme tisseuses. Il m'arrive du butin : c'est moi-même qui, en son sein, choisirai des musiciennes. Je [te les] ferai alors conduire » (*ARM* X, 125).

Dans une autre lettre, les instructions données sont différentes : « A Shiptu, lettre de ton seigneur. Présentement, je te fais conduire des tisseuses [...] Sélectionne une trentaine d'elles, ou plus ou moins, s'il y a lieu, qui soient parfaites et sans défaut, depuis l[es] ongle[s du pied] jusqu'aux cheveux de la tête. Puis confie[-les] à Waradilishu pour que celui-ci leur fasse apprendre la musique subaréenne ; que leur statut soit alors changé. Donne [d'autre part] des instructions concernant leur alimentation, afin que leur allure ne soit point déplaisante » (*ARM* X, 126).

Cette dernière missive montre clairement que les soucis esthétiques et les intentions du roi le poussaient à privilégier sans hésitation les qualités physiques de ses « chanteuses », plutôt que leurs dons artistiques ou musicaux. Quant au « changement de statut » souhaité, il concerne sans doute le passage de la catégorie des « tisseuses » (considérée comme étant la qualification féminine de base) à celle, supérieure, des « chanteuses ».

Mais, à la suite de ces diverses déportations, le degré de concentration humaine dans le palais devint sans doute fort élevé, ce qui n'alla pas sans entraîner de graves inconvénients, notamment lorsque survinrent des épidémies. Deux lettres, parmi d'autres, nous ont transmis l'écho de ces péripéties : « A Shiptu, lettre de ton seigneur. J'ai entendu dire que Nanna était malade du *simmum*, et que [malgré cela] elle restait en total rapport avec les servantes du palais et qu'elle contaminait de nombreuses femmes à son seul contact. Pour l'heure, donne des ordres stricts pour que personne ne boive dans la coupe où elle boit, que personne ne s'asseye sur le siège où elle s'assoit, et que, sur le lit où elle se couche, personne ne se couche, afin que par son seul contact elle ne contamine pas de nombreuses femmes. Ce *simmum* s'attrape facilement ! » (*ARM* x, 129 et *MARI* iii, 144).

Le *simmum* était une maladie se manifestant par des rougeurs et des éruptions de boutons. Elle était contagieuse et pouvait être mortelle. Les mesures qui furent prises ici restèrent donc purement prophylactiques : on ne voit guère intervenir les médecins, pourtant présents ailleurs dans la documentation de Mari. Mais parfois, les solutions envisagées pour écarter les risques de contagion et enrayer le mal furent nettement plus brutales, comme le montre un passage de cette autre lettre de Zimri-Lim à son épouse : « [A propos de Summudum] dont tu m'as parlé : relativement à la maladie de cette femme, de nombreuses [autres] femmes vont attraper ce mal-*simmum*. Que cette femme habite [donc] dans une pièce séparée. Que personne ne lui rende visite ! Et si, comme je le crains, il ne se trouve pas de pièce séparée, du moment que les présages concernant Summudum ne sont pas favorables, si l'on soigne cette femme, qu'elle meure ou qu'elle vive, [d'autres] femmes en revanche souffriront de cette maladie. Que cette femme meure donc, elle seule, et cela fera que le mal s'apaisera » (*ARM* x, 130 et *MARI* iii, 144). Le conseil consistait donc purement et simplement à laisser mourir la malade que de mauvais présages avaient condamnée. L'histoire ne nous dit pas quel fut le degré d'efficacité de cette mesure radicale !

Tout au long de son histoire, la société mésopotamienne est restée fondée sur une stricte conception patriarcale de la famille, cet aspect étant renforcé, en ce qui concerne Mari, par la présence d'un élément nomade important. C'est dans ce contexte que les documents retrouvés à Tell Hariri viennent illustrer ce qu'ont pu être en partie le rôle et la situation de la femme, il y a près de quatre mille ans. Certes, avec ces textes, l'éclairage est surtout mis sur une petite minorité d'entre elles : celles évoluant dans l'entourage immédiat du souverain. Mais l'on peut voir combien ces personnes occupaient une place importante dans la vie du royaume, aussi bien dans le domaine socio-économique que dans celui de la politique ou de la religion. Certains ont attribué ce phénomène au fait que la monarchie patriarcale de Mari restait marquée par ses origines nomades, le domaine privé du monarque n'étant guère distingué du domaine de l'État. Ainsi la femme était-elle associée aux affaires du palais, et donc du royaume, de la même façon qu'elle l'était aux affaires domestiques.

On aura également remarqué les rapprochements qui s'imposent parfois entre le contenu des tablettes de Mari et les sources bibliques. Il y en a beaucoup d'autres (institutions, faits de langue, existence du prophétisme, etc.). Mais il faut garder à l'esprit que près de 8 siècles séparent le règne de Zimri-Lim de celui du roi David. Et que ces rapprochements ne peuvent faire fi des différents contextes sociohistoriques et des spécificités des nombreuses aires culturelles du monde sémitique ancien.

Notes

1. Cette « correspondance féminine » a été en grande partie publiée en 1967 et 1978, dans le 10ᵉ tome de la collection des *Archives royales de Mari* (abrégé en *ARM* x). Elle a fait depuis lors l'objet de nombreuses études. Elle a notamment été reprise par J.-M. Durand, épigraphiste de la mission archéologique de Mari, dans les volumes 3 et 4 de la revue spécialisée *Mari. Annales de recherches interdisciplinaires* (en abrégé *MARI*), en 1984 et 1985. Il faut d'autre part noter que l'interprétation des documents est aujourd'hui facilitée par les progrès qui ont été réalisés dans le classement chronologique des textes, que l'on arrive peu à peu à reclasser au sein d'un développement événementiel assez sûr et précis.

2. Cf. J.-M. Durand, *MARI* 3, p. 162-180.

Orientation bibliographique

Ouvrages de synthèse sur Mari et son histoire.

S. Dalley, *Mari and Karana. Two Old Babylonian Cities*, Londres, Longman, 1984.

Dossier spécial consacré à Mari de la revue *Histoire et Archéologie*, n° 80, février 1984.

A. Parrot, *Mari capitale fabuleuse*, Paris, Payot, 1974.

Sur le rôle des femmes dans le Proche-Orient antique et à Mari.

F. Batto, *Studies on Women at Mari*, Baltimore Johns Hopkins, 1974.

J. Bottéro, dans *Histoire mondiale de la femme*, t. I : *L'Antiquité*, Paris, PUF, 1965, p. 153-266.

G. Dossin, *La Correspondance féminine*, t. X des *Archives royales de Mari*, Paris, Geuthner, 1978.

J.-M. Durand et J.-Cl. Margueron, « La question du harem royal dans le palais de Mari », *Journal des savants*, octobre 1980, p. 253-280.

Un catalogue d'exposition (musée du Petit-Palais, oct. 1983/janv. 1984).

Au pays de Baal et d'Astarté, 10 000 ans d'art en Syrie, Paris, AFAA, 1983.

Le point le plus récent sur les recherches actuelles.

Mari. Annales de recherches interdisciplinaires, vol. 1 à 7, Paris, Éd. Recherche sur les civilisations, 1982-1992.

Sémiramis, la reine mystérieuse d'Orient

Georges Roux

Quatre syllabes à la fois douces et piquantes, amies de la mémoire ; un nom que peu de gens ignorent et qui, pour la plupart, évoque une reine d'Orient, légendaire et lascive, vaguement associée à Babylone et à ses « jardins suspendus ». Mais cette légende de Sémiramis, combien de nos contemporains la connaissent ? Et combien se souviennent de l'extraordinaire succès qu'elle a connu pendant toute l'Antiquité gréco-romaine, puis, triturée et méconnaissable, de la Renaissance jusqu'au milieu du XIXᵉ siècle ? Gluck et Rossini ont fait de cette reine une héroïne d'opéra, et Crébillon, bientôt imité par Voltaire, une héroïne de tragédie ; à la suite de Vivaldi, une douzaine de compositeurs italiens ont donné son nom à certaines de leurs œuvres, et bien des peintres, à leur tour, l'ont choisie pour thème. Degas lui-même, le grand Degas, lui a consacré, en 1861, le dernier de ses tableaux académiques. Le plus curieux, c'est que, tout en jouant avec une légende, ces artistes et ces auteurs anciens et modernes ont cru à la réalité de Sémiramis, simplement parce que cette reine et son époux Ninos, auxquels il faut ajouter Nimrod et le fameux Sardanapale, représentaient à peu près tout ce qu'ils savaient d'une Assyrie depuis longtemps disparue.

A la fin du XIXᵉ siècle, les textes provenant des fouilles mésopotamiennes nous ont appris la véritable histoire de ce pays, et c'est alors qu'assyriologues et historiens ont commencé à se poser des questions : que recouvrait la légende ? Sémiramis a-t-elle existé et, dans l'affirmative, comment et pourquoi une femme, fût-elle reine, a-t-elle acquis assez d'importance dans l'esprit des Anciens pour finir par personnifier, à elle seule, toute la puissance et la gloire d'un empire bâti par une longue lignée de rois mâles et, ô combien !, virils ?

Nul ne peut aborder ce problème sans se pencher d'abord sur la légende de Sémiramis telle qu'on la trouve au livre II de la *Bibliothèque historique* de Diodore de Sicile, écrivain grec du Ier siècle avant notre ère, à qui l'on doit l'histoire la plus complète et la plus détaillée de celle qu'il présentait comme « la plus célèbre de toutes les femmes que nous connaissions ».

La légende.

Sémiramis est née à Ascalon, ville fondée par les Philistins sur la côte méditerranéenne du pays auquel ils ont laissé leur nom : la Palestine. Elle est le fruit des amours coupables de la déesse Dercéto, patronne d'Ascalon, et d'un beau jeune homme anonyme « qui allait lui offrir un sacrifice ». Prise de honte en accouchant, Dercéto tue son amant, abandonne l'enfant « en un lieu désert et rocailleux », puis se jette dans le lac voisin de son temple, où elle se change aussitôt en poisson. Fort heureusement, des colombes qui nichent aux alentours veillent sur le bébé, les unes le réchauffant de leurs ailes, les autres le nourrissant de becquées de lait, puis de fromage, dérobées dans des cabanes de bouviers. Au bout d'un certain temps, lesdits bouviers découvrent cette petite fille « d'une beauté remarquable » et la confient au chef des bergeries royales, un nommé Simma, qui l'élève avec beaucoup de soin et lui donne le nom de Sémiramis, nom qui, selon Diodore, est une légère altération du mot colombe « dans la langue des Syriens [1] ».

Les années passent. Sémiramis est maintenant nubile et « surpasse en beauté toutes ses compagnes ». Or, un jour, Onnès, gouverneur assyrien de toute la Syrie, visite les bergeries et, comme le veut la coutume orientale, est l'hôte de Simma. Il aperçoit la jeune fille, en tombe amoureux sur-le-champ, demande sa main, l'épouse et l'emmène à Ninive où elle lui donne deux enfants : Hyapate et Hydaspe. Mais voici qu'il doit rejoindre l'armée de son souverain Ninos, fondateur de Ninive et « le premier roi d'Assyrie dont l'histoire fasse mention ». Ninos, qui a déjà conquis pratiquement tout le Proche-Orient, Égypte comprise, s'est mis en tête de soumettre la Bactriane, région qui correspond en gros au Nord de l'Afghanistan. Après s'être emparé de plusieurs villes, il piétine maintenant devant la capitale, Bactres, cité puissamment fortifiée et défendue avec acharnement. Onnès, qui se morfond dans le camp assyrien, fait venir son épouse, Sémiramis, non seulement pour son plaisir, mais aussi et surtout parce qu'elle est suprêmement intelligente et d'excellent conseil. Sémiramis accourt dans un vêtement « qui ne permettait pas de distinguer s'il était porté par un homme ou une femme », et remarque bientôt que, chaque fois que les Assyriens attaquent, les défenseurs de Bactres désertent leur citadelle haut perchée pour aller prêter main-forte à ceux qui luttent sur les remparts de la ville basse. Lors d'une de ces attaques, elle gravit, avec quelques soldats, le sentier difficile qui mène à la citadelle et y pénètre. Démoralisés, les Bactriens se rendent ; la capitale est enfin prise et dûment pillée. Ninos admire le courage de cette femme, la comble de présents et, bien entendu, s'éprend d'elle. Il demande à Onnès de la lui céder, lui promettant sa propre fille en échange, puis, devant son refus, menace de lui faire crever les yeux. Saisi de panique, le malheureux se pend. Ninos épouse alors Sémiramis, qui devient reine d'Assyrie ; elle aura de lui un fils nommé Ninyas.

Bientôt, cependant, Ninos meurt à Ninive, après avoir confié l'empire à son épouse. Désormais seule souveraine, celle-ci va régner 42 ans. Son premier geste est de faire ensevelir son mari « dans le palais des rois », et d'ordonner qu'on élève sur sa tombe une gigantesque terrasse. Puis, « jalouse de surpasser en gloire son prédécesseur », elle décide de fonder, en Mésopotamie, une ville digne de son ambition et qui sera Babylone. Elle fait venir des architectes du monde entier et rassemble 2 millions d'ouvriers qui construisent successivement le mur d'en-

ceinte, long de 360 stades (environ 70 kilomètres !),
pourvu de 250 tours et si large que plus de deux chars
peuvent y circuler de front ; 30 kilomètres de quais ; un
grand pont de pierre sur l'Euphrate, et deux palais ronds
magnifiquement décorés, se faisant face de part et d'autre
de ce pont ; ces palais communiquent entre eux par un
souterrain dont la confection a exigé qu'on détourne le
cours du fleuve dans un immense réservoir creusé à cet
effet. Elle parachève son œuvre en élevant un temple à
Zeus (« que les Babyloniens appellent Bèlos »), en l'or-
nant de statues d'or et en dressant, au centre de la ville,
un monolithe colossal taillé dans les montagnes d'Arménie. Quant aux jardins suspendus, que la rumeur populaire et les guides de Babylone attribuent à Sémiramis,
Diodore les décrit longuement mais précise qu'ils étaient
l'ouvrage d'un roi « syrien » postérieur à cette reine.
Selon Bérose, prêtre babylonien qui écrivit en grec, au
début du IIIe siècle av. J.-C., l'histoire de son pays, ils
auraient été construits par Nabuchodonosor pour plaire
à son épouse Amytis, Mède d'origine, lui rappelant ainsi
son pays montagneux.

Babylone construite, Sémiramis s'en va visiter son
empire, laissant partout sur son passage des œuvres
remarquables qui porteront à jamais son nom. Elle
commence par la Médie, partie occidentale et montagneuse de l'Iran. A Bagistane, elle fonde un parc (en grec
paradeisos, d'où nous avons tiré « paradis ») et fait graver
une inscription « en caractères syriens », tout en haut de
l'immense rocher vertical qui domine la ville. A Khauon,
c'est un autre parc, autour d'un palais de plaisance où elle
séjourne longtemps, y menant la vie dissolue que Diodore
résume en quelques mots : « Elle ne voulut jamais se
remarier légalement, craignant d'être privée de la souveraineté ; mais elle choisissait les plus beaux hommes de
son armée et, après leur avoir accordé ses faveurs, elle les
faisait disparaître. »

Marchant ensuite vers Ecbatane, elle parvient au pied
d'une grande montagne, le Zagros (Zarkaios), « remplie
de gouffres et de précipices », qui nécessite un long
détour. Pressée d'arriver, elle fait araser les rochers,

combler les précipices et établir une belle route directe. A Ecbatane même, elle fonde une résidence royale et pourvoit en eau cette ville en faisant percer un canal sous le mont Oronte (*Alvand*) qui la sépare d'un grand lac.

De Médie, la reine passe en Perse et « parcourt toutes les autres contrées qu'elle possède en Asie », ouvrant partout des routes de montagne, dressant ses camps sur des tertres artificiels en parsemant les plaines de collines qui sont, soit les vestiges des villes qu'elle a fondées, soit les tombeaux de ses généraux décédés. Puis, elle fait volte-face et se dirige vers l'ouest. La voici en Égypte, visitant le temple d'Amon dans l'oasis de Siwah « pour interroger l'oracle sur le temps de sa mort ». Elle soumet presque toute la Libye et pousse jusqu'en Éthiopie « afin d'en examiner les curiosités ».

On la retrouve ensuite à Bactres, base de départ de la grande campagne qu'elle projette en Inde, pays que nul n'a conquis jusqu'ici. Elle sait que la lutte sera dure, qu'il lui faudra franchir l'Indus et affronter les troupes innombrables et les terribles éléphants de son adversaire Stabrobatès, roi des Indiens. Aussi prépare-t-elle cette expédition pendant trois ans avec beaucoup de soin, réunissant 3 millions de fantassins, 500 000 cavaliers, 100 000 chars et autant de chameliers, faisant venir des Phéniciens, des Syriens et des Chypriotes pour construire une flotte de bateaux démontables. Mieux encore, elle fera fabriquer en grand secret de faux éléphants, faits des peaux de 300 000 bœufs noirs bourrées de paille et cachant les chameaux qui les meuvent. Lorsque tout est prêt, elle déclenche l'offensive. Vaincus dans une bataille navale, les Indiens se retirent sur la rive orientale de l'Indus, poursuivis par les Assyriens, puis ils contre-attaquent avec de vrais pachydermes. Au cours d'une atroce mêlée, les troupes de Sémiramis sont décimées. Blessée par Stabrobatès d'une flèche au bras et d'un léger coup de javelot dans le dos, elle s'enfuit et rentre à Ninive.

C'en est fini de la « souveraine de toute l'Asie, excepté l'Inde ». Quelque temps après cette défaite, son fils Ninyas conspire contre elle, comme l'avait prédit l'oracle d'Amon à Siwah. D'autant plus lasse de lutter qu'elle est âgée de soixante-deux ans, Sémiramis lui abandonne le sceptre et disparaît mystérieusement. « Quelques mythologues racontent », ajoute Diodore sans trop y croire, « qu'elle fut changée en colombe et s'envola avec plusieurs de ces oiseaux qui s'étaient posés sur sa demeure. »

Quant à Ninyas, il régnera en paix du fond de son harem, « dans l'oisiveté et la jouissance incessante des voluptés de la vie ». Ses successeurs feront de même pendant « trente générations » jusqu'au règne de Sardanapale, « roi sous lequel l'Empire assyrien tomba au pouvoir des Mèdes, après avoir persisté plus de 1 360 ans ».

Anatomie d'une légende.

L'histoire qu'on vient de lire, Diodore ne l'a pas inventée : il l'a tirée en majeure partie de Ctésias, qu'il cite à plusieurs reprises. Ce Ctésias était un médecin grec natif de Cnide, en Carie (Sud-Ouest de l'Asie Mineure), qui émigra en Perse vers 415 av. J.-C. et exerça sa profession à la cour d'Artaxerxès II. En 397, il revint dans sa ville natale et rédigea plusieurs ouvrages, dont une histoire de l'Inde (*Indica*) et une de la Perse (*Persica*). Cette dernière traitait longuement de l'Assyrie et eut un tel succès qu'elle servit de canevas à de nombreux auteurs grecs et latins jusqu'au IIe siècle de notre ère. Malheureusement, les écrits de Ctésias sont perdus ; nous ne les connaissons que par des citations et par le condensé qu'en a donné, au IXe siècle, Photius, patriarche de Byzance, dans un grand ouvrage, *La Bibliothèque*.

Ctésias avait deux qualités aux yeux des Anciens : un style que Photius jugeait « plein d'agrément » et une imagination débordante qui lui faisait préférer les « histoires » à l'histoire. Bien qu'il prétende avoir utilisé les archives royales de la dynastie achéménide pour écrire ses *Persica*, il semble avoir surtout puisé dans la tradition populaire orientale, dont il tira probablement l'histoire de Sémiramis. Il existait d'ailleurs plusieurs versions de cette légende. L'une d'elles, résumée par Diodore en appendice à son récit, fait de Sémiramis une belle courti-

sane qui dut à ses charmes d'épouser « un roi des
Assyriens ». Saisie d'un caprice, elle lui demanda de lui
céder le trône pendant cinq jours et le malheureux
accepta. Le premier jour se passa en festivités mais, dès
le lendemain, elle le fit jeter en prison, s'empara de
l'empire et, « régnant jusqu'à sa vieillesse, elle accomplit
beaucoup de grandes choses ».

Réduite ainsi à ses grandes lignes, la légende de
Sémiramis, recueillie par Ctésias et transmise par Diodore, est plutôt décevante. Elle ne renferme aucun « sus-
pense », aucune idée profonde, aucune leçon morale,
aucun détail croustillant, et fait pauvre figure à côté de
l'épopée de Gilgamesh ou des aventures d'Ulysse. Le
merveilleux, l'irrationnel ne se rencontrent qu'au début et
à la fin, et ils appartiennent au vieux fonds de légendes
communes à l'Orient et à la Grèce. Fille d'une déesse,
notre héroïne est à demi divine, mais des anciens rois
égyptiens ou sumériens aux empereurs romains, combien
de monarques se sont prétendus issus de dieux ou
proclamés divins ! Non moins banal est le thème de
l'enfant abandonné devenu roi ou héros, qui s'est appliqué à Sargon d'Akkad, Moïse, Cyrus, Œdipe, Persée,
Romulus et quelques autres personnages célèbres. Quant
à la disparition finale, qu'elle s'accompagne ou non d'un
enlèvement au ciel ou d'une métamorphose, elle foisonne
dans toutes les mythologies.

En fait, les exploits de Sémiramis, qui forment le corps
du récit, les guerres, les conquêtes, les fondations de
villes, de palais et de parcs, les travaux hydrauliques, se
situent sur le plan humain ; ce sont, à des degrés divers,
des œuvres royales de tous les temps et de tous les pays,
et l'on sait que les Assyriens ont particulièrement brillé
dans le domaine militaire comme dans le génie civil. En
outre, ces exploits ont pour théâtre des sites bien réels, des
villes encore vivantes, comme Ecbatane (Hamadan), ou
mortes, mais explorées, comme Bactres (aujourd'hui
Balkh), Ninive et Babylone. Le fantastique, ici, réside
dans le nombre de soldats ou d'ouvriers, dans la hardiesse
ou l'originalité des travaux entrepris et, plus encore, dans
les dimensions des monuments et objets d'art. C'est ainsi

que la « terrasse » élevée par Sémiramis sur la tombe de Ninos est très probablement la *ziqqurrat* (tour à étages) d'Assur, la vieille capitale où étaient inhumés la plupart des rois d'Assyrie ; elle surplombait de sa masse imposante la cité, elle-même construite sur une falaise, et s'apercevait de très loin, mais elle ne pouvait évidemment atteindre les 9 stades (1 700 mètres) que lui prête Ctésias.

De même, Bagistane est le vieux nom de Behistun ; son rocher qui, dans la légende, porte une inscription de la reine et domine la plaine de ses 17 stades (2 850 mètres) existe bien, mais il n'a que 166 mètres, et l'inscription est du roi perse Darius. Si l'on a retrouvé à Babylone un mur d'enceinte de 17 kilomètres (et non 70), ainsi que les restes d'un pont, de quais et de plusieurs palais, aucun de ces derniers n'était rond et n'avait 12 kilomètres de circonférence. Et l'on reste rêveur devant ces statues d'or de 24 à 30 tonnes, ces brûle-parfums d'or de 10 tonnes, ces cratères d'or de 24 à 30 tonnes qui ornaient le temple de Bèlos (Marduk). Comme des touristes américains, les anciens Grecs semblent avoir été friands de chiffres impressionnants. Pour leurs « historiens », l'Orient lointain, à la fois admiré et redouté, ne pouvait être que le pays des merveilles.

L'auteur de ces travaux d'Hercule est un être exceptionnel, mais non pas surhumain. C'est une femme très belle et désirable, sensuelle et cruelle, puisqu'elle sacrifie ses amants d'une nuit, mais en même temps extrêmement intelligente, énergique, infatigable, courageuse, surpassant son royal époux dans ses ambitions et ses qualités de stratège. Une super-femme, somme toute, doublée d'un super-homme, un personnage dont l'aspect fortement androgyne est souligné par le vêtement qu'elle porte et par le contraste que forment cette reine virile et son fils et successeur Ninyas, mou, jouisseur et poltron. Nous reviendrons sur ces aspects de notre héroïne.

Peut-on tirer de la légende quelques renseignements sur l'époque à laquelle aurait vécu Sémiramis ? Deux des quatre souverains mentionnés, son mari et son fils, sont à première vue fictifs, car il n'existe aucun roi d'Assyrie dont le nom ressemble, même de loin, à Ninos et Ninyas,

et il est fort probable que ces deux noms dérivent de
Ninua, nom assyrien de Ninive, et symbolisent cette ville.
Stabrobatès a bien l'apparence d'un nom indien transcrit
en grec, mais on ne retrouve ce roi dans aucun autre texte.
D'ailleurs, la campagne de Sémiramis en Inde ressemble
trop à celle d'Alexandre (327-325) pour ne pas être une
addition tardive d'époque hellénistique, destinée à embel-
lir une histoire que connaissait déjà Hérodote (mort vers
420) et que raconte Ctésias dès 370. En outre, Mégas-
thène, ambassadeur grec en Inde peu après l'époque
d'Alexandre, cité par le géographe Strabon et par l'historien Arrien, déclare que Sémiramis mourut avant d'avoir
tenté la conquête de l'Inde. Reste Sardanapale, autrement
dit Assurbanipal (668-627), qui, lui, est bien réel ; mais les
30 générations (soit environ 1 000 ans) qui séparent dans
la légende ce roi de Ninyas sont inconciliables avec deux
repères historiques : la domination de l'Assyrie sur
l'Égypte, qui commence sous Asarhaddon (680-669) et se
termine sous Assurbanipal, et sa mainmise sur Ascalon,
qui date de 734. Signalons enfin l'anachronisme flagrant
que constitue la fondation par une reine d'Assyrie d'une
Babylone qui est à l'évidence celle qu'ont construite
Nabopolassar et surtout Nabuchodonosor après l'effon-
drement de l'Empire assyrien, entre 612 et 609.

On le voit, ces calculs n'aboutissent à aucune conclusion précise, mais le contexte général suggère que Sémiramis est à situer dans la période dite « néo-assyrienne »,
c'est-à-dire entre le début du IXe siècle et la fin du VIIe siècle avant notre ère. L'Assyrie a-t-elle eu, au cours de ces
trois siècles, une reine susceptible d'avoir servi de modèle
à cette femme légendaire ? C'est ainsi que se posait le
problème lorsque, en 1843, débutèrent les fouilles archéologiques en Assyrie. Les inscriptions des Assyriens eux-
mêmes allaient-elles fournir les éléments d'une solution ?

Sammuramat, la dame du Palais.

En 1853, Hormuzd Rassam, adjoint d'Henry Layard
qui dirigeait les fouilles britanniques de Nimrûd (l'ancienne Kalhu), exhuma deux statues de dieux mineurs

situées à l'entrée de l'Ézida, temple du grand dieu Nabû. L'une de ces statues portait une inscription disant qu'un certain Bêl-tarsi-iluma, gouverneur de Kalhu, la dédiait à Nabû « pour la vie d'Adad-nirâri, roi d'Assyrie, son maître, et pour la vie de Sammuramat, la dame du palais, sa maîtresse », ainsi que pour sa propre vie. Les statues prirent le chemin du British Museum et une copie de l'inscription fut publiée en 1860.

Si le nom d'Adad-nirâri était déjà connu par d'autres inscriptions, celui de Sammuramat était nouveau et rappelait étrangement Sémiramis. Le titre de « dame du palais », rencontré pour la première fois, intriguait bien un peu les assyriologues, mais ils finirent par admettre qu'il équivalait à « épouse royale » ou « reine ». Ainsi donc, après tant de siècles, Sémiramis, reine d'Assyrie, était enfin retrouvée sous son véritable nom ! Cette nouvelle sensationnelle raviva l'intérêt pour une vieille légende qui commençait à passer de mode. Un savant français, François Lenormant, lui consacra un livre, qui parut en 1873.

Il faut croire que le dieu assyro-babylonien, Nabû, protecteur des lettres et des sciences, mit la main à la pâte, puisque Sammuramat surgit à nouveau, comme par miracle, quelque cinquante ans plus tard. En 1909, en effet, l'Allemand Walter Andrae, qui fouillait l'ancienne cité d'Assur, découvrit, sur une étroite esplanade séparant les deux murs d'enceinte de la ville, deux rangées de stèles inscrites et plantées dans le sol : les unes portaient les noms de hauts dignitaires, les autres ceux de plusieurs rois d'Assyrie et de deux reines : Ashur-sharrat, « dame du palais » d'Assurbanipal et... Sammuramat. Cette fois, c'était « Sémiramis » qui parlait elle-même et déclinait son identité :

« Stèle de Sammuramat, dame du palais de Shamshi-Adad, roi de l'Univers, roi d'Assyrie, mère d'Adad-nirâri, roi de l'Univers, roi d'Assyrie, belle-fille de Salmanasar, roi des Quatre Régions [du Monde]. »

Sammuramat était donc définitivement « épinglée » sur l'échelle du temps : c'était l'épouse de Shamshi-Adad V (823-811), fils de Salmanasar III (858-824), et la mère (et non pas l'épouse, comme le suggérait la première inscription) d'Adad-nirâri III qui régna de 810 à 783. La présence de sa stèle (funéraire ? commémorative ?) en ce lieu, et la longueur relative de son inscription mettaient cette Sammuramat au même niveau, sinon plus haut, que l'épouse d'Assurbanipal, maître suprême du grand Empire assyrien au VIIe siècle. Une difficulté, toutefois, subsistait : Sémiramis avait longtemps régné seule, alors qu'il n'existait aucun hiatus chronologique entre le règne du mari de Sammuramat et celui de son fils.

Les stèles d'Assur furent publiées en 1919, mais dès 1916 était paru un autre texte provenant d'un endroit appelé Sabaa, dans le désert, à l'ouest de Mossoul. Il s'agissait encore d'une stèle, mais isolée et du type classique : une de ces inscriptions royales comme l'Assyrie en a tant livrées, dans lesquelles les rois décrivent leurs guerres ou leurs œuvres de bâtisseurs. La stèle de Sabaa, dédiée par Adad-nirâri III au dieu Adad, racontait une campagne en Syrie. Or, après l'introduction habituelle (généalogie du souverain et autolouanges), le récit de cette campagne commençait ainsi :

« Dans la cinquième année de mon règne, lorsque je m'assis sur le trône royal dans ma grandeur, je mobilisai [les forces de] mon pays », etc.

Étant donné que les rois d'Assyrie n'employaient la formule « lorsque je m'assis sur le trône royal » que pour la campagne de la première année de leur règne et l'omettaient pour celles des années suivantes, on en a déduit que si Adad-nirâri avait bien succédé à son père officiellement en 810, il n'avait régné effectivement que cinq ans plus tard, sans doute parce qu'il était encore trop jeune quand Shamshi-Adad mourut. Pendant les quatre premières années, Sammuramat aurait été régente et aurait tenu le pouvoir dans ses mains, tout comme Sémiramis. Ce serait le seul exemple connu d'une reine d'Assyrie devenue, pour quelque temps, maîtresse absolue du royaume, exemple si frappant qu'il a été inscrit dans les annales mésopotamiennes. En effet, dans ses *Babyloniaca*, écrits en grec mais basés sur d'authentiques archives locales, le prêtre babylonien Bérose interrompt la liste des rois de Babylone pour citer « le gouvernement de Sémiramis en Assyrie ». Mieux encore, il place cette souveraine après le 9e roi de la XIIe Dynastie babylonienne, et comme le règne de ce roi obscur a débuté en 812 et a été très court, cela correspond parfaitement à la régence de Sammuramat (810-807).

Bien que certains assyriologues modernes aient émis des doutes sur cette régence, l'hypothèse reste séduisante. Si on la rejette, on ne sait rien sur Sammuramat, si ce n'est qu'elle a vécu, au moins en partie, les sept années de guerre civile qui précédèrent et suivirent la mort de Salmanasar III et ensanglantèrent l'Assyrie. En revanche, si on l'accepte et qu'on se reporte au « Canon des Éponymes[2] » pour les quatre premières années du règne d'Adad-nirâri III, il apparaît que la régente a ordonné, sinon conduit, 4 expéditions militaires, dont une contre les Mèdes, ce qui, on le verra, n'est pas sans intérêt.

Quant à l'origine de Sammuramat, elle reste inconnue. Se basant sur l'onomastique et la toponymie, le philologue allemand Wilhelm Eilers pense qu'elle était native des régions montagneuses qui bordent l'Assyrie au Nord et à l'Est, et, plus précisément d'Arménie, alors appelée Urartu. C'est fort possible, mais on aimerait une preuve plus directe.

Naqîa-Zakûtu, la Pure.

A peu près universellement acceptée aujourd'hui, l'équation Sémiramis = Sammuramat n'est pourtant pas entièrement satisfaisante, car elle laisse inexpliqués certains éléments de la légende, notamment Ninos, Ninyas et la prétendue fondation de Babylone. Ayant fondé Ninive, Ninos devait y résider, et Diodore le décrit comme un souverain très puissant, maître de tout le Proche-Orient, y compris la Babylonie et l'Égypte. Or il est établi que Shamshi-Adad V résidait à Kalhu (Nimrûd), qu'il eut un règne difficile et troublé par la guerre civile, qu'il gouverna un royaume de dimensions modestes et n'effectua aucune conquête majeure. A l'inverse de Ninyas, Adad-nirâri III fut un roi énergique et audacieux qui guerroya victorieusement en Syrie, en Babylonie et en Médie, et rien ne suggère qu'il complota contre sa mère. L'Égypte, à cette époque, était divisée mais indépendante. Quant à Babylone, il est peu probable que Sammuramat y ait jamais mis les pieds, et ni elle, ni son mari, ni son fils n'y firent faire les moindres travaux. Cette partie de la légende est-elle sortie de l'imagination de Ctésias ou d'autres auteurs grecs, ou bien repose-t-elle sur des événements réels mais survenus à une autre époque de l'histoire assyrienne ?

Dans un article paru en 1952, l'assyriologue américaine Hildegarde Lewy a essayé de répondre à cette question en prenant comme point de départ, non pas Diodore, mais Hérodote. Décrivant la Babylonie et l'Assyrie, le « père de l'histoire » parle de deux grandes reines : Sémiramis et, 5 générations plus tard, Nitocris. De la première, il dit seulement qu'elle fit construire, près de Babylone, d'immenses levées de terre contre les inondations et laissa son nom à une porte de la ville. En revanche, il consacre un long passage à Nitocris, lui attribuant de grands travaux destinés d'une part à assécher la région de Babylone en créant un immense bassin, d'autre part à détourner l'Euphrate, le temps de construire un pont reliant les deux moitiés de la ville.

La plupart des historiens ont considéré « Nitocris » comme une déformation (*sic*) de « Nabuchodonosor », mais Hildegarde Lewy ne voit aucune raison pour faire de cette reine un homme et préfère retrouver en Nitocris la reine Zakûtu, épouse de Sennachérib, roi d'Assyrie (704-681), et mère d'Asarhaddon (680-669), en s'appuyant sur une série d'arguments :

1. Le vrai nom de Zakûtu était Naqîa, épithète ouest-sémitique qui signifie « la Pure » et correspond à l'assyrien Zakûtu. Naqîa-Zakûtu était donc probablement originaire de la partie occidentale, méditerranéenne, du Proche-Orient, tout comme Sémiramis.

2. A l'époque où régnait Sennachérib, fils du grand Sargon, l'Assyrie était en pleine expansion. La Babylonie entrait dans sa zone d'influence et il la gouverna lui-même un moment. Il entreprit d'envahir l'Égypte, mais

une épidémie décima son armée et il dut rebrousser chemin. Ce fut son fils qui conquit ce pays.

3. De même que son père, Sargon, avait fondé une ville nouvelle (Dûr-Sharrukîn, l'actuelle Khorsabad) pour y résider, Sennachérib fit de Ninive, jusque-là ville secondaire, la capitale de l'Assyrie, l'agrandissant et l'embellissant à tel point qu'on peut le considérer comme son « fondateur ».

4. En 689, exaspéré par les révoltes incessantes des Babyloniens, il s'empara de Babylone, la fit raser et inonder. Il fut assassiné, huit ans plus tard, par un de ses fils, né d'une première épouse, furieux qu'il eût choisi pour héritier Asarhaddon, son plus jeune fils, né de Naqîa-Zakûtu qu'il aimait tendrement. Asarhaddon fit reconstruire Babylone. Certains textes suggèrent qu'il chargea sa mère de surveiller ces travaux, et il semble qu'elle ait exercé une sorte de régence sur le Sud mésopotamien. En quelque sorte, elle « fondait » de nouveau Babylone.

5. Femme de tête, Naqîa-Zakûtu eut sur son fils une très grande influence et prit part, indirectement, au gouvernement de l'Empire assyrien. Lorsque Asarhaddon divisa l'héritage entre ses deux fils – l'Assyrie à Assurbanipal, la Babylonie à Shamash-shuma-ukîn, le premier ayant préséance sur le second –, elle intervint personnellement et fit prêter aux Assyriens serment de fidélité envers Assurbanipal. Bientôt, cependant, Shamash-shuma-ukîn complota contre son frère, puis se révolta ouvertement, se parjurant ainsi vis-à-vis de sa mère, que celle-ci eût été morte ou vivante à l'époque[3].

6. Enfin, on retrouve entre Shamshi-Adad V et Sennachérib les 5 générations qui, selon Hérodote, séparent Sémiramis de Nitocris.

Hildegarde Lewy conclut de son étude que la légende de Sémiramis est un amalgame de traditions concernant deux reines historiques : Sammuramat-Sémiramis, la guerrière, et Naqîa-Zakûtu *alias* Nitocris, la fondatrice de Babylone : l'ensemble des arguments qu'elle présente est impressionnant et nous paraît convaincant.

Il existe une autre interprétation de la légende, nulle-

ment incompatible avec les deux premières mais qui lui
confère une tout autre dimension. Bien que se compor-
tant comme un être humain, Sémiramis incarnerait la
plus grande divinité féminine du panthéon assyrien :
Ishtar de Ninive.

Ishtar est essentiellement la déesse de l'amour, particulièrement de l'amour charnel. Liée, certes, à la reproduction en tant qu'inspiratrice et partenaire de l'homme dans
l'acte sexuel, elle se distingue nettement de la déesse-mère,
de la génitrice, qu'elle finira par supplanter. C'est la
Femme par excellence, belle, désirable, « aimant la jouissance et la joie, pleine de séduction, de charme et de
volupté », comme dit un très bel hymne, mais aussi
versatile, perfide et sujette à de violentes colères. Elle n'a
pas de véritable époux mais des amants, demi-dieux,
comme Dumuzi-Tammuz, ou humbles mortels, qu'elle
méprise et rejette bientôt, les envoyant aux Enfers ou les
changeant en animaux répugnants. Représentée nue et
soutenant ses seins avec les mains, elle est entourée
d'hiérodules (prostituées sacrées) qui portent son nom
(*ishtarîtu*), et les alentours de ses temples, où se déroulent
des rites licencieux, sont fréquentés par des courtisanes.

Sémiramis, légende médique ?

Mais Ishtar revêt un autre aspect, en apparence radicalement opposé : c'est la déesse de la guerre, « la vail-
lante », « la dame de la bataille et du combat », qui
marche à la tête des armées, vole « comme une hirondelle » au-dessus de la mêlée, mène à l'attaque et protège
le roi qui a su mériter sa faveur. Perceptible au pays de
Sumer dès le IIIe millénaire, cet aspect éminemment
masculin de la déesse a été surtout développé par les
Sémites du Nord-Mésopotamien et notamment les Assyriens, sans doute parce qu'ils étaient eux-mêmes de
grands guerriers. Cette Ishtar batailleuse, on la surnomme d'ailleurs « l'Assyrienne » (*ashshurîtu*), et on la
représente généralement debout sur un lion ou une
lionne, tenant l'arc dans sa main ou brandissant le
poignard à lame courbe, la « harpè », arme des rois.

Enfin, il existait en Assyrie deux sanctuaires d'Ishtar très renommés : celui d'Arbèles et celui de Ninive.

La ressemblance entre cette divinité et notre Sémiramis androgyne saute immédiatement aux yeux, mais d'autres arguments viennent étayer l'hypothèse que Sémiramis représente aussi une déesse. C'est ainsi qu'en épousant Sémiramis Ninos a étroitement uni Ishtar à Ninive, tandis que la « porte de Sémiramis » à Babylone, dont parle Hérodote, ne peut être que la célèbre porte d'Ishtar avec ses frises de briques émaillées où alternent dragons (attributs de Marduk, le grand dieu des Babyloniens) et taureaux (attributs d'Adad, dieu de l'orage et, lui aussi, de la guerre) et que précède la voie processionnelle aux frises de lions, attributs de la déesse. Décrivant l'un des deux palais de cette ville, Diodore parle d'une scène de chasse où Sémiramis est figurée à cheval, lançant un javelot sur une panthère, à côté de Ninos frappant un lion d'un coup de lance ; inconnues en Babylonie, les scènes de chasse sont typiquement assyriennes, mais on n'y voit jamais de reine, et une Ishtar de Ninive serait plus vraisemblable dans ce contexte. Et puis, n'oublions pas que la déesse d'Ascalon, Dercéto, mère de Sémiramis, n'est qu'une variante locale d'Atargatis ou d'Astarté, noms sous lesquels on a longtemps adoré, à l'époque gréco-romaine, en Phénicie comme en Syrie-Palestine, soit Ishtar, soit des déesses ouest-sémitiques très proches d'elle, comme Athar ou Anat.

Pour Wilhelm Eilers, qui voit dans l'Ishtar guerrière une divinité des montagnes, Taurus et Zagros, Sémiramis se situe au confluent de deux courants de traditions mythiques, l'un laïc (héros et héroïnes, en l'occurrence Sammuramat), l'autre religieux (dieux et déesses, en l'occurrence Ishtar). Elle représente un archétype que rejoignent, dans la mémoire des peuples, ces femmes célèbres et plus ou moins historiques que sont la reine de Saba, Judith et Salomé, Cléopâtre et Zénobie, reine de Palmyre, et qu'on retrouve plus tard, notamment en Iran dans le roman de Khosroès et Shirin[4], et la Shéhérazade des *Mille et Une Nuits*, ainsi qu'en Arménie, dont un souverain légendaire s'appelait justement Samira ou

Samiran, sans compter les très nombreux sites et ruines antiques qui, aujourd'hui encore et dans ce même Orient, portent des noms très proches de Sémiramis.

Si satisfaisante que soit l'assimilation de Sémiramis à Sammuramat, Naqîa-Zakûtu et Ishtar, bien des questions restent ouvertes. Certaines ne trouveront sans doute jamais de réponse, puisque est perdu le récit de Ctésias lui-même, et que d'autres versions, quelque peu différentes, ne sont connues que par des bribes dispersées dans la littérature gréco-latine. D'autres, au contraire, peuvent donner lieu à des hypothèses que nous évoquerons brièvement.

Où et quand la légende de Sémiramis est-elle née ? Comme Wilhelm Eilers, mais pour d'autres raisons, nous pensons que Ctésias l'a tirée de la tradition iranienne et non babylonienne. Tout d'abord, cet auteur a vécu 17 ans en Perse et n'a séjourné que quelques semaines en Babylonie. En second lieu, il faut noter que la plupart des constructions de Sémiramis ne sont pas situées en Assyrie, mais en Iran et qu'en dehors de Babylone les seules villes qu'elle fonde sur les bords du Tigre et de l'Euphrate servent de dépôts pour « les marchandises venant de la Médie, de la Parétacène et des pays voisins ». Enfin, et surtout, l'événement le plus marquant de la régence de Sammuramat a été sa campagne contre les Mèdes, bien attestée par le Canon des Éponymes.

A la fin du IXe siècle, les Mèdes et leurs « cousins », les Perses, étaient établis depuis peu de temps dans le Nord-Ouest de l'Iran, au sud du lac d'Urmiah, aux portes de l'Assyrie, et ils commençaient à inquiéter sérieusement les Assyriens. Vers la fin de son règne, Salmanasar III avait traversé par deux fois cette région et reçu le tribut des « rois des Perses » (*Parsua*), mais la première expédition militaire dirigée contre les Mèdes eut lieu en 810, l'année même où Sammuramat devenait régente, inaugurant une lutte qu'Adad-nirâri III poursuivit vigoureusement puisqu'il ne mena pas moins de 7 campagnes contre ce peuple. Le premier adversaire mésopotamien des Mèdes (et, indirectement, des Perses, leurs héritiers) a donc été une femme, ce qui n'a pu manquer de les surprendre et les impressionner. Qu'elle ait pris ou non la tête de ses troupes, comme il était tentant d'assimiler Sammuramat à une Ishtar guerrière, celle d'Arbèles ou celle de Ninive !

L'embryon de la légende était formé, mais elle ne se développa sans doute que plus tard. S'il fallait donner une date approximative, nous dirions sous les premiers Achéménides, car l'empire de Ninos, tel que le décrit Diodore d'après Ctésias, est en réalité celui de Darius : les Assyriens n'ont jamais conquis l'Asie Mineure jusqu'à l'Égée ; ils n'ont jamais poussé jusqu'en Afghanistan et n'ont conquis l'Égypte que partiellement et pour une courte durée. Or, à l'époque de Darius, l'Assyrie n'existait plus, tandis que Babylone était la deuxième ville de l'Empire perse, mais l'on se souvenait vaguement que, quelque deux siècles auparavant, une reine d'origine assyrienne avait gouverné la Babylonie pendant plusieurs années et reconstruit cette grande cité. Il n'est donc pas surprenant qu'un conteur persan ait fait l'amalgame entre les deux femmes, Sammuramat et Naqîa-Zakûtu.

Cette diablesse.

Pourquoi Ctésias a-t-il donné un tel développement à l'histoire de Sémiramis alors que le reste de ses *Persica*, si l'on en juge par le condensé de Photius, semble être beaucoup plus terre à terre ? Plusieurs explications sont possibles, mais nous avons été frappé par le fait que cet auteur a séjourné en Perse au moment où ce pays était secoué par une violente crise dynastique : la révolte de Cyrus le Jeune contre son frère Artaxerxès II. La cour des Achéménides, que fréquentait quotidiennement Ctésias, médecin royal, ressemblait alors à un nid de vipères et il a dû voir de près celle qui en occupait le centre : la reine mère Parysatis, véritable maîtresse du royaume et instigatrice de nombreux meurtres assortis de tortures. Il a dû connaître aussi Roxane, demi-sœur et amante d'un autre frère d'Artaxerxès, qu'on a dépeinte comme « semi-masculine » et que Parysatis fit assassiner. Dans ces conditions, on ne peut guère s'étonner qu'il se soit particulièrement intéressé à une reine d'Assyrie dont il avait sous les yeux à la fois un exemple douloureux et une caricature grossière et sanguinaire.

On peut également s'interroger sur les raisons du succès de cette légende dans le monde gréco-oriental, puis romain. Le talent de Ctésias et le fait que son ouvrage ait paru au début du IVe siècle av. J.-C. – époque où s'est manifesté en Grèce un extraordinaire regain d'intérêt pour la femme en général, jusque-là confinée au gynécée à Athènes et traitée comme une productrice de guerriers à Sparte – n'y sont sans doute pas étrangers, mais ici, la parole est aux hellénistes. Cette histoire nous a déjà entraîné très loin, trop loin peut-être dans le domaine de l'imagination. Notre seule excuse est que, plus on se penche sur cette diablesse de Sémiramis, plus elle devient fascinante.

Notes

1. Les auteurs classiques ont longtemps confondu, sous le nom de Syrie, la Syrie proprement dite et l'Assyrie. Le mot « colombe », auquel Diodore fait allusion, est probablement l'assyrien *summatu*, mais « Sémiramis » ne peut en aucune façon en dériver.

2. Les Assyriens donnaient à chaque année de chaque règne, pour les dater, le nom d'un important personnage : le roi d'abord, puis les hauts dignitaires du royaume. C'est le système des éponymes. On appelle « Canon des Éponymes » l'ensemble des listes établies sur ces bases. A l'époque néo-assyrienne, ces listes indiquaient également l'événement le plus marquant de l'année, généralement une campagne militaire contre tel ou tel pays.

3. A l'objection que Shamash-shuma-ukîn était le petit-fils et non le fils de Naqîa-Zakûtu, on peut répondre que Diodore traduit par « fils » un mot sémitique qui peut signifier aussi bien l'un que l'autre (H. Lewy).

4. Il s'agit d'une épopée romanesque écrite par le poète persan Nizâmi (xiie siècle), racontant les amours du roi sassanide Khosroès II Parviz (590-628) et de la chrétienne Shirin (« la Douce ») qu'il épousa. Elle exerça une grande influence en Perse et son nom, comme celui de Sémiramis, reste attaché à de nombreux châteaux et œuvres d'art.

Orientation bibliographique

Les textes anciens.

Ctésias, *Persica*, résumé par Photios, *Bibliothèque*, t. I, éd. et trad. R. Henry, Paris, Les Belles Lettres, 1959.

Diodore de Sicile, *Bibliothèque historique* : le livre II n'est pas encore paru dans la collection française de référence (coll. des Universités de France). Cf. la traduction française de F. Hoefer, Paris, Hachette, 1865, et la traduction anglaise de C.H. Oldfather, Londres, Heineman, coll. « Loeb », 1933.

Les ouvrages scientifiques.

W. Eilers, *Semiramis, Entstehung und Nachhall einer altorientalischen Sage,* Vienne, Hermann Böhlaus, 1971.

Nagel, *Ninus und Semiramis in Sage und Geschichte*, in *Iranische Staaten und Reiternomaden vor Darius*, Berlin, Volker Spiess, 1982.

Pettinato, *Semiramide*, Milan, Rusconi, 1985 ; trad. allemande : *Semiramis, Herrin über Assur und Babylon. Biographie*, Zürich /Munich, Artemis, 1988.

Les documents assyriens et l'histoire du pays.

P. Garelli, *Le Proche-Orient asiatique*, Paris, PUF, 1974, t. II, p. 77-128 (l'Assyrie au Ier millénaire).

H. Lewy, « Nitokris Naqîa », *Journal of Near Eastern Studies, XI*, Chicago, 1952, p. 264-286.

D. Luckenbill, *Ancient Records of Assyria and Babylonia*, Chicago, 1926, t. I, p. 260-261 et 264 (les inscriptions relatives à Sammuramat et la « stèle de Sabaa »).

Magie et médecine
à Babylone

Jean Bottéro

Chaque civilisation, chaque époque a ses doses de rationnel et d'irrationnel. S'il existe un domaine où ce panachage est le plus apparent, c'est sans doute celui de la lutte contre le mal. Parce que le mal n'est pas seulement contrariant, mais absurde, et que ni la « géométrie d'Euclide » n'a jamais réussi à en rendre raison, ni la logique à l'évacuer. De cette façon de paradoxe, l'ancienne Mésopotamie nous a laissé un étonnant exemple sous les espèces de sa médecine : de sa lutte organisée contre le mal physique, la maladie.

Pratiquement inconnu des non-assyriologues, il nous en reste un dossier considérable, depuis le haut IIIᵉ millénaire jusqu'à la disparition de cette vieille culture, peu avant notre ère : plusieurs milliers de documents techniques, plus ou moins copieux, plus ou moins épargnés par les injures du temps, et une impressionnante accumulation de données allusives, tirées de tous les secteurs de la littérature. Mais on n'y a quasiment rien compris tant qu'on ne s'est pas avisé que ces gens s'étaient, en fait, édifié, dans la même intention thérapeutique, deux techniques, fort différentes, et par leur inspiration et par leur application : une médecine de médecins, et une médecine de « mages ».

Dans toutes les cultures on a appris très tôt à combattre le mal physique avec les moyens du bord : c'est la médecine empirique. Elle est connue en Mésopotamie dès la première moitié du IIIᵉ millénaire, peu après les débuts de l'écriture, et tout d'abord par son spécialiste, son technicien : le médecin, en akkadien *asû*, mot dont nous ignorons le sens radical.

La toux, la fièvre et les maux de tête.

Formés, soit par un maître, lui-même praticien, soit en quelque école célèbre, telle « La Faculté de la ville d'Isin », les médecins se rencontrent un peu partout dans nos textes. S'il faut en croire un conte assez satirique, les plus huppés se présentaient en tenue particulière : tête rase, pompeux et guindés, « porteurs de leur trousse », et les badauds disaient : « Il est très fort ! » Ils se spécialisaient, parfois : on connaît un « médecin des yeux » ; nous sont même attestées quelques rares « femmes-médecins ».

Les *asû* se servaient avant tout de « remèdes » (*bultu* : « qui-rend-la-vie »), tirés de tous les ordres de la nature, mais principalement des plantes, d'où leur désignation générique de « simples » (*shammû*). On les utilisait fraîches ou séchées, entières ou pulvérisées, le plus souvent mélangées pour en multiplier les effets. C'était aussi le cas de divers produits minéraux : sels et pierres, et animaux : sang, chair, peau, os, excréments... De ces drogues, on avait dressé d'interminables catalogues, parfois agrémentés de données utiles pour les identifier, avec mention de leur usage spécifique. Les médecins les administraient après les avoir préparées eux-mêmes – car il n'existait pas d'apothicaires – sous quantité de formes : après trempage ou décoction en divers liquides, en potions, lotions, onguents, cataplasmes, enveloppements, pilules, suppositoires, lavements et tampons. Ils avaient aussi mis au point des gestes et des manœuvres, à main nue ou à l'aide d'instruments divers, propres à agir directement sur les parties malades : fumigations, bandages, massages, palpations et interventions diverses. Dans le « Code » de Hammurabi, on voit le médecin réduire les fractures et utiliser la « lancette » pour pratiquer des incisions jusque dans la région des yeux.

Suivant le génie d'un pays conquis depuis longtemps par la tradition écrite, ces méthodes, recettes et traitements étaient enregistrés en de véritables « traités », plus ou moins étendus et plus ou moins spécialisés : contre « la toux », « la fièvre », « les maux de tête », les « affections des yeux », ou « des dents », les maladies internes... On y nommait et décrivait les divers maux étudiés, alignant pour chacun des formules, parfois nombreuses, entre lesquelles le praticien aurait à choisir.

Pour rendre plus sensible cette pratique médicale, voici au moins une lettre, écrite en 670 avant notre ère, au roi assyrien Asarhaddon (680-669), par un médecin qu'il consultait souvent, un nommé Urad-Nanâ : « Bonne santé ! Excellente santé à Monseigneur le Roi ! Et que les dieux-guérisseurs Ninurta et Gula lui accordent le bien-être du cœur et du corps ! Monseigneur le Roi ne cesse de me demander pourquoi je n'aurais encore, ni fait le diagnostic de la maladie dont il souffre, ni préparé les remèdes idoines. [Soit dit par parenthèse, Asarhaddon paraît avoir été un grand malade : après analyse de son copieux dossier pathologique, un assyriologue vient même d'avancer, peut-être avec une certaine candeur médicale, qu'il devait souffrir – et qu'il serait mort – de lupus érythémateux disséminé...] Il est vrai que, parlant précédemment à la personne du Roi, je m'étais avoué incapable d'identifier la nature de son mal. Mais à présent, pour que, se l'étant fait lire, elle l'en instruise, j'envoie au Roi la présente lettre scellée. Et, s'il plaît à Monseigneur le Roi, on pourra même recourir [pour confirmation] à l'Aruspicine. Le Roi devra donc utiliser la lotion ci-jointe : après quoi, la fièvre dont il souffre présentement le quittera. J'avais déjà préparé deux ou trois fois ce remède, à base d'huile : le Roi le reconnaîtra sans doute. A son gré on pourra, du reste, ne le lui appliquer que demain. Il doit écarter le mal. D'autre part, lorsqu'on présentera au Roi ladite lotion au *sillibânu* [racine séchée de réglisse ?], l'application pourrait se faire, comme déjà une ou deux fois, à huis clos [?]. Le Roi devrait alors transpirer, c'est pourquoi, dans un emballage à part, j'ajoute à mon envoi les pochettes porte-amulettes que voici : le Roi les gardera suspendues à son cou. J'envoie également l'onguent ci-joint, dont le Roi pourra se frotter, en cas de crise. »

C'est clair : le médecin agit par lui-même et directement sur le malade, en utilisant des drogues qu'il a

choisies, préparées et combinées, et ce, après avoir tenté
d'« identifier la nature du mal », autrement dit, de l'avoir
diagnostiqué par examen de ses manifestations – entre
autres, ici, la fièvre et ce que le roi avait dû exposer de ses
malaises. Il est vrai que l'homme de l'art peut hésiter,
voire se déclarer incompétent. Mais, quand il a décidé, il
est si sûr de lui qu'il propose spontanément, en contre-
épreuve, une consultation oraculaire par examen des
entrailles d'une victime sacrificielle : technique de « Divination déductive » couramment utilisée alors et estimée
« scientifique » et infaillible. Ce mal, pour des raisons
obscures, Urad-Nanâ n'estime pas nécessaire d'en préciser le nom, ni d'en expliquer la nature à son auguste
patient. Il se contente de l'essentiel : « l'ordonnance »,
dirions-nous, après en avoir préparé lui-même le spécifique. C'est un remède qu'il avait déjà prescrit au roi. Il est
à base d'huile, mais aussi d'autres « simples », en particulier de *sillibânu*. Plus précisément, c'est une lotion à
appliquer dès réception ou, si le roi préfère, le lendemain.
Elle doit agir aussitôt et suivant un procès naturel, en
déclenchant une sueur profuse qui fera tomber la fièvre.
Urad-Nanâ ajoute à son envoi, d'une part des « porte-
amulettes » (dont nous reparlerons), d'autre part un
onguent de sa composition, pour faire face à une éven-
tuelle crise aiguë du mal. C'est là un langage et un
comportement « de métier » : les rudiments de notre
propre médecine.

L'exorciste.

Quant à l'autre thérapeutique, celle des « mages »,
comme elle est profondément enracinée dans tout un
système de pensée, loin du nôtre, quelques explications
liminaires seront utiles.

Aux yeux des Mésopotamiens, maux physiques et
maladies n'étaient qu'une des manifestations de ce parasite omniprésent de notre existence que nous définirions
le « mal de souffrance » : tout ce qui vient contrecarrer
notre légitime désir de bonheur. Comment en rendre
raison, pour mieux s'en rendre maître ? D'où nous

arrivent maladies du corps, mais aussi de l'esprit et du cœur, douleurs, chagrins, privations et disgrâces, qui traversent notre vie, l'assombrissent, ou l'interrompent brutalement « avant l'heure » ? A ces questions, aussi vieilles que l'homme, chaque culture s'est accommodée des réponses, ajustées à ses paramètres.

A la recherche des causes, pour peu qu'elles ne fussent ni immédiates ni patentes, Sumériens et Babyloniens ne disposaient pas de notre logique conceptuelle, avec tout l'arsenal d'analyse et de déduction rigoureuses des idées que nous pratiquons. D'emblée, ils n'avaient guère d'autre expédient que le recours à la fiction, mais à la fiction « orientée », « calculée » : à la construction, par leur fantaisie, de personnalités ou d'événements imaginaires, mais dont les données se trouvaient articulées à la fois sur les agents invoqués et sur la disposition des phénomènes à expliquer, présentés comme leurs effets ou leurs résultats. C'est ce que nous appelons des mythes.

Pour donner un sens, et au monde et à leur propre existence, ils avaient donc postulé une société surnaturelle de « dieux », conçus à leur image mise au superlatif : infiniment plus forts, plus avisés, et dotés d'une vie sans terme, et qui, voulant se procurer, dans le farniente et l'insouciance, foison de tous les biens utiles et agréables, s'étaient fabriqué les hommes pour leur servir de travailleurs, producteurs et servants, et commandaient à leur vie entière. Il eût été déraisonnable d'imputer à ces dieux-« patrons » les maux qui venaient assaillir leurs serviteurs, freinant du même coup leur zèle et leur capacité de rendement. Pour expliquer le « mal de souffrance », on avait donc forgé une autre série de personnalités, inférieures, certes, aux créateurs et souverains de l'Univers, mais supérieures à leurs victimes, et qui pouvaient librement provoquer les malheurs propres à leur empoisonner l'existence. C'est ce que nous appellerions des « démons ».

Dans un premier temps, il y a de l'apparence qu'on tenait leurs attaques pour spontanées et immotivées, un peu comme celles de roquets agressifs, qui se jettent tout à coup sur vous et vous mordent. Comme leurs assauts étaient incessants et n'épargnaient personne, il avait bien fallu mettre au point une véritable technique contre eux, c'est-à-dire un ensemble de procédés traditionnels estimés efficaces contre leurs fâcheries : les maladies comme les autres malheurs. Les procédés en question étaient tirés des deux grands secteurs de capacité des hommes à agir sur les êtres : la manipulation et la parole. Il suffit de savoir commander et l'on se fait obéir ; et il se trouve partout des éléments, des instruments et des forces qu'on peut utiliser pour transformer les choses ; l'eau pour les nettoyer ou les noyer, le feu pour les purifier ou les anéantir ; et bien d'autres produits pour les tenir à distance, les modifier, les dissoudre. En outre, il existe des constantes, des « lois » auxquelles on peut les soumettre : celle des semblables qui s'attirent, ou des contraires qui se repoussent, ou du « contact » qui permet au même phénomène de passer d'un sujet sur un autre...

Les forces surnaturelles.

Ainsi ont été élaborées – tout aussi bien que dans les divers secteurs de la technique, la médecine empirique comprise – quantité de recettes propres, imaginait-on, à chasser les « démons », à se défendre contre leurs agressions, à écarter les maux qu'ils avaient inoculés à leurs souffre-douleur. C'est à ce niveau de la lutte contre le mal, dans lequel l'activité capricieuse des « forces surnaturelles » était directement contrée par l'action ou la parole efficaces de leurs victimes, que l'on devrait réserver le nom de Magie, invoqué trop souvent, comme tant d'autres termes, à tort et à travers.

Ès qualités, pourtant, la Magie n'est pratiquement guère attestée dans notre énorme dossier : en un temps que nous n'avons pas les moyens de déterminer – au plus tard, semble-t-il, dès le haut IIIe millénaire –, elle avait été assumée dans une tout autre attitude, carrément religieuse et « théocentrique », celle-là. D'un côté, et peut-être en accord avec le mouvement de dévotion qui a produit dans le pays une première systématisation du panthéon, la mainmise des dieux s'est étendue sur l'Univers entier ; et, du coup, perdant leur liberté première de mouvements, les « démons » sont passés sous leur coupe. D'un autre côté, par une analogie prise des souverains d'ici-bas, on a imputé à ceux d'En-haut la responsabilité de toutes les obligations et prohibitions qui contraignent les hommes : religieuses, sociales, administratives, juridiques et politiques. Tout manquement à une norme quelconque : « interdits » immémoriaux ; impératifs coutumiers ; prescriptions implicites du droit, ou explicites des autorités, devenait *ipso facto* une offense à l'empire des dieux, une « faute » contre eux, un « péché » ; et, comme ici-bas les souverains corrigent tout ce qui brave leur autorité, il revenait aux dieux de réprimer, par des châtiments convenables, de tels désordres. Ces châtiments, c'étaient les maux et les malheurs de l'existence, que les « démons » n'infligeaient plus, comme dans la vision « magique » des choses, à leur fantaisie, mais désormais sur ordre des dieux, desquels ils étaient devenus les exécuteurs dans le domaine de la sanction. Ainsi, « mal de souffrance », en général, et maladie en particulier, intégrés au système religieux de l'Univers, y avaient trouvé leur justification, leur explication, leur raison d'être ultime.

Et aussi leur antidote. Car la technique contre les « forces mauvaises », on l'avait conservée, matériellement inchangée, de la Magie première : toujours faite des mêmes paroles et des mêmes gestes – rites oraux et rites manuels, auparavant censés agir immédiatement sur ces « démons » hostiles, mais désormais incorporés au culte sacré, dont ils composaient la partie, disons « sacramentelle ». Par des cérémonies, atteignant parfois les dimensions de liturgies solennelles et dont il nous reste une quantité surprenante de rituels, on demandait aux souverains du Monde de commander aux « démons » et aux forces maléfiques qu'ils n'approchassent point des impétrants, ou qu'ils s'en retirassent avec les maux dont ils les avaient accablés. Cela s'appelle proprement l'Exorcisme.

Ainsi tenait-on d'autres moyens pour lutter contre les maladies : une autre médecine, non plus spécifique, mais, pour ainsi parler, « universelle », parce que son objet était l'expulsion du « mal de souffrance » comme tel. Elle n'était plus fondée sur l'empirisme, mais sur un véritable système de pensée, mythologique et, en somme, « théologique », de dépendance des dieux et de recours à leur puissance. Le spécialiste n'en était plus l'*asû*, mais un tout autre personnage, un « clerc » : l'exorciste. En akkadien, on l'appelait *âshipu*, quelque chose comme « conjurateur » (des maux), ou « purificateur » (des souillures censées avoir provoqué l'irruption desdits maux).

Si l'on veut voir officier l'exorciste, et percevoir, du coup, à quel point son comportement devant la maladie différait de celui de l'*asû*-médecin, voici, extraites d'un directoire *ad hoc*, les instructions qui lui étaient données en vue de procéder rituellement à l'expulsion d'une « maladie » dont le nom (*dimîtu*) ne nous dit plus rien et qui, d'ailleurs, dans la nosologie brumeuse et imprécise de ce temps, a chance de représenter toute une famille d'affections plutôt qu'un mal univoque.

1. Présentation de la maladie et rappel de ses origines : « La *dimîtu* est montée de l'Enfer [...] et les "démons" qui l'apportaient, tombant sur ce patient abandonné de son dieu-protecteur qu'il avait offensé, l'en ont enveloppé comme d'un manteau ! »

2. Description de l'état misérable où se trouve le malade, en vue d'apitoyer les dieux. « Son corps en est infecté ; il en a bras et jambes paralysés [...] ; sa poitrine s'épuise en quintes ; sa bouche est remplie de glaires, et le voici muet, déprimé et prostré ! »

3. L'origine surnaturelle du remède : soulignée, à la fois, pour en garantir l'efficacité et pour suggérer que, dans son application, l'officiant n'agira qu'au nom des grands maîtres divins de l'Exorcisme : Éa et Marduk. « Marduk, lorsqu'il l'a vu dans cet état, s'en est allé trouver son père Éa, lui a décrit la condition du malade et lui a dit : "J'ignore ce qu'a dû commettre cet homme pour se trouver ainsi affligé et je ne sais comment le guérir !" Mais Éa de répondre à son fils : "Tu connais tout ! Que pourrais-je t'apprendre, puisque tu en sais autant que moi ?" »

4. Le traitement, sous forme d'instructions d'Éa à

Marduk, de qui l'exorciste va jouer ici le rôle. « Voici donc ce qu'il faudra faire pour le guérir : "Tu prendras sept pains de farine grossière [?], et les réuniras par une attache en bronze [?]. Puis tu en frotteras cet homme, et le feras cracher sur les débris qui en tomberaient, en prononçant sur lui une "Formule de l'Éridu" [conjuration ou prière spéciale, réputée pour son efficacité], [le tout] après l'avoir emmené en la steppe, dans un lieu écarté, au pied d'un acacia sauvage. Tu confieras alors le mal qui l'a frappé [sous les espèces de la masse de pain dont il aura été frotté et des miettes tombées en cours de friction] à Ninedinna [la déesse-patronne de la steppe], afin que Ninkilim, le dieu-patron des menus rongeurs sauvages [qui hantent la même steppe], fasse prendre à ces derniers sa maladie" [en leur donnant à grignoter les restes comestibles en question]. »

5. Rite oral, en forme d'invocation terminale : « Que la divine guérisseuse Gula, capable de rendre la vie aux mourants, le rétablisse par l'attouchement de sa main ! Et toi, Marduk compatissant, pour qu'il soit tout à fait tiré de danger, prononce la Formule qui le libérera de sa peine ! »

Il ne s'agit donc pas d'une démarche laissée à l'initiative de l'opérateur, comme c'était le cas pour le médecin d'Asarhaddon, mais d'un véritable rituel fixé par avance et *ne varietur*, dans lequel l'exorciste n'a qu'à exécuter le cérémonial auto-efficace. Du reste, l'*âshipu* s'efface tout à fait devant les dieux qu'il représente : comme on le voit à l'adresse finale (5), les véritables guérisseurs, ce sont eux ! Le mal est ici considéré comme une réalité matérielle, apportée du dehors (« l'Enfer ») par les « démons » et déposée dans le corps du malade, lequel se trouvait exposé sans défense à un pareil danger par son dieu, qu'il avait offensé et qui le livrait de la sorte aux exécuteurs de sa vengeance (1). Pour chasser la maladie intruse, le traitement (4-5), dont la recette est attribuée au maître suprême de l'Exorcisme, Éa, inventeur de toutes les techniques, doit être appliqué, en la personne de l'exorciste, par le fils d'Éa, le grand Marduk (3) ; il est fondé sur la « loi » du contact et du transfert : de petits pains (sur lesquels se jetteront infailliblement les muridés de la steppe), au nombre « sacré » de 7 et réunis en une masse, sont frottés sur le corps du patient pour « prendre » son mal par ce contact intime. Conformément à une autre « loi », tout aussi fondamentale en Exorcisme et selon laquelle la répétition des paroles et des actes renforce leur efficacité, le malade, en « crachant » sur les miettes tombées en cours de brossage et recueillies avec soin, leur transmet également la maladie dont il souffre. L'opération se fait en dehors de l'espace socialisé, en pleine steppe, pour que le mal soit plus sûrement écarté, non seulement du patient, mais des autres hommes ; elle se déroule auprès d'un arbuste qui ne pousse qu'au désert et à qui l'on attribuait – nous ignorons pourquoi – une vertu « purificatrice ». On y abandonne le pain, désormais porteur du maléfice, et les bestioles sauvages qui le viendront dévorer, poussées par les divinités locales, feront ainsi passer en leur propre substance, l'emportant avec eux, la maladie « enlevée » au patient. Tel est le biais par lequel les dieux, invoqués à la fin (5), doivent « guérir » le malade.

Il nous reste ainsi une prodigieuse quantité d'« exorcismes » contre tous les maux et malheurs qui pouvaient survenir aux hommes, dans leur situation, leur cœur, leur esprit et leur corps. Ne relèvent à nos yeux de la thérapeutique exorcistique que ces deux dernières catégories, mais seul leur objet immédiat les distingue des autres. Toutes ces procédures sont construites sur le même schème essentiel ; y varient seulement, adaptés *toties quoties* à leur but particulier et leurs circonstances, les rites manuels et le contenu des « prières » conjointes, le recours à des « lois » différentes ainsi que les orviétans utilisés. Ils sont, comme en médecine, empruntés aux divers ordres de la nature, mais beaucoup moins diversifiés, en raison du nombre réduit de leurs « pouvoirs » exploitables (purification, expulsion, évacuation...). A la différence des « remèdes » médicaux, ils n'avaient, avec les maux qu'ils devaient chasser, qu'un rapport « mystique » et imaginaire – tel l'acacia sauvage cité plus haut ! Car on ne les prenait point pour des spécifiques, destinés à lutter, par leur vertu propre, contre les maladies, mais seulement pour des supports et renforts des prières adressées aux dieux afin de les décider à agir.

Dans la médecine exorcistique, seuls les dieux agissaient : l'exorciste ne faisait que les implorer en appliquant un rituel traditionnel et réputé capable de les influencer plus sûrement. Articulée sur des fictions, des mythes et des « forces » incontrôlables, c'était une thérapeutique proprement irrationnelle. Dans la médecine empirique, l'opérateur était le médecin-*asû* en personne, qui examinait le malade et décidait *hic et nunc* du traitement à appliquer, qu'il préparait de ses mains, choisissant les manipulations et les « simples » pour leur vertu naturelle, laquelle contribuait à freiner ou arrêter l'action ou le progrès du mal. Causes et effets s'y trouvaient donc proportionnés, et du même ordre : c'était une thérapeutique rationnelle.

Les origines des deux méthodes se perdent dans les ténèbres de la préhistoire. Mais, irréductibles l'une à l'autre par leur constitution et leur esprit mêmes, il serait inconsidéré de vouloir à tout prix que la première soit sortie de la seconde, ou *vice versa*, et qu'elle présente un progrès ou une régression. De fait, elles ont survécu, de compagnie, durant toute la longue histoire du pays : du début à la fin, on y voit s'évertuer côte à côte, et souvent au chevet des mêmes patients, exorcistes et médecins.

Prenons le souffreteux Asarhaddon, par exemple : nous l'avons vu se confier à son archiatre Urad-Nanâ ; mais il recourait en même temps aux exorcistes. De l'un d'eux, nommé Marduk-shâkin-shumi, il nous reste une trentaine de réponses aux consultations du roi. En voici une, contemporaine de la lettre d'Urad-Nanâ et apparemment relative à la même crise. On en appréciera la différence de ton et d'optique. « Bonne santé à Monseigneur le Roi ! Et que les dieux Nabû et Marduk le bénissent ! Monseigneur m'a donc informé que, des bras et des jambes, il se trouve sans forces, et incapable même d'ouvrir les yeux, tant il est mal en point et abattu. C'est l'effet de la fièvre, qui lui reste chevillée au corps. Mais il n'y a là rien de grave : les dieux Assur, Shamash, Nabû et Marduk pourvoiront à sa guérison..., sa maladie le quittera, et tout ira bien ! En vérité, il n'y a qu'à attendre ; et le Roi, avec son entourage, peut manger tout ce qu'il voudra ! » Par-delà ce bel optimisme, on doit entendre que Marduk-shâkin-shumi aura fait, entre-temps, ce qu'il faut – rituels et exorcismes – pour obtenir la faveur des dieux à l'égard de son royal patient, sans que celui-ci et ses familiers risquent de les indisposer en rompant quelque interdit alimentaire. Médecin et exorciste soignaient donc, simultanément, la même maladie et le même patient, chacun de son côté et avec ses méthodes.

Deux thérapeutiques.

Il arrivait que, le traitement de l'un s'avérant infructueux, on se retournât vers l'autre. Voici ce que prévoit un traité médical sur la « fièvre » : « Si le patient est pris, aux tempes, d'une douleur qui ne cède pas de la journée : c'est l'intervention d'un fantôme [qui en est la cause]. Quand l'exorciste aura fait son office [sans résultats, s'entend], toi [médecin], tu masseras le malade avec un onguent composé comme suit... » Naturellement l'esculape connaissait aussi des échecs, comme le laisse entrevoir une autre tablette : « En dépit de l'intervention du médecin, il y a eu rechute ! » Et l'on avait même prévu des recettes pour parer à des fiascos successifs : « Si le patient, tenu par un fantôme, n'a été calmé, ni par l'opération du médecin, ni par celle de l'exorciste, voici un remède à appliquer... » De tels insuccès n'ébranlaient nullement la confiance en ces deux thérapeutiques et leurs représentants : l'*asû* était faillible, comme tout le monde ; il pouvait – on l'a vu plus haut dans la lettre d'Urad-Nanâ – hésiter, voire se tromper. Quant aux exorcismes, les dieux restaient libres de ne pas écouter les prières qu'on leur adressait et nous connaissons des rituels de recours : « Pour les cas où les dieux auraient refusé » d'intervenir à la demande. Du côté des patients, ni la coexistence, ni les échecs des deux thérapeutiques n'étaient scandaleux : elles se complétaient, et l'on trouvait toujours d'excellentes raisons pour expliquer leurs faillites. Voilà pourquoi médecines empirique et exorcistique ont pu, sans révolution ni progrès fonciers appréciables, persister de conserve tant qu'a duré la civilisation du pays.

Elles se sont même plus ou moins « contaminées », avec le temps, si bien qu'il nous arrive de trouver, et de l'irrationnel exorcistique dans la médecine, et du rationnel médical dans la pratique des *âshipu*.

Par exemple, lorsque Urad-Nanâ, médecin, pour renforcer la vertu sudorifique de sa lotion, ou peut-être pour en atténuer les effets trop violents, expédie à son royal client Asarhaddon « des porte-amulettes à suspendre à son cou », il se conduit un peu comme un de nos praticiens qui, tout aussi confit en dévotion que son malade, conseillerait à ce dernier de porter une médaille miraculeuse. Ces pochettes, que l'on appelait *melû*, relevaient en effet des seuls exorcistes, lesquels les préparaient avec des peaux rituellement traitées et y enfermaient, à renfort de « prières » et dévotes manipulations, des talismans censés écarter les « forces maléfiques ».

Certaines maladies étaient couramment définies, non par des termes propres (*dimîtu, di'u*...) ou par des sortes de descriptions, comme « plaie avec écoulement », mais par le recours à des noms de divinités, de démons ou d'autres agents surnaturels maléfiques, qui les auraient déclenchées. On disait : « Intervention » ou « Saisie » « du dieu Shamash », « du dieu Sîn », « de la déesse Ishtar », « d'un démon-*râbisu* » ou « d'un fantôme ». Les exorcistes, à l'origine de telles fictions explicatives de l'état du patient, devaient les prendre au pied de la lettre, et sans doute en tenaient-ils compte pour choisir le traitement surnaturel à appliquer. Les médecins leur ont, çà et là, emprunté ces dénominations – comme on l'aura remarqué à l'« Intervention de fantôme », plus haut –, mais il y a chance que, dans leur esprit, elles n'aient guère été plus que des désignations d'états morbides ou de syndromes plus ou moins bien définis, éloquents à leurs yeux, même s'ils ne nous disent plus rien. Par exemple, l'« Intervention de fantôme » paraît avoir couramment défini un état pathologique intéressant plutôt ce que nous

appellerions « les nerfs », ou « le psychisme », que l'orga-
nisme proprement dit.

Un article digne qu'on s'y arrête un moment, c'est la
contagion. Dans une lettre écrite vers 1780 avant notre
ère, le roi de Mari, Zimri-Lim, en voyage, avertit en ces
termes son épouse demeurée sur place : « Il m'est revenu
que Dame Nanna, bien qu'atteinte d'une maladie purulente de la peau [mot à mot : "plaie avec écoulement"]
hante le Palais et y fréquente de nombreuses femmes.
Interdis rigoureusement à quiconque de s'asseoir sur sa
chaise ou de coucher en son lit. Elle ne doit plus frayer
avec toutes ces femmes : car sa maladie est contagieuse
[mot à mot : "se prend"]. » Et dans une seconde lettre,
dont il ne nous reste, hélas ! qu'un débris, le roi, parlant
apparemment de la même infortunée, ajoute que « de
nombreuses femmes risquant à cause d'elle de contracter
la maladie purulente en question, il faut l'isoler, dans une
pièce à part... ». Ces documents, sans doute le plus vieux
témoignage médical touchant la contagion, nous montrent qu'aux yeux des *médecins* – comme le suggèrent
texte et contexte – une maladie pouvait, par contact,
même indirect, avec le porteur, passer du sujet déjà
atteint à un autre. Dans un pays fréquemment ravagé,
depuis la nuit des temps – nous le savons –, par de
meurtrières épidémies, tirer cette leçon ne nécessitait pas
un génie surhumain. Il se trouve toutefois que les mêmes
considérations reparaissent en des contextes indubita-
blement exorcistiques. Par exemple, un grand directoire
appelé « *Combustion* » (*Shurpu*) renferme un long passage où l'on examine comment a pu venir au patient le
« porte-malheur » qui s'est attaché à lui, produisant des
ravages en son esprit, son cœur ou sa situation. Peut-être,
dit le texte, entre autres conjectures, son infortunée
victime l'avait-elle « pris » par contact médiat avec
quelqu'un déjà sous le coup du même agent maléfique,
soit pour « avoir couché dans son lit, s'être assis sur sa
chaise, avoir mangé en son écuelle ou bu dans son verre ».
Voilà donc la « contagion », phénomène d'abord et
essentiellement empirique, exploitée par l'Exorcisme. Sur

ce chapitre encore, il y a eu contamination très ancienne de celui-ci par la médecine.

Dernier reflet, mais non le moins significatif, de cette compénétration des deux thérapeutiques : parmi les ouvrages concernant les maladies, le plus remarquable – un véritable chef-d'œuvre si l'on tient compte qu'il a été composé, au plus tard, voici près de 35 siècles –, a été intitulé par son éditeur : *Traité de diagnostics et pronostics médicaux*. Distribué sur 40 tablettes, il devait faire, en son intégralité, quelque 5 000 ou 6 000 lignes de texte : il nous en reste la moitié. Construit sur le même modèle que les manuels de « Divination déductive », son propos était de rassembler tous les « signes » et « symptômes » morbides observés, pour en tirer des conclusions touchant la nature du mal qu'ils dénonçaient et son évolution. Nous reviendrons sur les tablettes I et II. De la IIIe à la XVe – la XVIe est perdue –, ces symptômes étaient classés avec soin dans un ordre qui passait en revue, de la tête aux pieds, toutes les parties du corps et prenait successivement en compte, à propos de chacune, toutes ses présentations médicalement significatives : coloration ; volume ; aspect ; température ; sensibilité ; présence de données adventices ; attitudes générales du malade en concomitance avec ces signes, etc.

Ainsi, à propos du nez : « Si du nez du malade coule du sang... ; Si le bout de son nez est humide... ; Si le bout de son nez est alternativement chaud et froid... ; Si le bout de son nez est jaune... ; Si le bout de son nez est marqué d'une éruption rouge... ; Si le bout de son nez est marqué d'une éruption blanche... ; Si le bout de son nez est marqué d'une éruption rouge et blanche... ; Si le bout de son nez est marqué d'une éruption noire... » et ainsi de suite. La tablette IX, par exemple, étudiant le visage, alignait de la sorte 79 observations ! Chacune était suivie de son diagnostic : « C'est telle maladie », et souvent de son pronostic : « Favorable » (mot à mot : « Il vivra »), ou « Fatal » (« Il mourra »), ou encore : « Il en a pour tant de jours avant de guérir » ou « de mourir »...

Les tablettes XVII à XXVI, sur le même modèle, réunissaient, non plus des « signes » pris isolément, mais des données sémiologiques concomitantes de diverses maladies en leur déclenchement et leur évolution. Nous n'avons plus rien des tablettes XXVII à XXXIV ; quant aux dernières, XXXV-XL, elles s'occupaient de la grossesse et de la pathologie des femmes enceintes et des nourrissons.

Ce qui frappe le lecteur de cet ouvrage, c'est sa dominante empirique : il est de toute évidence fondé sur des centaines d'observations, de « cas », dans la description desquels on a su écarter les traits accidentels pour ne garder que ce qui était médicalement significatif. Une telle curiosité, doublée d'un aussi grand souci de discernement, d'analyse, de mise ensemble et de rapprochement des données nosologiques, remonte probablement très haut dans le pays. Un court florilège divinatoire des environs du XVIIIe siècle avant notre ère nous présente, ainsi, un diagnostic de traumatisme crânien avec perte de conscience, formulé à partir d'une observation de strabisme bilatéral : « Si l'intéressé louche des deux yeux : c'est que son crâne a subi un choc ; et son raisonnement est dans le même état que son crâne » (autrement dit : « Il a l'esprit dérangé, détraqué »). Ce sont des analyses et des réflexions de ce genre qui ont fourni à notre *Traité* le plus grand nombre de ses propositions médicales. Par exemple : « Si, de la tête aux pieds, le malade est couvert de cloques rouges, alors que sa peau reste blême : il est sous le coup d'une maladie vénérienne » ; « Si son état est d'emblée si grave qu'il ne reconnaît même plus ses proches ; pronostic fatal » ; « S'il a le visage figé et tout le torse bloqué : c'est l'effet d'une attaque de paralysie ; pronostic fatal »... Voici décrites : une poussée de paludisme (qui semble attribuée – ou assimilée ? – à une insolation) : « Si, depuis le début, sa maladie est faite de crises rémittentes, au cours desquelles le malade présente alternativement des accès de fièvre, puis de frissons et de transpiration : après quoi, il éprouve dans tous ses membres une sensation de chaleur, puis se retrouve pris d'une aussi forte fièvre, laquelle cède ensuite la place à de nouveaux frissons et de nouvelles sueurs ; c'est une fièvre – *di'u* [le sens précis de ce mot nous échappe] intermittente, due à [?] un coup de soleil – il en a pour sept jours avant de se remettre » ; et une attaque d'épilepsie : « Si l'intéressé, en train de marcher, tombe tout à coup en avant, gardant alors ses yeux dilatés, sans les ramener à leur état normal, et s'il est en outre incapable de remuer bras et jambes : c'est une crise d'épilepsie qui lui commence... »

Une autre donnée du même ordre, médical, c'est la prudence et le réalisme empiriques des pronostics. Ces qualités éclatent d'autant mieux si l'on compare le présent *Traité* à d'autres, d'un champ voisin : ceux de « Divination déductive » physiognomonique, laquelle tirait ses prévisions des diverses présentations du visage et du corps des consultants. La plupart des prédictions qu'on y trouve, bien que fondées sur une « logique » particulière, sont, à nos yeux, tout à fait extravagantes par rapport aux symptômes dont on les tire, et l'avenir envisagé porte plus d'une fois sur des points distants d'une, deux, trois années, et davantage : « Il mourra dans les deux ans »... Notre *Traité*, lui, ne s'aventure jamais, dans sa prognose, au-delà du mois qui suit l'observation – délai médicalement plausible ; et, en bonne règle, ce qu'il prévoit est en rapports directs et admissibles avec les symptômes. Soit, par exemple, l'observation d'un « visage livide ». Le physiognomoniste en tire que « l'intéressé mourra sous l'effet de l'eau : ou bien des suites d'un Parjure ; ou alors, suivant une autre interprétation, il aura la vie longue ». Tandis que les médecins du *Traité* se contentent d'annoncer que le malade « mourra sous peu ». Devant son visage exsangue, n'est-il pas plus rationnel, plus « logique », de prévoir une défaillance funeste, par anémie, par hémorragie interne ou telle autre cause analogue, qu'un décès causé « par l'eau » (formule du reste ambiguë, sans doute volontairement), ou par l'action mystérieuse d'un Serment-violé, et encore moins une vie prolongée ?

222 *C'est ainsi qu'ils vivaient*

« Pourquoi moi ? »

Tant du côté de ses diagnostics que de ses pronostics, il y a donc dans le *Traité* un souci de vraisemblance, de vérité positive et constatable, dans le droit-fil d'un effort rationnel et, disons, médical, au sens propre du mot, d'analyse des données factuelles et de réflexion sur ce qu'on y peut découvrir dans une perspective nosologique. C'est un ouvrage de médecine.

Et pourtant, parmi tout ce bon sens, ces jugements rassis, cette compétence fiable, apparaissent, çà et là, des traits parfaitement irrationnels et droit venus de l'Exorcisme. Ne traînons pas sur les diagnostics assez fréquents du type « Intervention de tel dieu », « de tel démon », « de telle force maléfique » : il y a – comme on l'a avancé plus haut – des chances que, si leur mot à mot d'origine relève bien de la « mythologie », on les ait pris ici pour des formulations de syndromes nosologiques. En revanche, nous sommes en plein « système théologique du Mal » quand nous lisons : « Si l'intéressé est pris de douleurs au bassin : c'est une Intervention du dieu Shulak, parce qu'il avait couché avec sa sœur ; il traînera quelque temps, puis mourra » ; « Si ses tempes sont endolories et ses yeux voilés : c'est parce qu'il avait maudit son propre dieu, ou le dieu de sa ville »...

Mais c'est surtout par ses deux premières tablettes que le *Traité* paraît bel et bien plongé dans l'univers mythologique et irrationnel de l'Exorcisme. Dans ces tablettes, l'*âshipu*, et lui seul, est invité à prendre garde aux « signes » casuels qui se présenteraient à lui pendant qu'il fera route pour aller visiter le malade auprès duquel on l'a appelé : avant même d'avoir examiné le patient, il pourra déduire de ces signes aussi bien le diagnostic que le pronostic de sa maladie : « Si, en chemin, l'exorciste aperçoit un cochon rose : le malade chez qui il se rend fait de l'hydropisie » ; « S'il aperçoit un cochon noir : pronostic fatal ! »

Faute de manuscrits suffisants et dûment répartis dans le temps, l'histoire – vraisemblablement séculaire – de la composition d'un aussi complexe *Traité*, dans lequel sont

intervenues bien des mains et ont compté bien des siècles,
nous échappe. Sans doute nous expliquerait-elle comment on en est arrivé à chapeauter de tablettes si
manifestement conçues dans un esprit exorcistique un
ouvrage aussi franchement médical. Quoi qu'il en soit des
circonstances qui ont présidé à cette addition, il est clair
qu'on a voulu donner aux usagers du *Traité* une vision
des deux médecines en quelque sorte alliées.

Une pareille mise ensemble n'ayant, de toute évidence,
modifié en rien les caractéristiques essentielles de chacune, quelle pouvait être l'utilité de leur conjonction ?
Pour ma part, j'y vois deux avantages. Du premier, nous
avons déjà une idée : sur le plan thérapeutique, fondamental, après tout, on ne pouvait qu'encourager à appliquer, de concert, les deux techniques, multipliant ainsi les
chances de succès. C'était du reste l'usage, on l'a vu, et on
le cautionnait en accommodant ainsi le *Traité*.

Mais il y a peut-être à considérer un autre point, plus
capital encore : la médecine empirique, si elle fournissait
des remèdes, des programmes de soins, des chances de
guérison, non moins que des noms et des descriptions de
maladies, voire, après diagnose, des supputations touchant leur progrès, n'en mettait en avant que les causes
immédiates : « Il a subi un choc » ; « Il a pris ce mal en
couchant avec une femme » ; « Il est resté trop longtemps
au soleil »... Mais la médecine exorcistique allait beaucoup plus loin : systématisée et directement raccordée à la
perspective théocentrique, la seule universellement valable et éclairante dans ce pays et en ce temps, elle ratta-
chait donc la maladie, comme tout « mal de souffrance »,
non plus à sa seule cause prochaine, mais à ce qui
expliquait le déclenchement de cette dernière : la volonté
castigatrice des dieux. Par là, elle seule était en possession
de donner l'ultime pourquoi du mal : elle seule rassurait
complètement l'esprit. Je sais bien que, si je suis dans cet
état, c'est à la suite d'un choc, d'une fréquentation
douteuse, d'un coup de soleil : mais *pourquoi est-ce arrivé
à moi ?* Voilà la vraie question dernière qui tourmentait
– et qui tourmente toujours – les malades et les malheureux ! Certes, la réponse ne pouvait – et ne saurait encore

– qu'être *a priori* imaginaire, irrationnelle. Mais il faut croire que l'homme a véritablement besoin de telles réponses, définitives à ses yeux même s'il ne peut les contrôler et les démontrer.

De nos jours, à voir, d'un côté la persistance du sentiment religieux et de la croyance en un monde surnaturel, quel qu'il soit, et de l'autre, dans un tout autre sens, le succès de méthodes curatives délibérément irrationnelles, sinon saugrenues et ineptes, on se dira peut-être que, dans le fond, les choses n'ont pas tellement changé depuis l'antique Babylone...

Orientation bibliographique

Les chapitres concernant la Mésopotamie antique dans les histoires générales de la médecine, volontiers composés de seconde main par des médecins, sont généralement affligeants aux yeux des experts.

L'ouvrage du Dr Conteneau (médecin de formation, mais assyriologue de profession), *La Médecine en Assyrie et en Babylonie* (Paris, Maloine, 1938), diversement repris ensuite, est aujourd'hui largement dépassé, et dans sa documentation et dans sa vision générale.

R. Labat, assyriologue français (mort en 1974), a laissé quantité d'articles de grande valeur, notamment ceux, en allemand, sur diverses maladies, dans le *Reallexikon der Assyriologie* (en cours de publication, depuis 1928, chez Walter De Gruyter, à Berlin). Il n'a pas eu le temps d'écrire une large synthèse historique, mais ses exposés d'ensemble, par exemple « Médecine » et « Pharmacie » dans le *Dictionnaire archéologique des techniques* (II, p. 614 et 839 sq., Paris, Éd. de l'Accueil, 1964), sont magistraux. C'est lui qui, en 1951, avait reconstitué et publié (chez Brill, Leyde), avec de riches explications et une traduction en français, le texte fondamental du *Traité akkadien de diagnostics et pronostics médicaux*, cité dans le cours du présent article.

Le plus grand expert en médecine mésopotamienne est, à ce jour, l'assyriologue berlinois F. Köcher, qui poursuit, chez Walter De Gruyter, la publication du dossier complet de cette médecine : texte cunéiforme, apographié, suivant nos habitudes, des tablettes originales. Six gros volumes ont paru, d'autres vont suivre.

Touchant les problèmes posés par le Mal, la Magie et l'Exorcisme, on peut consulter, aux p. 56-64 du tome II du *Dictionnaire des mythologies* (Paris, Flammarion, 1981), « Mal (le problème du) : mythologie et "théologie" dans la civilisation mésopotamienne » (avec bibliographie) et, sur l'exorcisme en particulier, l'article « Magie », p. 200-234 (J. Bottéro), du *Real-lexikon der Assyriologie*. Cf. aussi *Mythes et Rites de Babylone*, Paris, Champion, 1985. (p. 29-64 : « Les exorcismes complémentaires » ; p. 65-112 : « Le *Manuel de l'Exorciste* » ; et p. 163-219 : « Une grande liturgie exorcistique »).

L'astrologie est née en Mésopotamie

Jean Bottéro

Surtout depuis que l'on s'en va examiner sur place, ou pas loin, ces énormes sphères astrales, il est devenu vraiment difficile d'y voir autre chose que de formidables masses lithiques lancées chacune sur sa trajectoire infaillible, et les murailles de l'astrologie se fissurent de grosses lézardes...

Obtempérant au sage Aristote, selon qui les choses ne se connaissent et ne se comprennent vraiment que dans la mesure où on les regarde naître et grandir, nous pourrions aussi bien, à moindres frais, nous rendre nous-mêmes « sur place » : en remontant le temps, par les chemins plus discrets de l'histoire, pour voir de près comment on en a pu venir, un jour, à imputer une telle ingérence dans notre vie à ces énormes globes morts, fixés comme des lampes à la voûte céleste, pour y étinceler sans fin, sans fin y rayonner splendeur, chaleur et lumière, mais qui, examinés de sang-froid, n'ont en somme rien d'autre à faire que d'arpenter, là-haut, infatigablement, leur mélancolique ronde éternelle.

Lorsque, ouvrant mon journal, je me soucie de mon « horoscope », que cette feuille prend soin de me proposer chaque jour, et que je m'attends ferme à ce qu'on m'y promet, de bon ou de défavorable, j'admets implicitement (sinon, ma foi en l'astrologie ne serait qu'une vague superstition enfantine) deux ou trois postulats. D'abord, que les astres exercent sur la Terre, et en particulier sur les hommes, une action combinée, en rapport avec leur nature à chacun, leur pouvoir et leur position, et que nous pouvons donc connaître à l'avance, compte tenu de ces données. Ensuite, qu'une telle action se fait si forte au moment où nous entrons dans l'existence, qu'elle fixe d'emblée, irrévocablement, notre trajectoire et notre destin. Ainsi Auguste Bouché-Leclercq résumait-il, il y a près d'un siècle, dans son ouvrage magistral, la doctrine de *L'Astrologie grecque.* Car, tout le monde le sait, notre astrologie nous est venue des « Grecs » : de ceux des temps hellénistiques, après le prodigieux brassement, déclenché par Alexandre le Grand (vers 330 av. J.-C.), entre la Grèce et l'Orient.

Or, il se trouve que les « Grecs » eux-mêmes, ils nous l'ont assez dit, étaient conscients de l'avoir reçue d'ailleurs, et plus précisément de la vénérable Mésopotamie et de l'antique Babylone. C'est en effet de là qu'autour de 300 av. J.-C. était parti Bérose, si c'est bien lui, un « prêtre babylonien de Bêl », « s'installer dans l'île et la ville de Cos, pour y enseigner, tout le premier, cette discipline ». Aussi, longtemps encore, désignera-t-on ses successeurs, les astrologues, comme « les Chaldéens », autant dire « les Babyloniens », puisque les deux termes étaient devenus synonymes.

En 1899, lorsque Bouché-Leclercq publiait son grand livre, l'assyriologie était encore dans les langes, et ses rares adeptes commençaient à peine l'exploration des trésors documentaires tout frais sortis du vieux sol de l'Iraq et dont le flot montait – il monte toujours, Dieu merci ! – au gré des campagnes de fouilles. Sur la persuasion que le système reçu par les Grecs préexistait donc chez les Babyloniens, le grand historien malmenait plus ou moins, çà et là, le mot à mot de l'encore petit nombre de documents cunéiformes de contenu astrologique, pour les cadrer à toute force dans le moule traditionnel hellénistique. Il avait tort. Nous le savons, aujourd'hui qu'avec un recul séculaire et en possession d'un prodigieux dossier authentique, nous ne sommes pas seulement entrés bien plus avant dans le labyrinthe de cette antique et grandiose civilisation, mais nous en avons beaucoup mieux percé quelques secrets : celui de l'astrologie, entre autres, dont il est clair comme le jour qu'elle s'y trouve profondément enracinée et qu'elle n'a pu naître, telle, nulle part ailleurs.

En voici le tableau schématique. Il est assez loin de ce qu'en ont fait ces Grecs, à vocation (comme ils s'en prévalaient, le plus souvent à bon droit) d'« améliorer constamment, à la fin, ce qu'ils avaient d'abord emprunté aux Barbares », et qui, en l'occurrence, l'ont systématisé tout autrement, lui conférant cette signification, cette valeur et cet usage particuliers qui nous sont toujours familiers – tout aussi fabuleux, au bout du compte, même s'ils en imposent encore plus ou moins à bien de nos contemporains.

Encore très modestes, les premiers textes cunéiformes connus qui nous documentent sur l'astrologie mésopotamienne, sont des alentours du XVIIIe siècle : elle s'y présente déjà enracinée dans les représentations et les pratiques religieuses locales, qui ne cesseront jamais de l'animer. Au risque de sembler, d'abord, tourner autour du pot, c'est par ce biais qu'il faut l'attaquer, si l'on veut véritablement la comprendre.

Les anciens Mésopotamiens, qui voyaient l'univers comme une immense boule creuse, en deux hémisphères emboîtés : l'En-haut, le Ciel, et l'En-bas, l'« Enfer », coupée, au plan diamétral, par la vaste nappe de la Mer, au milieu de laquelle émergeait la Terre, ne pouvant pas admettre qu'une aussi énorme et compliquée machine fonctionnât parfaitement toute seule, avaient imaginé, pour en tirer les ficelles et la régir correctement, toute une population surnaturelle. Ces divinités, ils se les représentaient sur leur propre modèle, sublimé, toutefois, à l'extrême : bien plus puissantes, bien plus intelligentes, et douées d'une vie sans fin.

Comme les hommes, les dieux étaient regroupés en familles coordonnées en une société unique, aussi monarchisée que celle d'ici-bas : gouvernée par un dieu souverain unique, lequel déléguait à ses divers sujets les pouvoirs nécessaires pour s'occuper au mieux chacun de son propre secteur, tant de la nature que de la culture. L'un avait la haute main sur la Région montagneuse, l'autre sur le Désert et la Steppe ; un autre sur le Régime

des cours d'eau, un autre sur le District maritime ; tel
commandait à la grande Agriculture céréalière, et tel à ce
qui constituait l'autre « mamelle » de l'économie locale :
l'Élevage du menu-bétail ; il y avait un dieu patron des
Bêtes sauvages, un dieu du Feu, un dieu de la Bière, un
dieu de la Guerre, et même une déesse de l'Amour
physique ; et ainsi de suite. Les astres, qui hantaient les
régions d'En-haut, avaient de même chacun sa divinité
pilote : le Soleil, la Lune, les Planètes, les Étoiles fixes, les
Constellations, non moins que les Météores, également
« aériens » : Vents, Pluies, Orages, Tempêtes. Même si
une vision naïve pouvait aisément identifier ces dieux aux
objets de leur autorité et de leur sollicitude, ils ne s'y
confondaient pas le moins du monde : ils s'y dissimu-
laient, un peu comme un moteur au fond de la machine
qu'il met en mouvement ; ce n'était que leur domaine
d'animation, « créé » et organisé par eux.

Les hommes avaient été « inventés » et fabriqués par
les dieux, précisément pour tirer, par leur travail, parti
des ressources naturelles et en produire les biens de
consommation et d'usage : nourriture, boisson, lingerie,
mobilier, édifices, d'abord à l'avantage de leurs maîtres
d'En-haut et, subsidiairement, au leur propre. Une
pareille relation d'employeurs à employés avait pour
conséquence que, peu soucieux de freiner ou de stopper
le rendement de leur personnel, les dieux ne trouvaient
pas le moindre intérêt à l'affliger sans raison de maux et
d'ennuis paralysateurs.

Certes, les hommes étaient tenus de leur obéir, c'est-
à-dire de se conformer aux infinies obligations et prohibitions hétéroclites qui quadrillaient leur existence et que
l'on imaginait toutes également décidées et promulguées
par les maîtres du monde. Ceux-ci, comme les rois
d'ici-bas châtient fauteurs de troubles et récalcitrants à
l'ordre public, devaient punir leurs sujets qui, au mépris
de leurs volontés, se révoltaient ainsi et « péchaient »
contre eux. Ils recouraient dans ce but à d'autres entités
surnaturelles, d'un bien moindre calibre, qu'on leur avait
prêtées pour exécuteurs et « gendarmes » : à l'ordre des
dieux, ces « démons » infligeaient aux coupables mala-

dies, malheurs, calamités et tracas de toute sorte qui assombrissent la vie.

Une longue tradition d'écoles divinatoires.

Toutefois, bons princes et pas du tout sadiques, les dieux étaient censés offrir aux hommes, de deux côtés principalement, le remède en même temps que le mal, pour mérité qu'il fût.

D'une part, devant le « châtiment », présent et menaçant, ils se montraient exorables : ils avaient eux-mêmes préparé, à l'usage des malheureux, des procédures d'*exorcisme*, faites d'un entrelacement de prières et de gestes plus ou moins expressifs, qui avaient chance d'incliner les Juges suprêmes à les gracier, en donnant ordre à leurs démoniaques sbires de suspendre la peine, pour rendre aux condamnés la joie de vivre en même temps que la pleine capacité de se vouer totalement à leur tâche.

Mais ils pouvaient aussi dispenser aux hommes leur bienveillant secours par un tout autre biais, en leur révélant d'avance le sort qu'ils leur avaient assigné, leur « destin » à venir : mauvais, ils sauraient s'en garder à temps en recourant aux exorcismes ; favorable, c'était pour eux un réconfort, un encouragement. Cet avenir, les dieux le dévoilaient par la Divination.

Comme bien d'autres peuples, en particulier de leurs proches parents sémites, les Mésopotamiens admettaient que l'avenir pût leur être manifesté par un discours immédiat : une « révélation » des dieux, ceux-ci la procurant à un individu quelconque, soit en songe, soit en vision, ou par telle autre intervention surnaturelle. C'est ce que nous appelons la *divination « inspirée »*. Toutefois, pour connu et admis qu'il fût dans le pays, ce procédé de communication purement passive semble l'avoir cédé devant un tout autre type de découverte du futur par les dieux, fort original et strictement propre à cette vieille civilisation savante et ingénieuse : la *divination « déductive »*. Elle se prenait, elle, non pas, comme l'autre, sur le modèle du discours *oral*, de bouche à oreille, mais du message *écrit* : communiqué par le moyen de graphismes, qu'on devait lire pour le recevoir.

Il est indispensable de rappeler ici une donnée capitale, qui a profondément marqué la mentalité et l'optique des vieux Mésopotamiens, à savoir que leurs ancêtres, autour de 3000, avaient inventé et mis au point, peut-être l'écriture tout court, du moins la leur propre, la première apparue dans un monde qui l'ignorait complètement.

Dans son état natif, cette écriture a fonctionné d'abord par « pictogrammes » : croquis schématisés d'objets divers, à chacun desquels on attachait toute une constellation sémantique. Par exemple, la silhouette du « pied » humain pouvait désigner, au choix et selon les contextes, tout comportement, mouvement ou attitude où cette extrémité se trouvait impliquée (station debout ; déplacement local ; marche ; progrès ; port ou transport), et le schéma de l'« étoile », tout ce qui se trouvait « en-haut » : supérieur, sublime, dominateur, divin. Les perfectionnements ultérieurs d'un tel système lui ont toujours préservé sa capacité radicale et première de désigner ainsi des choses réelles par des choses, dessinées et formées, certes, mais, aux yeux de ces gens, pas moins réelles.

La divination « déductive » se fondait donc sur la conviction que, pareils encore en cela aux souverains de la Terre, les dieux pouvaient librement communiquer aux intéressés les décisions qu'ils avaient prises à leur endroit, et qu'ils le faisaient plus volontiers par écrit. Car les choses qu'ils formaient, qu'ils faisaient venir à l'être, dans leur gouvernement quotidien du monde, tout comme les dessins imprimés par les scribes sur les tablettes d'argile qui servaient alors de « papier », constituaient autant de pictogrammes significatifs : la création tout entière se présentait, aux yeux des antiques Mésopotamiens, comme une immense page d'écriture divine. Lorsque tout y était régulier, de routine, sans rien qui accrochât le regard, ses « écrivains » surnaturels n'avaient donc rien à signaler à leurs lecteurs, les hommes. Pour peu qu'ils eussent à leur communiquer une décision particulière prise à leur endroit, ils s'arrangeaient pour produire quelque phénomène insolite, singulier, inattendu, monstrueux : un mouton à six pattes ; une puissante averse hors la saison des pluies ; un rouquin, ou un blond, dans ce pays de « têtes noires » ; un cheval cherchant à saillir un bœuf ; la disposition particulière des entrailles d'un animal sacrifié – que sais-je encore...

Une telle singularité, non seulement retenait d'emblée l'attention des spectateurs, mais, par sa présentation même, constituait la pictographie du message des dieux, qu'il suffisait de déchiffrer et de lire, suivant le code propre à cette « écriture divine », analogue à celui des cunéiformes qui en avaient donné l'idée. Parfois, le codage en était assez transparent, et il l'est même encore à nos yeux : ainsi l'étreinte tentée, et de toute façon stérile, d'un cheval cherchant à couvrir un bœuf, laissait prévoir une baisse de croît du bétail ; et qui perdait son sceau, substitut juridique de sa personne, devait s'attendre à la disparition de cet autre remplaçant de lui-même qu'était son fils... Une pareille transparence n'était pourtant pas courante ; aussi l'intelligence de tous les « écrits » divins dans la marche des choses se trouvait-elle réservée à un corps de spécialistes, de « devins », formés par de longues études et capables de déchiffrer ainsi à l'homme de la rue tous les phénomènes divinatoires : tous les *présages*, tirant et « déduisant » de leur présentation les portions d'avenir : les *oracles*, que les dieux y avaient pictographiés à leur manière.

Pour faciliter le travail de ces devins, et surtout pour leur en apprendre casuistiquement les règles, une longue tradition d'« écoles » divinatoires, au travail dès le dernier tiers du IIIe millénaire, au plus tard, avait patiemment recueilli tous les « présages » imaginables : tous les objets et événements singuliers, inattendus, bizarres et anormaux, que l'on avait classés et munis chacun de l'« oracle » à y décrypter, le tout rassemblé en d'interminables listes, dont chacune, spécifiée par son objet et ordonnée au gré de ses présentations classées, composait un véritable « traité ». Ces ouvrages – dont il nous reste des milliers de tablettes – couvraient tous les ordres de la nature, puisque, répétons-le, formée et « écrite » par les dieux, la création entière était grosse de leurs messages.

C'est ici qu'après un détour aussi indispensable qu'il pouvait paraître loin du sujet nous retrouvons, pour le coup dans sa pleine intelligibilité, l'astrologie de la Mésopotamie antique.

Depuis toujours, sous leur ciel d'Orient quasi perpétuellement limpide, où tous ces joyaux d'or étincelaient de tous leurs feux des nuits entières, ces gens avaient été fascinés par les astres, dont ils avaient, des siècles et des siècles, observé, enregistré et étudié sans répit les présentations et les rythmes. Non seulement la multitude des étoiles fixes et de leurs constellations, dont ils ont fini, au Ier millénaire avant notre ère, par tirer une séquence zodiacale, mais les grands lampadaires du Jour et de la Nuit, le Soleil, la Lune, la Lune surtout, qui commandait à leur calendrier ; et les Planètes, enfin : Vénus, qu'ils appelaient *Ishtar*, du nom de la déesse patronne de l'Amour ; Jupiter : « L'Astre-blanc » ; Mercure : « Le Mouflon » ; Mars : « L'Enflammé » (?) et Saturne : « Le Constant », dont ils pouvaient prévoir sans faute levers, cheminements, absences et éclipses. Il n'est pas étonnant qu'ils y aient vu les pictogrammes les plus éclatants, dessinés, là-haut, par les dieux pour publier leurs décisions.

Préparée par un travail séculaire, mais dont nous n'avons récupéré autant dire rien, à ce jour, l'astrologie commence donc d'affleurer autour de 1800 av. J.-C. ; mais quelques siècles lui suffisent pour prendre un essor qui ne fera que croître jusqu'au bout. Elle nous est connue avant tout par les restes d'un ample « traité », compilé à partir de la moitié du IIe millénaire, plusieurs fois remanié et augmenté, avec foison de variantes, d'extraits et de commentaires explicatifs, et dont la plus récente version à nous parvenue, de la première moitié du Ier millénaire, était distribuée sur 70 tablettes, au moins, ce qui devait donner, au bas mot, une dizaine de milliers de présages, munis chacun, selon la règle, de son « déchiffrement » oraculaire.

Précédés d'une sorte d'introduction en vers pour souligner que les astres n'avaient pas été créés par les dieux seulement pour définir et régler l'ordre du temps, mais aussi pour que l'on y trouve, en les « observant », des communications d'en-haut, ces présages étaient distribués en 4 « chapitres » d'inégale importance. D'abord ceux apportés par la Lune (que l'on appelait *Sîn*), premier des corps astraux en importance et en dévotion dans le pays : les phénomènes singuliers ou inattendus observables à son lever, sa croissance, son décroît, sa disparition, le dernier jour du mois ; les diverses présentations de sa lumière, de son disque, de son croissant ; sa situation vis-à-vis des autres astres ; ses éclipses... Une vingtaine de tablettes lui étaient consacrées.

Venait alors la section, un peu moins fournie, qui examinait les situations du Soleil, *Shamash*, comme on le nommait. Les deux dernières parties sont, au moins à nos yeux, assez mal délimitées et inégalement détaillées : une douzaine de tablettes, sous le nom d'*Adad*, dieu patron des précipitations et météores divers, pour recenser les phénomènes tournant autour de ces derniers ; et les 20 dernières, au nom de la déesse de la planète Vénus : *Ishtar*, pour traiter surtout des planètes, mais aussi des étoiles fixes, isolées ou en constellations.

De cet ouvrage imposant, nous n'avons encore retrouvé que des portions, assez copieuses, mais interrompues, et certaines, mutilées et obscures. En voici quelques extraits, pris çà et là, pour donner au moins une idée de la présentation et du mécanisme de cette astrologie :

« Si la Lune, à son lever, se montre en partie offusquée, la pointe droite de son croissant écornée, mais l'autre effilée et parfaitement discernable : pendant trois ans l'activité économique du pays stagnera.

« Si le premier jour du mois de Teshrît [septembre-octobre], la Lune, à son lever, est enveloppée d'un halo : les ennemis du Sud-Est [les Élamites] passeront à l'attaque.

« Si, au mois de Nisan [mars-avril, le premier de l'année mésopotamienne], il se produit une éclipse de Soleil : cette même année, le roi mourra.

« Si, au cours d'un orage, le tonnerre retentit onze fois : une épizootie frappera le cheptel.

« Si, le 15 du mois de Shabat [janvier-février], la

planète Vénus, après avoir disparu à l'est et être démeurée trois jours invisible, reparaît le 18 à l'ouest : fort débit des sources ; pluies abondantes ; beaucoup d'eau dans les rivières ; un roi enverra à un autre un message de réconciliation... »

Sans épiloguer davantage sur les *présages*, qui relèvent, en somme, d'une certaine astronomie, la qualité des *oracles* astrologiques est du plus haut intérêt. On trouve ainsi des promesses de Sécheresse ; de Récoltes insuffisantes ou gâtées ; de Famines plus ou moins cruelles ; de Maladies et Désastres parmi le bétail ; de Crises économiques, avec Renchérissement des denrées ; d'Épidémies plus ou moins meurtrières ; d'Avortements multipliés ét de Calamités diverses ; d'Incursions ennemies ; de Prises de villes ou de territoires appartenant au pays ; de Défaites militaires ; de Pillages ou Ruines d'édifices publics ; de Révoltes de l'armée ou de Soulèvements de la population ; de Haines intestines et de Massacres mutuels, dans le royaume ; de « Perte du sens civique » et de Mauvaise volonté générale ; de Querelles dynastiques ; de Maladies ou Mort du souverain, et cent autres malheurs et infortunes publiques. Mais, de l'autre côté, quantité de Chances, de Réussites, de Bonheurs tombant sur la population et son roi : Abondance de biens et de denrées de toute sorte ; Économie florissante ; Bonne entente et Soumission au pouvoir ; Stabilité du trône ; Promesse de naissances nombreuses et sans danger ; Victoires et Conquêtes sur les ennemis, écrasés et vaincus... La mise ensemble de ces chances et de ces malchances composerait un beau tableau réaliste, voire pittoresque, de la vie du pays au jour le jour, dans ses hauts et ses bas fluctuants.

Car, on l'aura remarqué, dans ces oracles, positifs ou négatifs, il n'est jamais question que du « pays », de la « population » et de son « roi », unique chef et responsable, et dont la bonne ou mauvaise fortune se répercutait obligatoirement sur l'ensemble de ses sujets. Lorsque est mise en avant, çà et là, quelque personnalité discernable, il s'agit toujours, ou d'un proche du roi – sa femme, ou son fils aîné et dauphin, notamment ; ou d'un haut fonctionnaire, rouage important du mécanisme politique. A la différence de la plupart des autres secteurs de la divination « déductive », dont messages et avertissements concernaient la destinée de tout un chacun, ceux de l'astrologie, en Mésopotamie, sans doute à cause de leur publicité même, affichés qu'ils étaient, aux yeux de tous, sur le gigantesque écran qui servait de coupole au monde, ne portaient d'abord régulièrement que sur le bien public.

Les astrologues des derniers grands rois d'Assyrie.

De ce fait, un peu comme ce que nous appelons le « renseignement », l'astrologie constituait bel et bien un moyen de gouvernement : pour prendre au mieux ses décisions, le pouvoir devait à toute force s'informer de l'avenir, chercher à savoir ce qui se préparait, dans le pays ou à ses portes. Voilà pourquoi, au cours du premier tiers du Ier millénaire avant J.-C., période que la chance nous a plus généreusement éclairée par la retrouvaille d'un riche dossier palatial, concernant surtout les deux derniers grands rois d'Assyrie – Asarhaddon : 680-669, et Assurbanipal : 668-627 –, ces derniers ont pris grand soin de multiplier et d'entretenir, un peu partout dans le pays, quantité d'informateurs, astrologues de métier, qui, chacun de son observatoire, scrutaient le ciel et transmettaient au Palais – lequel les interrogeait fréquemment, sur des problèmes précis – le résultat de leurs examens, souvent agrémenté de leur déchiffrement de ces « signes », et lui-même en bonne règle soumis, pour contrôle, à d'autres professionnels. Dans les quelque 5 000 pièces récupérées de la correspondance de ce temps, on peut glaner des témoignages sans nombre de cette activité astrologique centrée sur le Gouvernement et sur le Roi. On y retrouve au vif tout le fonctionnement des astrologues, en même temps que l'étrange poids accordé à leurs informations, discussions et décisions.

« Sa Majesté m'ayant donné ordre d'observer les mouvements des astres et de Lui communiquer tout ce qui s'y passe, j'ai grand soin de Lui rapporter, notamment, tout ce qui m'y paraît favorable, de bon augure et prometteur de bien pour Sa Majesté.

« Soleil et Lune ont été vus distinctement à part le 13 de ce mois : il n'y aura donc pas d'éclipse. Tel est mon ferme jugement, que je communique à Sa Majesté.

« Le 14 de ce mois-ci, se produira une éclipse de Lune. Elle annonce du mal pour nos voisins, du Sud-Est ou du Nord-Ouest, mais elle est de bon augure pour Sa Majesté. Sa Majesté peut donc être rassurée. Du reste, j'avais déjà prévu et promis cette éclipse depuis le moment où est apparue la planète Vénus.

« Sa Majesté m'a posé la question de savoir comment interpréter le fait que Mars ait rétrogradé, soit sorti de la constellation du Scorpion, pour y rentrer ensuite. Je réponds que ce présage signifie : Attention ! Sous peine de malheur, Sa Majesté ne doit point, sans précautions [exorcistiques], quitter la Ville par la Grand-Porte. Cette interprétation ne se trouve pas consignée dans le *Traité d'astrologie* : elle provient de la tradition orale des maîtres astrologues. D'autre part, lorsque Mars, rétrogradant de même, a quitté la constellation du Lion pour entrer dans celle du Cancer ou des Gémeaux, il faut s'attendre à la fin du règne de quelque roi occidental. Cela non plus ne figure pas dans le Traité... »

Il ne manque même pas au tableau des échos de ces disputes entre spécialistes, chacun – suivant une tradition aujourd'hui toujours respectée – taxant son contradicteur d'incompétence ou de sottise : « Touchant la planète Vénus, Sa Majesté m'a fait savoir qu'on Lui en avait annoncé l'apparition. A quoi je réponds que seul un ignorant a pu parler ainsi. Non ! Vénus n'est pas présentement visible : ce soir, c'est Mercure qu'on voit, fort bien et non pas Vénus ! Quiconque a annoncé le contraire à Sa Majesté, celui-là, je le répète, ne sait pas reconnaître Mercure de Vénus !... »

C'est, à n'en pas douter, un tel rôle officiel, un tel poids gouvernemental et politique, en accord avec le caractère avant tout collectif des messages qu'elle devait fournir, qui aura conféré à l'astrologie mésopotamienne une célébrité et une importance uniques, lui donnant, dans le pays même, le pas sur les autres secteurs de la divination « déductive », dont certains avaient été développés et largement en usage bien auparavant : dès le début du IIe millénaire avant notre ère – en particulier l'aruspicine et l'hépatoscopie, analyse des entrailles et du foie des animaux sacrifiés. Ainsi s'est-elle chargée d'une réputation et d'une popularité qui, une fois exportées hors de sa terre natale, devaient favoriser son extraordinaire crédit dans le monde hellénistique.

Il faut cependant ajouter ici que, dès avant cette diffusion, et dans sa patrie même, elle s'était enrichie d'un avantage supplémentaire et qui devait grandement ajouter à sa vogue, en étendant de la collectivité aux individus la valeur des messages divins qu'elle était censée transmettre.

Quelques données propres à la divination « déductive » pouvaient incliner dans ce sens. Tout d'abord, si par leur qualité « privée », certains présages semblaient voués à ne découvrir que des destinées individuelles (tels ceux tirés des particularités du physique, du caractère ou des songes), la plupart cumulaient fréquemment leurs oracles « publics » avec des prédictions d'ordre privé. Ainsi la naissance de quadruplés, deux garçons, deux filles, se déchiffrait-elle : « Ravages causés par l'ennemi et tristes temps pour le pays ; d'autre part, ruine de la maison de l'intéressé. » Ce qui a pu inciter les devins à rechercher *partout* une lecture individuelle, même dans les présages astraux. De fait, encore timide, une telle ouverture se révèle à la présence – exceptionnelle, il est vrai – dans le *Traité d'astrologie* de quelques oracles du type : « Cet homme est promis à la mort », ou : « malade, il ne guérira pas », ou même : « une nourrice abandonnera son nourrisson à la rue ».

D'un autre côté, on connaissait une discipline divinatoire dont les « pictogrammes » étaient pris de la rencontre casuelle d'un tournant de la vie d'un homme avec un segment du temps : un mois, en l'occurrence ; et, parmi ces moments décisifs, figurait sa naissance : né au cours du premier mois de l'année (Nisan), il était destiné à « dissiper sa maison paternelle » ; au second mois (Ayar), à « mourir prématurément » ;... au septième : « à prospérer » ; et ainsi de suite. Or, ces mois, en définitive, c'étaient bel et bien les astres qui les commandaient. Il y avait donc un biais par où l'astrologie pouvait intervenir dans le destin privé.

Ces lignes convergentes nous expliquent qu'elle ait fini – quand, comment et par quelles étapes : nous n'en savons rien – par déboucher sur ce que l'on appelle la généthlialogie : la prévision de l'avenir personnel à partir des circonstances astrales de la naissance – non plus du seul mois où elle se produisait, mais du tableau céleste, de la position des divers astres au moment où il arrivait en ce monde. Le plus ancien de ces « horoscopes », antécédant de plus de deux siècles les premiers spécimens hellénistiques connus, est daté de 410 avant notre ère. En voici la traduction, pour autant que l'autorise l'état médiocre de la tablette :

« Au mois de Nisan, la nuit du 14 [?], est né Untel [le nom a disparu dans une cassure de l'argile], fils de Shuma-usur [?], petit-fils de Nadin-shumi [?], de la famille de Dêkê. La Lune se trouvait alors sous une des pinces du Scorpion ; Jupiter dans le signe zodiacal des Poissons ; Vénus dans celui du Taureau ; Saturne dans celui du Cancer, et Mars dans celui des Gémeaux ; Mercure n'était pas encore visible... Tout ira bien pour toi. »

Voilà donc une configuration astrale relevée au moment de la naissance d'un particulier et qui, décryptée suivant les règles du code astrologique, fournissait du moins la ligne générale de l'avenir du nouveau-né, dans les mêmes conditions que les oracles du « traité » communiquaient le « destin » du souverain du pays. Qu'une telle pratique y ait été courante, l'existence d'un certain nombre de documents analogues, un peu plus récents (autour de l'an 250 notamment), le démontre. Ainsi donc, assez tôt dans la seconde moitié du Iᵉʳ millénaire, l'astrologie mésopotamienne était devenue un mécanisme divinatoire *complet* : propre à faire connaître l'avenir aussi bien privé que public. Elle était dès lors prête à passer au monde hellénistique, et Bérose (?) aura eu bon nez de s'en aller la lui prêcher.

Expliquer par quelles étapes, après l'avoir reçue, l'hellénisme l'a modifiée, ne serait pas seulement fastidieux et alambiqué, mais hors de mon propos et de ma compétence. Il est à mes yeux beaucoup plus important de souligner *dans quel sens* il l'a ainsi transformée : c'est à savoir en présentant tout autrement les astres qui y jouaient le rôle central. Comme le résumait plus haut Bouché-Leclercq, selon notre astrologie classique, ce sont *eux* qui, *par eux-mêmes*, exercent une action efficace sur nous ; cette action est commandée par *la propre nature de chacun*, reconnue différente des autres ; et moyennant une telle influence, l'avenir qu'ils nous fixent au moment où nous arrivons ici-bas, est *irrévocable* : nous pouvons seulement le connaître. Un pouvoir aussi exorbitant ne leur était imputable que dans la mesure où *tous* : Soleil, Lune et Planètes, notamment, avaient été *divinisés*, et doués, de la sorte, d'une capacité de décision absolue et sans appel.

Un tel système pouvait, certes, garder la texture générale de celui de Babylone, qui lui avait donné naissance : mais un abîme les séparait dans leur signification profonde. Aux yeux des Mésopotamiens, non seulement les astres, sans changer jamais de nature, n'étaient ni plus ni moins que les *instruments* des dieux : composant, par leur aspect et leur situation, les pictogrammes de leurs écrits, ils ne jouaient le rôle que de *truchement de leurs volontés* ; mais ces décisions qu'ils notifiaient, de la sorte, comparables à celles des souverains et des juges d'ici-bas, ne représentaient que le résultat d'une délibération *hic et nunc*, et n'étaient donc jamais, de soi, absolues et définitives : leurs auteurs, les dieux, dûment implorés, selon les rites *ad hoc* d'exorcisme, pouvaient toujours les rapporter, « changeant [comme on disait] en favorable un avenir défavorable ». Le déterminisme absolu de l'astrologie classique était éloigné par diamètre de son modèle originel babylonien.

D'un système génuinement et « logiquement » *divinatoire*, enraciné dans la vieille culture mésopotamienne, les Grecs, en le transposant dans leur propre vision du monde, ont fait quelque chose d'*ontologique* – modification fondamentale. Même si l'une ni l'autre de ces présentations ne résiste à l'examen, encore moins quand on les a vues naître et grandir ; même si elles sont toutes deux également chimériques, on ne m'empêchera pourtant pas de trouver la plus ancienne plus humaine, plus imaginative, plus souple, plus ouverte à l'espérance et à l'incertitude indispensables à notre vie, plus éloignée de ce funeste et, si l'on y pense, terrifiant fatalisme, qui nous condamnerait, en bonne logique, à demeurer à jamais impassibles, les bras le long du corps.

Orientation bibliographique

Sur la divination mésopotamienne, cf. le chapitre « Symptômes, signes, écritures », p. 70-199, de J.-P. Vernant..., *Divination et Rationalité*, Paris, Éd. du Seuil, 1974.

Pour l'astrologie grecque, l'ouvrage d'A. Bouché-Leclercq, *L'Astrologie grecque*, Paris, 1899, reste fondamental.

Le jugement du dieu-Fleuve en Mésopotamie

Bertrand Lafont

« Étrange et poignante, l'ordalie choque notre raison », écrivait Dominique Barthélemy dans l'article qu'il a consacré au « Jugement de Dieu au Moyen Age » (dans *L'Histoire*, nᵒ 99, p. 30). Illustrant ce propos, miniatures et peintures médiévales nous montrent des inculpés serrant dans leur main des fers rougis au feu, ou plongeant nus dans l'eau glacée, pieds et mains liés, pour que leur culpabilité puisse être établie ou écartée.

Faire appel au surnaturel pour décider de la culpabilité ou de l'innocence d'un individu est un trait commun à de très nombreuses religions et aires de civilisation. Mais l'ordalie proprement dite (du vieil anglais *ordal*, allemand *Urteil*, « jugement ») n'est pas une simple épreuve physique, dont l'issue victorieuse permet d'innocenter un inculpé. Plus profondément, elle apporte la preuve – irréfutable et irrationnelle – que tel crime a, ou n'a pas, été commis par quelqu'un.

Les origines de l'ordalie remontent très loin dans le temps, et la recherche de ses traces les plus anciennes nous emmène, à près de 5 000 ans de distance, dans la vallée du Tigre et de l'Euphrate.

Ce qui donne son unité à la civilisation qui s'est épanouie en ces lieux pendant 3 000 ans, jusqu'aux derniers siècles avant l'ère chrétienne, c'est l'emploi de l'écriture cunéiforme. « Inventée » par les Sumériens vers 3000 av. J.-C., reprise un millénaire plus tard, et pour 2 000 autres années, par les Sémites (Akkadiens, Babyloniens, Assyriens), cette écriture a permis de transcrire, dans toute leur richesse, de nombreux traits politiques, religieux, économiques, culturels et sociaux, propres à l'ancienne Mésopotamie.

Deux de ces traits retiennent particulièrement l'attention : tout d'abord l'importance accordée très tôt au droit et à la justice. Les preuves que nous en avons sont d'abord les « Codes » (tel celui du roi Hammurabi de Babylone, vers 1750 av. J.-C.) qui, dès l'époque sumérienne, révèlent une volonté et une capacité de systématisation juridique ; ensuite, les tablettes cunéiformes, qui contiennent des contrats, des protocoles, des minutes de procès, etc. Toute cette documentation témoigne d'une pensée juridique empreinte d'empirisme, et d'une vision fort concrète du droit et de la justice. Seconde caractéristique de cette civilisation : la façon très particulière qu'elle a eue d'exprimer sa grande religiosité. Les anciens Mésopotamiens imaginaient que la société divine, organisée à l'image de la leur, régissait le cours des choses, et ils ont inventé quantité de procédures oraculaires et « magiques » pour tenter de connaître les décisions des dieux et parvenir à les infléchir en leur faveur.

C'est dans ce contexte qu'est rapidement apparu un principe élémentaire, mais fondamental, de procédure judiciaire : on ne peut condamner quelqu'un sans preuve, et une démonstration, même irrationnelle, de la culpabilité, est nécessaire pour condamner un criminel.

Le mode probatoire irrationnel le plus fréquent dans la documentation cunéiforme est la prestation de serment. Il s'agit bien là d'une forme d'ordalie : on jure par la divinité qu'on dit la vérité. L'objet de ce serment solennel est d'écarter le mensonge par crainte du parjure et de ses conséquences. Cette forme de justification, qui n'engage pas seulement devant les hommes mais aussi devant les dieux, a traversé les âges. On la retrouve aujourd'hui dans les prétoires américains, où c'est sur la Bible que l'inculpé jure de dire « toute la vérité, rien que la vérité ». Ce serment systématique et banalisé a, bien entendu, fini par perdre beaucoup de sa portée.

L'épreuve de l'ordalie, quant à elle, était beaucoup plus solennelle et spectaculaire ; elle était aussi plus exceptionnelle. Dans l'ancienne Mésopotamie, il s'agissait de soumettre l'accusé, dont on voulait prouver la culpabilité ou l'innocence, à l'action d'un cours d'eau, la « rivière divine ». Dans cette contrée, véritablement créée par le Tigre, l'Euphrate et leurs affluents, l'eau courante avait un caractère sacré, et les cours d'eau étaient considérés comme des divinités.

Les textes cunéiformes qui font référence à ce type d'ordalie par le fleuve datent, pour les plus anciens, de l'époque sumérienne (vers 2300 av. J.-C.) et, pour les plus récents, des derniers siècles avant l'ère chrétienne. Il s'agit, tout d'abord, des divers « codes » de lois, qu'ils soient sumériens (comme celui d'Ur-Nammu, roi d'Ur, vers 2050 av. J.-C.), babyloniens (comme celui du roi Hammurabi, vers 1750 av. J.-C.) ou assyriens (lois médio-assyriennes de la fin du XIIᵉ siècle av. J.-C.). Ainsi, le paragraphe 132 du Code de Hammurabi : « Si l'épouse d'un homme a été montrée du doigt à cause d'un autre homme, sans toutefois qu'elle ait été surprise avec lui, pour son mari, elle devra plonger dans le Fleuve-divin. » Ou encore, le deuxième paragraphe du même Code : « Si quelqu'un a imputé à un homme des manœuvres de sorcellerie, mais sans pouvoir l'en convaincre, celui à qui les manœuvres de sorcellerie ont été imputées ira au Fleuve-divin et il plongera dans le Fleuve. Si le Fleuve s'empare de lui, son accusateur emportera sa maison. Mais si le Fleuve innocente cet homme et qu'il en sort sain et sauf, celui qui lui avait imputé des manœuvres de sorcellerie sera tué, et celui qui a plongé dans le Fleuve emportera la maison de son accusateur. »

La sorcellerie et l'adultère.

D'emblée, ces extraits du Code de Hammurabi révèlent les deux types d'accusation caractéristiques du recours à l'ordalie : elles concernent la sorcellerie et l'adultère. Des fautes qui sont d'ailleurs également typiques de l'emploi de l'ordalie en notre Moyen Age, sans doute parce que, en dehors du flagrant délit, il s'agit d'infractions particulièrement difficiles à prouver. Et c'est encore pour ces types de délit qu'est prescrite l'ordalie dans les recueils de lois sumériens et assyriens. On verra cependant plus loin qu'il existe d'autres catégories de fautes ou litiges qui pouvaient amener les magistrats à en appeler au jugement du dieu-Fleuve.

Autre caractéristique qui apparaît immédiatement à la lecture de ces deux paragraphes : contrairement à nos règles modernes où l'accusateur doit établir la preuve de la culpabilité, c'est ici l'accusé qui, soumis à l'épreuve de l'ordalie, doit faire la preuve de son innocence. La lecture du deuxième paragraphe du Code de Hammurabi montre, en outre, que, selon un principe de réciprocité fréquent dans l'ancien droit proche-oriental, lorsque le Fleuve innocente l'inculpé, l'accusateur subit la peine qu'aurait subie l'accusé coupable (en l'espèce, la peine de mort).

Ces « codes » de lois de l'ancienne Mésopotamie ne permettent cependant pas de se faire une idée précise de la procédure ordalique. Comment se déroulait l'épreuve ? En quel lieu ? Dans quelles circonstances ? En quoi consistait-elle exactement ? Pour le savoir, il faut recourir à ces « textes de la pratique » que sont les rapports administratifs, lettres publiques ou privées, pièces de procédure, etc., que nous ont légués, par plusieurs dizaines de milliers et pendant 3 000 ans, les anciens habitants de ces contrées.

Malheureusement, jusqu'à une date très récente, nous ne disposions que de quelques dizaines de textes évoquant des cas d'ordalie ; et ceux-ci ne faisaient que mentionner, pour telle ou telle affaire, la décision de recourir au « Fleuve-divin », sans jamais décrire précisément les modalités de l'épreuve. Un seul document était plus explicite. Il ne s'agit pourtant pas d'une pièce juridique, mais d'un morceau « littéraire », composé au VIe siècle avant notre ère, à la gloire du roi Nabuchodonosor II de Babylone (604-562 av. J.-C.). Le texte exalte le sens aigu de la justice de ce souverain et l'illustre de quelques exemples. L'un d'entre eux retrace le déroulement d'une ordalie.

Un homme en a accusé un autre de meurtre, mais sans apporter la preuve de ses allégations. Le roi ordonne alors le recours à l'ordalie. Elle a lieu sur les bords de l'Euphrate, en amont de la ville de Sippar, non loin de Babylone. La procédure commence un soir, solennellement, au cours d'une veillée rituelle. Le lendemain matin, au petit jour, se déroule l'épreuve proprement dite, au cours de laquelle le coupable coule à pic dans le fleuve. Son corps disparaît ; pendant une demi-journée, on le cherche en vain. Cette disparition provoque l'irritation du roi, qui ordonne la poursuite des recherches.

Ainsi, continue le texte, « le cœur plein d'inquiétude [...], des envoyés battirent le terrain, mais sans apercevoir l'homme en question ; ils passèrent sur l'autre rive du fleuve, déambulèrent en rase campagne, mais comme personne ne l'avait plus vu, on ne put leur répondre. Surveillants des ponts et sentinelles parcoururent le fleuve, d'une rive à l'autre, examinant les bords : en vain ! Puis, sur le point de midi, son cadavre remonta du fleuve : il était meurtri à la tête et du sang coulait de sa bouche, de ses oreilles et de ses narines ; en outre, son crâne était brûlant, comme exposé au feu, et son corps était plein d'hématomes. Lorsque les gens le virent, ils exprimèrent leur crainte, et le pays tout entier demeura frappé de terreur. Ennemis, méchants et révoltés prirent alors le large ».

Le caractère apologétique de ce texte est évident. Il s'agit d'exalter l'infaillibilité de la justice divine et la grandeur du roi : le coupable est puni, le peuple pénétré de crainte, et les méchants disparaissent du pays. Mais le texte insiste surtout sur ce qui s'est passé *après* l'épreuve. Il est intéressant de noter l'inquiétude avec laquelle on a recherché le corps : la preuve de la culpabilité, apportée de façon irréfutable lorsque l'homme a coulé à pic, ne doit pas être confondue avec la sanction. Visiblement, l'issue de cette affaire n'avait pas été prévue, et l'on voit comment le rédacteur du texte la « récupère » pour montrer comment cette sanction a finalement été infligée par le dieu-Fleuve lui-même et les effets qu'elle a produits.

Aujourd'hui, grâce aux archives cunéiformes de la ville de Mari[1] – elles remontent à plus de 1 000 ans avant le règne de Nabuchodonosor II –, nous pouvons, pour la première fois, suivre avec précision le déroulement des ordalies. Un récent volume des *Archives royales de Mari* (*ARM* XXVI), dont le cinquième chapitre du premier tome est entièrement consacré à cette question, présente en effet une dizaine de nouveaux textes très instructifs. Ce sont des récits d'épreuves ordaliques rapportées par des témoins directs. Il s'agit de lettres envoyées au roi de Mari Zimri-Lim (1775-1760 av. J.-C.) par plusieurs de ses « serviteurs », gouverneurs des provinces et autres grands commis du royaume, dont l'une des tâches essentielles était de tenir le souverain informé de tout événement survenant dans le cadre de leur juridiction.

Ce n'est sans doute pas un hasard si l'auteur de la plupart de ces lettres est un dénommé Meptûm, l'un des gouverneurs de la province de Hanat, au sud de Mari. C'est en effet dans cette province qu'était située, au bord de l'Euphrate, la ville de Hît, qui semble avoir été le lieu même où se déroulaient toutes les ordalies. Le nom de cette ville s'écrit comme celui du dieu-Fleuve (même idéogramme). Hît était donc par excellence la « Ville-de-la-Rivière-Ordalique ». Et les textes montrent qu'on y venait de fort loin afin que puisse être rendu le « jugement divin », ce qui a poussé Jean-Marie Durand, éditeur des nouveaux documents d'*ARM* XXVI, à considérer que la coutume et le rituel ordaliques ont pu prendre naissance en ce lieu précis. Dès lors, tous les textes mésopotamiens qui nous parlent de ces gens qui « vont » à l'ordalie attesteraient, par là même, leur déplacement jusqu'à la ville de Hît.

Ces textes soulignent tous le caractère liturgique et cérémoniel de la procédure ordalique. Comme le récit de Nabuchodonosor, ils mentionnent un rite de vigile qui se déroule la veille au soir. L'accusé prononce des formules rituelles et se fait verser de l'eau sur les mains. Puis, juste avant l'épreuve, on procède solennellement et devant témoins à l'énoncé des faits, qui consiste à préciser avec minutie les motifs qui font recourir à l'ordalie.

Ensuite a lieu l'épreuve proprement dite, avec deux aspects essentiels, que mettent en lumière les textes de Mari. D'une part, ce n'est pas toujours l'inculpé lui-même qui est soumis à l'épreuve : il est souvent remplacé par un tiers. Dans certaines affaires, l'existence de véritables « équipes de plongée » est même attestée : elles jouent le rôle de champions de la cause à défendre. D'autre part, on constate qu'il ne suffisait pas de plonger dans le fleuve et d'en ressortir vivant. Il fallait en outre accomplir une véritable performance physique, comme le montre l'exemple de ces serviteurs qui, pour établir les droits de leurs maîtres, durent « soulever une meule et lui faire franchir le fleuve ».

Ces deux traits (substitution et épreuve « sportive ») trouvent une parfaite illustration dans une des lettres de Meptûm au roi Zimri-Lim (*ARM* xxvi, 249). Elle concerne une affaire de revendication territoriale, opposant deux « vassaux » du roi de Mari, Shubram et Hâya-Sûmû[2] : « Au roi mon seigneur, lettre de Meptûm, ton serviteur. En ce qui concerne les gens qui devaient "plonger" pour Hâya-Sûmû [...], pour commencer, on a fait plonger une femme, et elle est ressortie. Après elle, on a fait plonger un vieux ; en nageant sur une distance de 80 coudées "au cœur du dieu", il a réussi et il est ressorti. Après lui, on a fait descendre une seconde femme et elle est ressortie. Après elle, une troisième femme : le Fleuve l'a "épousée". Étant donné que le vieux n'avait prouvé ses droits que sur une longueur de 80 coudées et que le Fleuve a "épousé" la troisième femme, les gens de Hâya-Sûmû ont refusé que les trois dernières femmes soient soumises à la plongée. Ils ont convenu : "Ville et terre ne sont pas nôtres." Et le vieux, tombant aux pieds des gens de Shubram, a dit : "Les femmes qui restent, ne les faites pas plonger, de peur qu'elles ne meurent !" »

Ainsi, pour que puissent être reconnus les droits de Hâya-Sûmû sur une cité et son territoire (il s'agit donc ici d'un cas de droit civil et non de droit pénal), il avait sans doute été convenu qu'une équipe de six femmes et un vieil homme devrait plonger dans le fleuve et réussir, l'un après l'autre sans exception, une épreuve particulière, qui consistait à nager sous l'eau (« au cœur du dieu ») sur une certaine distance. De telles conventions préalables, où les conditions de l'épreuve sont déterminées par un accord entre les parties, apparaissent dans plusieurs documents. Mais ici, l'équipe échoue : alors que les deux premières femmes ont réussi l'épreuve, l'homme âgé ne parvient à franchir qu'une partie (environ 40 mètres) de la distance prévue, et une troisième femme se noie (elle est « épousée » par le dieu). Et l'épreuve s'arrête à la demande des survivants de l'équipe, qui reconnaissent leur échec.

On pourra bien sûr se demander pourquoi l'équipe de Hâya-Sûmû était composée de femmes et d'un vieillard. Les contemporains auraient dû s'aviser que le dieu prêtait souvent main-forte aux plus sportifs. Faute d'informations complémentaires, il est difficile de répondre à cette question, mais l'une des solutions proposées dans *ARM* XXVI est que Hâya-Sûmû était sans doute si sûr de son bon droit qu'il avait pu lancer un défi du genre : « Même un vieillard et des femmes peuvent défendre notre cause. » D'autres explications sont cependant possibles, d'autant que l'on ne sait pas quels critères exacts présidaient au choix des champions.

La fin de la même lettre de Meptûm relate une autre affaire d'ordalie, qui concerne cette fois l'une des servantes de la reine du pays de Zalmaqqum (région du nord-ouest de la Mésopotamie), épouse du roi Yarkab-Addu. Meptûm raconte pourquoi l'on a eu ici recours au dieu-Fleuve : « Voici les termes selon lesquels nous lui avons fait accomplir sa plongée : "Ta maîtresse a-t-elle fait de la sorcellerie contre Yarkab-Addu son seigneur ? A-t-elle trahi les secrets du palais ? Un autre a-t-il ouvert l'entrejambe de ta maîtresse ? Ta maîtresse a-t-elle fauté envers son seigneur ?" Voilà les questions à propos desquelles on l'a fait plonger. Le Fleuve l'a épousée ; elle n'est pas remontée. »

Telles sont, en effet, les trois accusations majeures que l'on peut porter contre une femme, toutes très typiques du recours à l'ordalie : la sorcellerie, la trahison politique et l'adultère. Ces attaques contre la reine sont ici cumulées et laissent deviner un réquisitoire accablant. Sans doute avait-on envie de se débarrasser de cette femme et l'avait-on « chargée » au maximum. Il est difficile de préciser le contenu exact de l'accusation de sorcellerie,

qui arrive ici en tête des trois griefs faits à la reine et qui
semble donc être le plus grave. Le roi Yarkab-Addu
était-il tombé malade ou avait-il perdu une guerre ? Nous
ne pouvons pas le savoir.

Une autre lettre de Meptûm au roi de Mari (*ARM*
XXVI, 253) permet de mieux comprendre ce que de telles
accusations pouvaient signifier. Il s'agit de l'affaire d'une
fillette, nommée Mârat-Ishtar, accusée d'avoir ensorcelé
un jeune garçon, Hammî-Epuh, à l'alimentation duquel
elle devait sans doute subvenir. Se substituant à sa fille,
selon un principe que nous avons déjà rencontré, c'est la
mère de Mârat-Ishtar qui doit affronter l'épreuve du
fleuve. Meptûm raconte le serment que prononce cette
mère pour innocenter sa fille, et l'issue tragique de
l'épreuve pour les deux femmes :

« Voici ce qu'on a fait dire à la femme : "Je jure que ma
fille Mârat-Ishtar n'a pas fait d'ensorcellement contre
Hammî-Epuh, fils de Dâdiya. Celle-ci [Mârat-Ishtar], ni
à la porte ni ailleurs, n'a donné du bois ensorcelé, ni n'en
a fait manger à Hammî-Epuh, fils de Dâdiya, que ce soit
dans le pain, la nourriture, la bière ou quoi que ce soit
d'autre." Après qu'on lui eut fait tenir ces propos, elle est
tombée à l'intérieur du dieu et elle est morte. Elle n'a pas
prouvé ses dires. L'enfant se trouve libéré de l'ensorcellement. »

Ce que l'on reprochait donc à Mârat-Ishtar, c'était
d'avoir procédé à des sortilèges sur du bois livré au jeune
Hammî-Epuh, pour qu'il puisse préparer lui-même sa
nourriture. Et c'est sans doute en faisant brûler ce bois
que le garçon avait, pensait-on, déchaîné les maléfices, les
puissances mauvaises s'étant alors emparées de ce qu'il
mangeait et l'ayant rendu malade. On remarquera qu'ici
l'action divine ne se limite pas à démasquer le coupable
et à le punir ; elle finit aussi par libérer la victime de son
mal.

Dans l'ensemble de ce dossier de textes sur l'ordalie, on
pourrait aborder également tout ce qui semble relever
parfois de la « manipulation » de l'épreuve par les juges.
Car s'il est clair que cette procédure était employée pour
sauvegarder certains principes juridiques, il n'en est pas

moins vrai qu'une grande marge de manœuvre semble avoir pu exister dans la façon d'en apprécier les conditions d'exécution et les résultats. A lire ainsi le témoignage de Meptûm sur la reine du Zalmaqqum, comment ne pas penser qu'elle était condamnée d'avance, et sa servante avec elle ? Il faudrait aussi étudier plusieurs cas recensés, où les inculpés refusent d'aller se soumettre à l'épreuve du fleuve, ce qui revenait à avouer leur culpabilité et à encourir la peine de mort. Était-ce par peur de la divinité ? Ou par crainte de l'épreuve physique ?

Finalement, on peut s'interroger sur le sens profond de l'ordalie en Mésopotamie. Pour toutes les affaires trop obscures pour eux, les anciens habitants de ces régions renvoient toujours, on l'a dit, au pouvoir supérieur des dieux. L'appel au tribunal divin, en l'occurrence au dieu-Fleuve, vient pallier l'incapacité des juges d'ici-bas à décider du bon droit, de l'innocence ou de la culpabilité. L'ordalie est donc un instrument exceptionnel de procédure au service de la justice.

Mais l'ordalie n'est pas que cela, et certaines études ont bien montré qu'une vision purement juridique de l'ordalie serait insuffisante. En véritable historien des mentalités, Jean Bottéro, par exemple, a essayé de la replacer dans son contexte idéologique. Il a notamment donné une explication « exorcistique » de l'ordalie par le Fleuve : l'eau courante de la rivière divine permet de localiser le mal, de le connaître, avant d'agir sur lui et de le faire disparaître en profondeur. L'ordalie mésopotamienne se rapproche aussi de la divination. L'une et l'autre participent d'une même conviction dans le pouvoir supérieur des dieux devant les ignorances et les impuissances humaines. Les dieux savent, et peuvent communiquer aux hommes ce qu'ils savent par des songes, des présages ou d'autres signes qu'il faut alors solliciter et déchiffrer. Il suffit pour cela de mettre en œuvre les paroles et les gestes adéquats.

Aussi faut-il se garder de réduire à un même schéma toutes les formes d'ordalie attestées à travers les siècles. Pour la Mésopotamie, tout n'est pas encore dit. Il reste certainement encore d'autres éléments qui permettraient d'expliquer mieux pourquoi et comment les Anciens avaient recours au dieu-Fleuve. Un récit de l'époque néo-assyrienne (VIIe siècle av. J.-C.) raconte, par exemple, que deux personnes, accusées d'avoir enfreint un tabou, ont refusé de se soumettre à l'ordalie. On leur reprochait d'avoir donné à leur fils le nom du souverain régnant ou d'un prince royal. Une telle accusation ainsi que la décision de recourir à la rivière divine ne laissent pas de poser bien des questions...

Notes

1. Mari était l'ancienne capitale du Moyen-Euphrate. (Cf. déjà p. 170.)

2. C'est le même Hâya-Sûmû qui a épousé deux des filles de Zimri-Lim (cf. p. 174).

Orientation bibliographique

J. Bottéro, « L'ordalie en Mésopotamie ancienne », *Annales de l'École normale supérieure de Pise,* Classe de lettres et de philosophie, série III, vol. XI-4, 1981.

–, *Mésopotamie. L'écriture, la raison et les dieux*, Paris, Gallimard, 1987.

G. Cardascia, « L'ordalie par le fleuve dans les "lois assyriennes" », *Mélanges offerts à W. Eilers*, Wiesbaden, Harrassowitz, 1967.

J.-M. Durand, D. Charpin, F. Joannès, S. Lackenbacher et B. Lafont, *Archives royales de Mari,* XXVI, Paris, Éd. Recherche sur les civilisations, 1989.

P. Garelli, *Le Proche-Orient asiatique*, Paris, PUF, « Nouvelle Clio », 1969 et 1974 (2 vol.).

D. Barthélemy, « Moyen Age : le jugement de Dieu », *L'Histoire,* nᵒ 99, p. 30.

3

Ce qu'ils nous ont légué

Le plus vieux récit
du Déluge

Jean Bottéro

Depuis cent cinquante ans, on a remis au jour, dans ces pays qui composaient le cadre géographique, politique et culturel des anciens Israélites, auteurs de la Bible, non seulement des cités, des palais et des temples, mais les reliques de hautes civilisations et une masse imposante de documents écrits, et déchiffrables. La part du lion en revient aux antiques habitants de l'Iraq moderne : Sumériens, Babyloniens et Assyriens, inventeurs de la plus vieille écriture connue, vers 3000 avant notre ère – 17 siècles avant Moïse – : un demi-million de ces plaquettes d'argile sur lesquelles ils imprimaient au calame leurs lourds et insolites cunéiformes. Et, parmi ces gigantesques archives, des centaines d'œuvres historiques, littéraires, « scientifiques », religieuses, décryptées et étudiées par l'exiguë et quasi secrète corporation des assyriologues.

Pour qui sait se poser des questions, le problème est de savoir si, devant une aussi prodigieuse documentation nouvelle que ces historiens continuent d'arracher à leurs grimoires, on peut lire la Bible « comme avant », lorsqu'on la prenait pour le plus vieux livre du monde, le seul qui nous éclairât les premiers âges de l'homme.

C'est pour « prouver le mouvement en marchant » et répondre à cette question, non par un aphorisme, mais par une démonstration et comme un exercice de méthode, que j'ai choisi ce thème tant connu, tant discuté, et peut-être encore tant énigmatique du Déluge.

Assurbanipal.

Isolé, inattendu, plein de détails précis et animés, inséré dans un livre qui passait pour préserver les plus vieilles archives de l'histoire du monde, le récit biblique du Déluge (Genèse VI-VIII), comme tant d'autres du même fonds, a été longtemps tenu pour la relation d'une aventure tout ce qu'il y a de plus historique. Il faut croire que plus d'un le pense encore, si l'on en juge au bruit fait, il y a quelques années, par une expédition « scientifique » partie rechercher, sur un pic arménien, les reste présumés de l'Arche fameuse à laquelle s'étaient confiés Noé et sa ménagerie.

Pourtant, ce récit n'est ni de première main, ni rattachable à un « témoin oculaire » quel qu'il fût. On pouvait s'en douter ; on le sait aujourd'hui, et voici même plus d'un siècle que les assyriologues ont commencé de nous en administrer la preuve. C'est, en effet, le 2 décembre 1872 que G. Smith, l'un des premiers d'entre eux à avoir entrepris déchiffrement et inventaire des milliers de tablettes cunéiformes de la bibliothèque d'Assurbanipal[1] retrouvées à Ninive, annonça y avoir découvert une narration trop exactement superposable à celle de la Bible pour que l'on imputât au hasard leurs coïncidences. Ce récit, en quelque 200 vers, le plus complet qui nous ait été conservé à ce jour en Mésopotamie, formait le « Chant XI » de la célèbre *Épopée de Gilgamesh*[2] : ce dernier, en quête de l'immortalité et venu, jusqu'au bout du monde, interroger le héros du Déluge, apprenait de lui comment s'était, jadis, déroulé ce cataclysme.

Certes, l'édition de l'*Épopée de Gilgamesh* attestée en la bibliothèque d'Assurbanipal et datée, comme ce souverain, des environs de 650 avant notre ère, ne pouvait, par elle-même, être antérieure à ce que les historiens ont de bonnes raisons de tenir pour la plus ancienne couche narrative de la Bible et qu'ils appellent « le document yahwiste » (VIIIe siècle) – encore que l'on voie mal des écrivains et des penseurs de l'altière, éclatante et formidable Babylonie s'en aller mendier leurs thèmes chez les Israélites...

Un siècle de découvertes parmi les inépuisables trésors des tablettes cunéiformes nous a du moins permis d'y voir plus clair. Nous savons à présent que si l'*Épopée de Gilgamesh* a derrière elle une fort longue histoire littéraire, qui remonte bien au-delà des temps bibliques, jusque vers 2000, au moins, le récit du Déluge n'en faisait point partie d'emblée : on l'y a inséré plus tard, en le reprenant d'une autre pièce littéraire où il avait sa place organique : le *Poème du Supersage* (*Atrahasîs*).

Le *Poème du Supersage* est une œuvre longtemps mal connue (par quelques fragments épars), mais dont une série de trouvailles heureuses nous a restitué, depuis quelques années, les deux tiers : environ 800 vers, plus qu'il n'en faut pour en comprendre le sens et la portée. Nos plus vieux manuscrits sont des alentours de 1700 avant notre ère, et le poème a dû être composé peu avant, en Babylonie. Il ne contient pas seulement « le plus vieux récit du Déluge », qui nous permet de nous faire une meilleure idée de ce phénomène tel que l'ont « vu » et pensé ceux qui l'ont fait intervenir dans leurs écrits, c'est aussi une composition assez admirable, tant pour le style que pour la pensée, une de ces œuvres littéraires archaïques qui, par leur tenue, leur largeur de vues et leur souffle, méritent le plus qu'on les fasse connaître.

Elle commence au temps où l'homme n'existait pas encore. Seuls les dieux occupaient l'univers, distribués, selon la bipartition fondamentale dans l'économie du temps et du cru, entre producteurs et consommateurs : pour fournir à l'« aristocratie » des « Anunnaki » de quoi vivre, une « classe » inférieure, les « Igigi », travaillait les champs : « Leur besogne était considérable, / Lourde leur peine et sans fin leur tourment ! », d'autant, semble-t-il, qu'ils n'étaient pas en nombre suffisant. Excédés, au bout du compte, ils lancent donc ce que nous appellerions le premier mouvement de grève, « Jetant au feu leur outillage, / Brûlant leurs bêches, / Incendiant leurs hottes » et partant même, en pleine nuit, « cerner le palais » de leur employeur et souverain, Enlil, qu'ils se proposent, en leur fureur, de détrôner. Voilà le corps des « Anunnaki » en grand remue-ménage et souci : comment subsistera-t-on si personne ne veut plus produire de quoi vivre ? On réunit une assemblée plénière, et Enlil se fait fort de réduire les révoltés à merci. Mais ceux-ci se proclament décidés à tenir jusqu'au bout : leur travail est trop insupportable, et ils sont prêts à tout pour ne pas le reprendre. Déconfit, Enlil envisage alors d'abdiquer – désordre encore plus redoutable puisqu'il introduirait en la société divine anarchie et décomposition.

C'est alors qu'intervient Éa, celui qui, parmi les plus grands dieux, ne représente pas, comme Enlil, l'autorité et la « poigne », mais, conseiller et « vizir » d'Enlil, il incarne la lucidité, l'intelligence, la ruse, la faculté d'adaptation et d'invention, la maîtrise des techniques. Pour remplacer les « Igigi » récalcitrants, Éa propose de mettre au point un succédané, calculé « Pour supporter le travail imposé par Enlil, / Et assumer la corvée des dieux » : ce sera l'homme.

Ce n'est pas une idée en l'air : Éa en a tiré un plan subtil et précis, qu'il expose. L'homme sera fait d'argile – matière omniprésente dans le pays –, cette terre à laquelle il devra retourner à sa mort. Mais, pour garder quelque chose de ceux qu'il lui faudra remplacer et servir, sa glaise sera humectée du sang d'un dieu de second rang, immolé pour la circonstance. L'assemblée applaudit un projet aussi avantageux et savant, et l'on en confie l'exécution, sous les directives d'Éa, à « la sage-femme des dieux : Mammi-l'Experte ». Elle met au point le prototype, qu'elle fait ensuite réaliser par autant de déesses-mères, en 14 exemplaires : 7 mâles et 7 femelles, les premiers « parents » de l'humanité.

Les trois fléaux.

Mammi-l'Experte accomplit son office à la perfection, et tout prospère, tant et si bien que, « les populations s'étant multipliées à l'extrême » et « leur rumeur devenue pareille au meuglement des bœufs », les dieux en sont importunés dans leur vie paisible et insouciante, jusqu'à « en perdre le sommeil ». Pour mettre fin à ce tapage, Enlil, impétueux et porté aux solutions extrêmes, prend sur lui de décimer les hommes par l'Épidémie. Mais Éa, réfléchi et conscient du risque d'une trop grande réduction du nombre des hommes, qui serait catastrophique pour les dieux, avertit Atrahasîs, le Supersage – surnom d'un haut personnage d'ici-bas, qui a sa confiance et qui jouit d'une grande autorité sur la population humaine. Éa lui indique comment cette dernière pourra éliminer le fléau : il lui suffira de détourner toutes les offrandes alimentaires sur le seul Namtar, divinité de l'Épidémie meurtrière, et les dieux, réduits à la famine, seront bien obligés d'interrompre le mal. Ce qui advient, en effet. Mais, avec le retour à la sécurité, les hommes reprennent leurs occupations remuantes et tumultueuses, et impatientent derechef Enlil, lequel, cette fois, leur expédie la Sécheresse. Nouvelle parade d'Éa, qui conseille à Atrahasîs de faire réserver au seul Adad, maître des précipitations atmosphériques, la victuaille des dieux. Les lacunes du texte nous laissent soupçonner qu'Enlil ne cède pas d'emblée. Mais, à la fin, tout rentre dans l'ordre et l'humanité refleurit.

Des restes de la tablette, il ressort tout au moins que le roi des dieux, décidé, en fin de compte, à éliminer les hommes toujours aussi tapageurs, va faire appel à une catastrophe plus radicale encore : le Déluge. Rendu méfiant, il prend toutes les précautions pour que son funeste projet ne puisse pas être divulgué aux humains et qu'ainsi nul n'échappe plus à la mort ; mais Éa, toujours ingénieux, s'arrange pour annoncer obliquement à Atrahasîs le désastre imminent et le stratagème qu'il a mis au point pour le sauver – mais, cette fois, lui seul, avec les siens. Atrahasîs devra donc « construire un bateau à double pont, solidement gréé, dûment calfaté, et robuste », dont Éa lui « dessine le plan sur le sol ». Il l'avitaillera, et, au signal de son dieu, y « embarquera [ses] réserves, [son] mobilier, [ses] richesses / [son] épouse, [ses] proches et alliés, [ses] maîtres d'œuvres [pour préserver les secrets des techniques acquises], ainsi qu'animaux domestiques et sauvages » ; après quoi, il ne lui restera plus qu'à « entrer dans le bateau et en fermer l'écoutille ». La suite, lacunaire dans ce qui nous a été préservé du

Poème, peut être aisément suppléée par le récit de l'*Épopée de Gilgamesh*, postérieur de plusieurs siècles mais qui s'en est largement inspiré.

Ayant donc trouvé le moyen d'expliquer, sans les alarmer, son étrange comportement à ceux qui l'entourent, Atrahasîs exécute les ordres, « embarque cargaison et famille » et « offre un grand banquet ». Mais, au cours de ce dernier, il demeure anxieux : « Il ne fait qu'entrer et sortir, / Sans s'asseoir ni rester en place, / Le cœur brisé, malade d'inquiétude » : il attend le signal fatidique.

Ce signal arrive enfin : « Le temps changea d'aspect / Et l'Orage tonna parmi la nue ! » Il faut appareiller : « Lorsque se firent entendre les roulements du tonnerre, / On lui apporta du bitume, afin qu'il colmatât son écoutille. / Et, une fois celle-ci close, / L'orage grondant toujours en la nue, / Les vents se déchaînèrent. / Aussi coupa-t-il les amarres, pour libérer la nef ! »

Le Déluge, manifestement une énorme inondation provoquée par des pluies torrentielles, se poursuit alors : « Six jours et sept nuits : la tempête faisait rage. / Anzû [le Rapace divin gigantesque] lacérait le ciel de ses serres : – C'était bel et bien le Déluge / Dont la brutalité tombait sur les populations comme la Guerre ! / On n'y voyait plus goutte / Et nul n'était plus identifiable dans ce carnage ! / Le Déluge mugissait comme un bœuf ; / Le Vent sifflait, pareil à l'aigle qui glatit ! / Les ténèbres étaient impénétrables : il n'y avait plus de Soleil ! »

Lorsque le cataclysme eut bien « écrasé la terre, le septième jour arrivé, / l'Ouragan belliqueux du Déluge tomba, / Après avoir distribué ses coups [au hasard], comme une femme dans les douleurs ; / La Masse d'eau s'apaisa ; la Bourrasque cessa : le Déluge était terminé ! »

Alors, raconte le héros, « J'ouvris l'écoutille, et l'air vif me sauta au visage ! / Puis je cherchai des yeux le rivage, à l'horizon de l'Étendue d'eau : / A quelques encablures, une langue de terre émergeait. / La nef y accosta : c'était le mont Niçir[3] où elle fit enfin relâche ! »

Par prudence, Atrahasîs attend encore une semaine avant d'utiliser un stratagème des premiers navigateurs hauturiers. « Je pris une colombe et la lâchai ; / La colombe s'en fut, mais revint : / N'ayant rien vu où se poser, elle s'en retournait ! / Je pris ensuite une hirondelle et la lâchai ; / L'hirondelle s'en fut, mais revint : / N'ayant rien vu où se poser, elle s'en retournait ! Enfin, je pris et lâchai un corbeau : / Le corbeau s'en fut, mais, trouvant le retrait des eaux, / Il picora, il croassa, et ne s'en revint point ! » C'est signe qu'il peut dès lors quitter son refuge. Aussi fait-il sortir du bateau les passagers qu'il « disperse aux quatre vents » ; et reprenant aussitôt la fonction essentielle de l'humanité, dont il reste, avec sa famille, l'unique rescapé, le seul représentant, il prépare un banquet pour les dieux, lesquels, à jeun depuis longtemps, se pressent autour de lui « comme des mouches ».

Alors, tandis que la Grande-Déesse, celle qui avait mis la main à la création des hommes, réclame en vain qu'on désavoue Enlil, auteur du désastre, ce dernier, constatant que son plan de suppression totale de l'humanité avait été déjoué, entre en fureur. Mais Éa lui remontre qu'il n'aurait jamais dû recourir à un moyen aussi brutal et extrême, et, « sans réfléchir, provoquer le Déluge ». Car enfin, si les hommes avaient totalement disparu, ne serait-on pas retombé dans la situation sans issue qui, précisément, avait provoqué leur création : un monde sans producteurs ? Et comme pour montrer ce qu'il aurait suffi de faire, le sage Éa propose d'introduire dans la nouvelle génération, issue d'Atrahasîs, une façon de « malthusianisme naturel » qui, restreignant les naissances et la survie des nouveau-nés, modérera la prolifération et le tumulte. Voilà pourquoi, désormais, certaines femmes seront stériles ; d'autres, exposées à l'implacable Démone-Éteigneuse, qui leur ravira les bébés au sein ; d'autres enfin embrasseront un état religieux qui leur interdira la maternité.

Ici, sur une dernière cassure qui nous dérobe le dénouement, se termine la troisième et dernière tablette du *Poème*.

En dépit de la concision du résumé qu'on vient de lire, on voit qu'il s'agit là, moins d'une véritable *histoire* ancienne de l'humanité, c'est-à-dire d'une relation suffisamment fidèle des événements qui auraient présidé à ses origines et à ses premiers avatars, que d'une explication de sa nature, de sa place et de sa fonction dans l'univers. Plutôt qu'une façon de chronique, c'est, en somme, quelque chose comme un exposé de théologie qui, en dépit de son style animé et descriptif, veut, non point rapporter des données de fait, mais bel et bien inculquer des définitions, des manières de voir, tout un système d'idées concernant l'univers et l'homme. C'est ce que l'on appelle un récit mythologique.

Une philosophie en images.

Malgré leur vive intelligence, leur curiosité universelle, les énormes progrès intellectuels et matériels dont nous les savons responsables au cours des quelque trois millénaires (pour le moins) qu'ont duré et grandi leur civilisation et leur rayonnement, les vieux Mésopotamiens n'ont jamais accédé à la pensée abstraite : comme bien d'autres peuples anciens, voire modernes, et à la différence de nos propres habitudes, ils n'ont jamais dissocié leur idéologie et leur imagination. De même que, dans leurs traités de mathématiques, ils proposaient et résolvaient seulement des problèmes particuliers, sans en jamais extraire ou formuler les principes de solution, ainsi présentaient-ils leurs idées générales, non point dans leur universalité, mais toujours incarnées en quelque donnée singulière.

Le mythe, expression favorite d'une telle pensée spéculative, était précisément ce qui leur permettait de matérialiser leurs conceptions, de les couler dans des images, des scènes, des enchaînements d'aventures, créés certes par leur imagination, mais pour répondre à quelque interrogation, pour éclairer quelque problème, pour enseigner quelque théorie – comme les fabulistes construisent leurs historiettes pour inculquer une moralité.

Toute la littérature sumérienne et babylonienne est remplie de cette « philosophie en images » qu'est la mythologie, et le *Poème d'Atrahasîs* en est un fort bel exemple, remarquable, et par l'ampleur du tableau qu'il embrasse, et par l'intelligence et le poids des questions qu'il ventile. Son problème, en somme, et naturellement dans l'optique de ses auteurs, c'est celui de la condition humaine. Quel est le sens de notre vie ? Pourquoi sommes-nous astreints à un travail jamais fini et toujours épuisant ? Pourquoi cette séparation entre la multitude, qui s'y trouve exclusivement condamnée, et une élite qui mène une existence quiète, assurée précisément par la peine des autres ? Pourquoi, conscients de l'immortalité, nous faut-il mourir, à la fin ? Et pourquoi cette mort est-elle de temps à autre accélérée par des fléaux inattendus et plus ou moins monstrueux ? Et tant d'autres énigmes encore, comme ces restrictions, en soi inexplicables, apportées au rôle essentiel, pour les femmes, de mettre au monde des enfants et de les garder en vie !

Toutes ces apories, il fallait non seulement les formuler mais les résoudre dans le propre cadre où elles se posaient : dans un système essentiellement théocentrique. Pour ces gens-là, le monde ne s'expliquait pas tout seul : il avait sa raison d'être dans une société surnaturelle : les dieux, dont l'existence était indubitable. Pour se faire une idée de ces personnages que nul – et pour cause – n'avait jamais vus, on avait seulement projeté sur un plan supérieur ce que l'on voyait autour de soi : toute l'organisation matérielle, économique, sociale et politique d'ici-bas. Les dieux étaient conçus comme des hommes, et avec tous les besoins des hommes ; mais des hommes superlatifs, dispensés des servitudes fondamentales qui nous oppriment, telles la maladie et la mort, et doués de pouvoirs bien au-dessus des nôtres. Dès lors, comment ne point modeler leurs personnes sur la propre fleur de l'humanité : l'aristocratie de la « classe dirigeante » ?

Des dieux « aristocrates ».

Dans un pareil système, l'espèce humaine tout entière, comparée au monde divin, ne pouvait guère remplir, à l'avantage de ce dernier, d'autre office que celui des sujets vis-à-vis de ceux qui les gouvernent : corvéables à merci et fournisseurs de tous les biens indispensables à une vie opulente et sans autre préoccupation que d'exercer le commandement. Comme les hommes devaient forcément leur existence aux dieux, dont ils ne pouvaient être, ni les aînés – cela allait de soi – ni même les contemporains indépendants, on était bien forcé de poser que le monde divin avait dû, avant, se suffire à soi-même, obligatoirement divisé qu'il était, comme on l'est ici-bas, en une catégorie de producteurs et une élite de consommateurs ; et qu'il avait dû se trouver contraint de mettre fin à un pareil état de choses par quelque crise interne analogue à celles qui éclatent chez nous entre employés et employeurs lorsque ceux-là s'estiment surexploités. Ainsi l'homme était-il, « de naissance », le serviteur des dieux. Et les dieux, en le fabriquant, n'avaient pu manquer de veiller à ce qu'il gardât, certes, quelque chose d'eux, de leur durée, de leur intelligence, de leur pouvoir – mais le tout limité : inférieur, débile, transitoire. Voilà l'idée que l'on s'était faite de la nature et des conditions humaines.

Un tel arrangement eût impliqué, de soi, l'absence de tout nuage entre dieux et hommes, pourvu que ces derniers – comme c'était en bonne règle le cas – accomplissent exactement tous leurs devoirs envers leurs maîtres. Alors, comment expliquer – je ne dis pas la mort, la maladie, les ennuis de chaque individu : ils étaient implantés en notre nature et destin –, comment expliquer ces énormes soubresauts des grandes catastrophes inattendues et apparemment sans raison, qui s'abattent de temps à autre sur les hommes et les éliminent en masse ? Quelle était la raison de ces calamités « cosmiques » comme les épidémies, les disettes, les subites ruées dévastatrices de la nature ? Les dieux, sans qui rien d'important ne pouvait se passer, devaient bien en être la cause. Mais pourquoi ? Confrontés à ce problème, les auteurs du *Poème* n'ont pas réussi à lui trouver d'autre raison que le caprice des dieux souverains. Certes, ils ont discerné un mobile – un prétexte ? – du côté des hommes : ceux-ci, par leur prospérité et leur multiplication mêmes et par le propre entrain de leur activité servile, pouvaient en quelque sorte porter ombrage à leurs gouvernants – comme le personnel trop nombreux et trop remuant d'un souverain irritable troublerait son repos. Mais dans un univers aussi

théocentrique et aussi éloigné de toute idée de « contesta-
tion » et de révolte envers le pouvoir, le dernier mot de la
sagesse n'était-il pas, en somme, le sentiment de dépendance, l'abandon à son propre état, le consentement à son
destin, la résignation, le fatalisme ? En montrant, dès les
premiers temps de l'humanité, dès cette « époque mythique » antérieure à l'histoire et où le « monde historique »
avait pris forme, en montrant les dieux travaillés périodi-
quement par le désir de décimer, voire d'anéantir les
hommes en leur expédiant dans ce but des calamités
collectives, les auteurs du *Poème*, non seulement donnaient à leur public une raison suffisante de l'existence de
ces fléaux cycliques, mais ils en soulignaient le caractère
en quelque sorte traditionnel – depuis « la nuit des
temps » – et donc inévitable, devant lequel il fallait bien
s'incliner.

Mais une telle leçon de sagesse avait aussi son contre-
poids d'espérance : dans ces infortunes, les hommes
avaient eu, « autrefois », un défenseur et un sauveur : le
dieu Éa, leur « inventeur », ennemi de toute violence
inutile, le même d'ailleurs (un autre cycle de mythes le
racontait) qui avait mis au point et propagé parmi les
humains toutes les connaissances utiles. Précisément, par
l'une d'elles, il avait enseigné aux hommes à se garder des
grands malheurs universels. Maintenant, dans le « temps
historique », ils pourraient donc toujours appliquer ses
leçons et lutter ainsi contre les catastrophes, pour s'en
sauver. Telle est la « philosophie » que le *Poème du
Supersage* – le bien nommé ! – voulait, à travers ses fables
et ses mythes, inculquer à ses usagers.

Le Déluge ou les déluges ?

Le récit du Déluge y a donc la même valeur, le même
sens que ceux de l'Épidémie et de la Sécheresse qui
l'avaient précédé. Nous le savons fort bien par notre
documentation historique, de telles calamités s'abattaient
de temps à autre sur le pays, médicalement encore si mal
défendu et dont l'économie n'était planifiée que d'une
manière rudimentaire. Par un procédé courant dans la

littérature, en particulier le folklore et la poésie, on a amalgamé les souvenirs propres à tant d'expériences, consignées dans la tradition ou vécues, de maladies propagées comme un incendie et multipliant la mortalité, ou de mauvaises récoltes exténuant les populations, pour en faire l'Épidémie et la Disette – comme les conteurs parlent du Lion ou de l'Ogre –, chacune concentrant les horreurs de toutes et projetée, comme un terrifiant prototype, dans le temps mythique d'« autrefois ». Le Déluge, qui leur fait suite, on l'aura imaginé et construit de semblable façon : dans ce pays, centré sur le Tigre et l'Euphrate, lesquels réagissent aussitôt à l'excès des précipitations, les débordements (nous en avons maint exemple) n'étaient pas rares : plus ou moins meurtriers, plus ou moins spectaculaires. Les archéologues eux-mêmes en ont retrouvé des traces, parfois impressionnan-tes, en particulier à Ur, Kish et Fâra-Shuruppak, parmi diverses strates des IVe et IIIe millénaires. A partir d'un certain nombre de catastrophes qui avaient ravagé une cité ou l'autre, une contrée ou l'autre, on a composé le Cataclysme, submergeant le pays entier ; et une ample légende s'est cristallisée alentour, pour aboutir à l'« his-toire » racontée dans *Atrahasîs* et plus tard amplifiée par les auteurs du chant XI de *Gilgamesh*.

Certes, il reste possible que, dans le luxe de détails et surtout dans l'importance accordée à ce Déluge par la tradition babylonienne qui – on l'a vu dans le *Poème* et on le retrouve assez souvent ailleurs – en avait fait le dernier acte des temps mythiques et le seuil de l'ère historique, ait survécu plus ou moins vaguement le souvenir d'un de ces cataclysmes, particulièrement for-midables – qu'il faudrait (redisons-le) être bien naïf pour imaginer tel qu'on nous le décrit. Mais le recours à un pareil désastre n'est pas inévitable : le rôle de charnière dans le temps joué par le Déluge peut fort bien lui avoir été reconnu, non en vertu de son historicité, mais de la place qu'il occupait dans la mythologie traditionnelle reflétée dans notre *Poème* : c'était la dernière et la plus dangereuse des grandes calamités envoyées par les dieux aux hommes pour les accommoder et les réduire à l'échelle qui est la leur depuis le commencement de l'histoire.

Revenons maintenant au récit de la Bible, par lequel nous avions commencé et qu'il sera désormais plus facile de voir en sa véritable lumière. Quiconque l'a bien lu et réfléchit un tant soit peu, devra d'abord s'avouer que l'on voit mal l'idée d'une pareille inondation dans un pays de collines et de ruissellements comme la Palestine, sans le moindre fleuve digne de ce nom, sans la moindre vallée élargie et propice à l'accumulation des eaux. La probabilité raisonnable est donc *a priori* l'emprunt de ce conte. Toutefois, si l'identité plus que substantielle avec le Déluge babylonien ne fait pas le moindre doute, trop de détails divergent de l'un à l'autre pour que l'on considère le récit de la Genèse comme une simple transcription en hébreu du texte akkadien d'*Atrahasîs* ou de *Gilgamesh*.

Le Déluge, la Bible et la Mésopotamie.

En réalité, le Déluge fait partie d'une vaste moisson de thèmes théologiques, mythologiques, idéologiques, et d'autres encore, élaborés par cette Mésopotamie éminente et prodigieuse qui en a fécondé tout le Proche-Orient, et cela depuis la plus haute époque : que l'on songe seulement aux récentes trouvailles invraisemblables d'Ébla[4], en Syrie, pour la moitié du IIIe millénaire ! Comme bien d'autres – la Création du Monde, les Origines et l'Histoire ancienne des hommes, le Problème du Mal et de la Justice divine –, le thème du Déluge aura été recueilli également par les Israélites, exposés, par leurs ancêtres et par eux-mêmes, à cet extraordinaire rayonnement culturel de Sumer et de Babylone. Ils l'ont même adopté dans son cadre : apparemment – comme dans *Atrahasîs* – l'« histoire » primitive de l'homme, en réalité le tableau théologique de sa condition ici-bas. Car c'est bien le propos des 11 premiers chapitres de la Genèse que de nous inculquer, pour notre gouverne, comment l'univers et les hommes ont été modelés et remodelés, mis en place et « en fonctions », avant que s'inaugurât, avec Abraham, l'histoire proprement dite. Mais ils n'en ont gardé ni l'optique ni la théologie natives : comme tout ce qu'ils ont pris aux antiques Babyloniens, ils l'ont profondément remanié en l'imprégnant de leur idéologie religieuse originale. Leur système aussi était théocentrique. Mais, « inventeurs » du monothéisme, leur monde divin se concentrait sur le Dieu unique et transcendant, sans le moindre trait anthropomorphique, sans le moindre besoin de « serviteurs » pour assurer sa vie. Voilà pourquoi, dans le Déluge tel qu'ils l'ont repensé, à la multitude des divinités, ils ont substitué le Dieu unique, et au caprice, à la futilité des maîtres de l'univers, les exigences morales : si Dieu envoie aux hommes ce cataclysme, c'est à cause de leur « corruption » (Genèse VI, 5s), pour propager une nouvelle humanité, capable, au moins par les meilleurs de ses représentants (le peuple issu d'Abraham), de mener une vie désormais pleinement conforme à un idéal éthique et religieux élevé...

C'est ce Déluge-là, celui de la Bible, qui nous est resté en mémoire, imprégnés que nous sommes – qu'on le veuille ou non – des scènes et des enseignements de ce vieux livre. Mais le propos de l'histoire, c'est de chercher à comprendre « en remontant », par « ce qu'il y avait avant », les enfants par leurs pères et les rivières par leurs sources. Voilà pourquoi les assyriologues, outre ce qu'ils retrouvent en masse de nos plus vieux parents en ligne directe, ces incomparables civilisateurs sumériens et babyloniens, et de leur héritage parvenu jusqu'à nous filtré, remanié, enrichi, quelquefois appauvri par les millénaires, peuvent aussi nous éclairer la Bible, en en réinsérant la teneur dans son « continu historique », qui l'illumine si singulièrement. Pacifique et discret, le métier de ces gens n'est pas précisément facile : passer sa vie à déchiffrer, à analyser, à pénétrer des milliers de grimoires d'argile hachurée de cunéiformes hérissés et rébarbatifs ! On peut se demander pourtant si cette immobilité ardue n'est pas plus féconde que de ces grands remue-ménage pour ramener quelques ais vermoulus pris, avec une naïveté attendrie, pour la relique et l'épave d'une « Arche » aussi fabuleuse que les bottes de l'Ogre.

Notes

1. Le roi assyrien Assurbanipal (668-627) avait fait rassembler, dans son palais de Ninive, soigneusement recopiée en quelque 5 000 « tablettes » (nous dirions « volumes »), la plus grande partie de l'ample production littéraire du pays : tout ce que, de son temps, l'on trouvait digne d'être conservé et relu. C'est cette bibliothèque qu'en 1852, puis en 1872, découvrirent, en quelque 25 000 morceaux, A.H. Layard et H. Rassam. Transportée au British Museum de Londres, elle y est toujours l'objet de fructueux déchiffrements. C'est, pour les assyriologues, une des sources les plus riches et les plus irremplaçables de notre connaissance de la pensée dans cet antique pays.

2. Cf. l'*Épopée de Gilgamesh*, p. 275.

3. D'après les sources indigènes, le mont Niçir était situé dans l'actuel Kurdistan, au nord-est du pays, à environ 80 kilomètres à l'est de Kerkuk : c'était très vraisemblablement l'actuel Pir Omar Gudrun (près de 3 000 mètres). Il domine tout ce secteur du pays, et il se peut qu'on l'ait choisi ici pour cette raison, ou peut-être parce que son nom évoquait en langue akkadienne la « protection », mais aussi le « mystère ». Les auteurs de l'histoire biblique du *Déluge*, qui voyaient les choses de plus loin, ont parlé vaguement des « monts d'Ararat » (Genèse, VIII, 4), autrement dit d'Arménie, au nord de la Mésopotamie, notoirement les plus altiers de cette partie du monde. C'est seulement plus tard que, par une sorte de déduction logique, on a choisi l'un des plus élevés de la chaîne, l'Agridagh, ou Massis (plus de 5 000 mètres), forcément le premier découvert par le retrait des eaux, pour en faire le lieu de l'échouement de l'Arche.

4. Sur les découvertes d'Ébla et la polémique qu'elles ont suscitée, on peut lire dans *L'Histoire* (n° 23, mai 1980, p. 70-73), le témoignage de Paolo Matthiae, archéologue italien qui a mis au jour les tablettes de ce site.

Orientation bibliographique

Une discussion détaillée et comparative de la question du Déluge en Mésopotamie et dans la Bible est menée aux pages 224-269 de l'ouvrage (malheureusement non traduit en français) de A. Heidel, *The Gilgamesh Epic and Old Testament Parallels*, The University of Chicago Press, 2ᵉ éd. 1949 ; réimpr. en 1963.

On peut aussi se reporter, dans *On a marché sur la terre*, Museum national d'histoire naturelle, Éd. IOS, 1991, p. 61-68, à l'article sur « Le Déluge » (J. Bottéro).

Le texte des 4 récits mésopotamiens du Déluge est traduit et discuté dans *Lorsque les dieux...*, p. 526-601, « La grande Genèse babylonienne : de la création de l'Homme au Déluge ».

Un autre problème qui se présente un peu comme celui du Déluge, avec interventions de l'idéologie mésopotamienne dans la pensée biblique : celui des mythes de création du monde a été discuté avec quelque détail dans « Les origines de l'univers selon la Bible », p. 155-201 de *Naissance de Dieu, la Bible et l'historien*, Paris, Gallimard, 1986.

L'« Épopée de Gilgamesh »

Jean Bottéro

Avec le « *Code* » *de Hammurabi*, la *Descente d'Ishtar aux Enfers* et le fameux *Poème de la Création*, l'*Épopée de Gilgamesh* est, sans doute, de l'opulent ensemble littéraire de l'antique Mésopotamie, une des rares pièces dont le non-professionnel risque d'avoir entendu parler, un jour ou l'autre. Mais il la connaît à peine, et fort mal : il n'en sait pas le prix, et avec quelle vigueur, de pensée et d'imagination, elle nous remet face au problème essentiel qui nous lancine toujours, pour peu que nous prenions conscience qu'il nous faudra, au bout du compte, entrer à notre tour dans la nuit éternelle, et que, bon gré, mal gré, notre existence n'est donc qu'un insignifiant interlude.

Un pareil sentiment de notre impermanence et de l'inéluctabilité de notre fin, l'*Épopée* ne l'enseigne pas, comme cet autre grand livre qu'est l'Ecclésiaste de la Bible, en montrant point par point combien tout est négligeable et fragile : elle l'inculque plus subtilement, et peut-être avec plus d'efficacité, à travers les prouesses et les déceptions d'un homme comme nous, assez sublime et héroïque pour nous en imposer, mais assez près de nous pour nous toucher et nous laisser entendre que son destin à lui, c'est le nôtre. Seuls les grands esprits et les grands écrivains peuvent ainsi créer de ces types universels, inoubliables, dans lesquels chacun de nous se reconnaît entier, même si leur éloignement dans le lieu, le temps et la culture leur confère comme une aura d'irréalité.

Expliquer l'œuvre imposante et fascinante dont Gilgamesh est le héros vaut la peine pour plus d'une raison, mais peut-être d'abord parce que nous sommes aujourd'hui en mesure de la mieux connaître et d'en discerner l'histoire, la composition et le sens avec bien plus d'exactitude et de recul qu'il y a seulement trente ans. Grands découvreurs de secrets ensevelis des millénaires dans leur souterrain sépulcre, les assyriologues ne se pressent jamais de les ébruiter. Soutirons-leur, du moins, ce qu'ils savent à présent de ce vieux chef-d'œuvre.

Les légendes sumériennes de Gilgamesh.

Il ne nous reste pas la moindre trace identifiable du personnage, mais nous savons de bonne source que ce Gilgamesh (dont le nom, sumérien et archaïque, ne nous dit plus grand-chose d'assuré) avait été, vers 2600 avant notre ère, un des souverains de la vénérable cité d'Uruk (cf. carte, p. 11), dont il avait édifié les premiers remparts, redécouverts en 1932 par les archéologues allemands. On connaît, comme lui, dans son pays, deux ou trois grands ancêtres que leurs exploits et leur gloire avaient, aux yeux de leurs compatriotes, haussés plus ou moins vite, après leur mort, au rang surnaturel : les Grecs en eussent fait des « héros » ; ignorants cette catégorie, les Mésopotamiens les avaient plus ou moins tenus pour « divins ». Nous ignorons les mérites qui avaient valu à Gilgamesh pareille promotion, mais le fait est qu'il est rapidement passé dans la légende, laquelle, c'est la règle, a manifestement enrobé bien des traits authentiques ; mais nous ne sommes plus guère en état de les discriminer de leur halo fantastique.

De cette archaïque vision plus ou moins fabuleuse de Gilgamesh, il nous reste d'abord, à ce jour, plus ou moins écornées par les injures du temps en leur support d'argile, au moins 5 légendes, de style élevé, en langue sumérienne, composées au plus tard vers la fin du IIIe millénaire – c'est-à-dire voici 4 000 ans –, mais dont les manuscrits retrouvés sont un peu plus récents. L'une d'entre elles rappelait seulement la gloire militaire de Gilgamesh et sa grandeur d'âme, en racontant comment, après avoir vaincu un roi de la ville voisine de Kish, il l'avait traité avec clémence. La deuxième légende dépeignait, après sa mort, l'arrivée de son « fantôme » dans l'immense et ténébreuse caverne souterraine du « Pays-sans-retour », et lui conférait, dans ce Royaume des Morts, un rôle surnaturel d'importance, qu'il devait garder dans toute la tradition ultérieure. Les trois autres récits semblent se référer à des épisodes particuliers de sa vie, vraisemblablement « historiques ». Il y est régulièrement assisté d'un personnage appelé Enkidu (dont le nom, sumérien, semble vouloir dire que c'était une « créature du dieu Enki/Éa »), partout présenté comme son « serviteur ».

Dans le premier de ces contes, ils partaient tous deux en campagne pour la « Forêt-des-Résineux », sise parmi les montagnes de l'Est, et dont l'accès était défendu par un monstre surnaturel formidable, du nom de Huwawa, farouche et vigilant gardien : les deux compères le surprenaient et le tuaient, désormais libres d'exploiter ses richesses forestières – transposition manifeste d'antiques et constantes tournées, pacifiques ou belliqueuses, auxquelles l'on était depuis toujours contraint, dans le pays, en quête des matières premières qui y faisaient quasi totalement défaut, à commencer par le bois de construction. Le deuxième récit devait rappeler une catastrophe fameuse survenue à Uruk, nous ne savons quand ni comment, la déguisant, sous les voiles fabuleux du folklore, en atroces saccages d'un gigantesque « Taureau céleste », expédié contre la ville à la requête de la déesse Inanna/Ishtar courroucée, et que les deux héros abattaient, à la fin.

La cinquième et dernière de ces légendes semblerait, à sa manière, célébrer le trépas d'Enkidu : on le présentait comme une descente d'abord volontaire en « Enfer », pour y aller reprendre des talismans précieux que Gilgamesh y avait laissés choir ; mais le hardi voyageur s'était trouvé retenu chez les Morts, avec, juste une fois, l'autorisation de remonter un moment auprès de son maître, pour lui expliquer l'existence mystérieuse des Trépassés en leur lugubre séjour.

On sait qu'en Mésopotamie, à partir du dernier tiers du IIIe millénaire, un changement profond s'est fait jour, en contrecoup de l'élimination définitive de la partie sumérienne de la population, absorbée et digérée par la partie sémitique. A la prépondérance culturelle des Sumériens a succédé la mise en avant des Sémites : des Akkadiens comme nous disons. Ceux-ci, désormais seuls gérants de leur antique patrimoine, ont été alors renforcés d'une vague nouvelle de congénères, immigrés à leur tour, et dont le plus fameux, Hammurabi, vers 1750 avant notre ère, a créé un large royaume, durable et prospère, autour de la cité de Babylone. D'une pareille sémitisation et promotion est né un ample mouvement de maturation et de repensement des valeurs traditionnelles, en même temps qu'un notable progrès culturel, lesquels ont produit, entre autres, quelques chefs-d'œuvre littéraires, remarquables à la fois par l'élargissement de leur horizon, leur souci de synthèse et leur pénétration. Le plus célèbre est ce spacieux tableau mythologique de l'histoire première des hommes, depuis leur création jusqu'à leur entrée, par le Déluge, dans l'ère proprement historique : *Le Mythe* ou *Poème d'Atrahasîs* ou du *Supersage* (cf. plus haut, p. 261 *sq.*).

Or, nous avons retrouvé, de ce temps, une dizaine de fragments épars de récits, en langue akkadienne, tournant autour de Gilgamesh, et, par leur texture, leur ton, leur portée, fort différents des légendes sumériennes précitées. Deux d'entre eux sont des tablettes entières, de 250 vers chacune, et qui se font suite ; et il y a de sérieuses raisons de leur supposer, et avant et après, une autre tablette, au moins — ce qui porterait le tout à un millier de vers, au bas mot. Loin des chétifs récits en sumérien, ponctuels, sans horizon et de courte haleine, on a l'impression de se trouver ici devant les débris d'une œuvre cohérente, prolongée et complexe. Et chacun de ces lambeaux, même ceux que leur piteux état de conservation paraît avoir réduits à un seul épisode, en dit assez pour en supposer et préparer d'autres, telle une roue dentée de quelque compliqué mécanisme.

Il y a donc vraisemblance qu'un auteur inconnu ait voulu, à l'époque, voilà quelque 3 600 ans, rassembler, en un récit unique et de longue portée, toute une fresque opulente autour de Gilgamesh. Elle s'est trouvée à ce point appréciée et célèbre qu'on l'a exportée jusque loin :

nous en avons récupéré un débris en Palestine, et les miettes d'une traduction en langue hurrite, parlée au Nord et au Nord-Ouest de la Mésopotamie ; et même les fameux et plus lointains Hittites d'Anatolie l'ont abrégée à leur propre usage, comme en témoignent divers morceaux que nous en avons retrouvés chez eux et en leur langue. Cette œuvre, cette première véritable *Épopée de Gilgamesh*, nous ne l'avons pas au complet, mais en débris seulement, et nous ne saurions donc nous faire une idée assurée de ses divers épisodes, de leur enchaînement, de l'impression d'ensemble qu'elle pouvait donner.

Pourtant, compte tenu, et de l'obstiné traditionalisme qui semble une des particularités de l'antique civilisation mésopotamienne, et du cas analogue d'assez nombreuses œuvres comparables, il y a les plus grandes chances que cette première version des Aventures de Gilgamesh se retrouve, plus ou moins modifiée et enflée avec le temps, accommodée aux changements de l'optique et du goût, mais substantiellement identique, dans une présentation plus récente et beaucoup mieux connue, dont les plus vieux témoins remontent au tournant du IIe au Ier millénaire. En une dizaine de manuscrits et pas mal de fragments, nous ne l'avons recouvrée encore qu'aux deux tiers, mais bien assez pour en obtenir une vision souvent distincte, et du moins panoramique et suivie. Car elle est imposante – assurément beaucoup plus que la version ancienne et fragmentaire composée, on l'a vu, 6 ou 7 siècles auparavant et dont il vient d'être parlé : elle comprenait d'origine 11 tablettes de 200 à 300 vers chacune, à quoi l'on a plus tard ajouté, en manière de supplément, une douzième, plus courte et manifestement rapportée et extrinsèque. Il y a des chances que cette réédition, reprise et élargie, des Aventures de Gilgamesh, ait été mise au point peu avant la fin du IIe millénaire : on lui citait pour « auteur » un certain Sîn-leqe'unnennî, autrement inconnu. Nous l'appelons parfois la version « ninivite » de l'*Épopée*, parce que les premiers et les plus importants manuscrits en ont été retrouvés parmi les restes de la bibliothèque d'Assurbanipal (668-627), dans les ruines de son palais de Ninive (cf. p. 273, n. 1).

C'est par ladite version ou édition « ninivite » que nous connaissons le mieux les prouesses et les déconfitures, les hauts faits et l'échec final de Gilgamesh, desquels les fragments de la version antérieure ne nous laissent plus émerger qu'un assez petit nombre d'épisodes ; et c'est donc elle qu'il faut parcourir pour prendre la mesure d'une œuvre aussi magistrale et profonde, perspicace et émouvante, et qui porte si loin.

La tradition antique devait avoir retenu, du Gilgamesh de l'histoire, qu'il avait été, d'une manière ou d'une autre, hanté par la mort : une des légendes en sumérien dont il était le protagoniste le montre questionnant anxieusement Enkidu, un moment relâché du « Pays-sans-retour », pour apprendre de lui la condition mystérieuse des Ombres ; une autre accompagnait, après son décès, son « fantôme », dans leur séjour torpide et triste. C'est précisément sur ce trait de son personnage : l'attachement à la vie et le refus de la mort, que l'auteur du récit akkadien, par une véritable synthèse du matériel folklorique à sa disposition, et en particulier dans les légendes sumériennes du cycle de Gilgamesh, a centré sa large et puissante composition, parfaitement structurée, et conduite comme une tragédie en plusieurs actes crescendo : le drame d'un homme accompli, le plus favorisé, à la fois le plus heureux de vivre et le plus digne de vivre toujours, et dont le gigantesque effort pour évacuer la mort se clora par un échec lamentable – notre parangon à nous tous, qui n'arrivons, ni à accepter vraiment et de gaieté de cœur, ni à vaincre cette indéclinable perspective de voir trancher une fois pour toutes, à la fin, le fil de notre existence.

Dans la première moitié de l'*Épopée* – les 6 premières tablettes de notre édition « ninivite » –, Gilgamesh apparaît d'abord dans toute sa prestance, sa perfection, sa réussite. « Monarque exceptionnel, fameux, prestigieux », « Retour de ses errances, exténué, mais apaisé », après « avoir tout vu /, Connu le monde entier et tout mis en mémoire », il aurait, en personne, « gravé sur une stèle tous ses hauts faits » : le récit de ses destinées vagabondes – dont l'*Épopée* fournirait ainsi la teneur –, pour nous inculquer la leçon de son terrible insuccès : la résignation à notre sort fatal. Il est le roi d'Uruk, fastueux, adulé et prospère. C'est une sorte de surhomme, et telles sont sa vigueur et son exubérance qu'il ne peut s'empêcher de tyranniser tout son monde. Si bien qu'alertés par les doléances de ses sujets, les dieux, pour le calmer, recourent à une sorte de subterfuge psychologique qu'ils utilisent volontiers : ils lui créent un rival, à sa propre taille et image, pour lui ôter le sentiment de sa supériorité absolue et servir de dérivatif à ses débordements de force et sa bellicosité.

C'est ainsi qu'est introduit l'Enkidu des légendes en sumérien. Mais, pour l'opposer mieux à son futur adversaire, l'auteur a fait ici de lui une sorte de symétrique de Gilgamesh : alors que ce dernier est civilisé, raffiné, homme de la ville, Enkidu est sauvage et primitif, né isolé « dans la steppe », avec, pour seuls compagnons, « les animaux sauvages et leurs hardes », auxquels il tient de près par sa vie et ses mœurs. L'archaïque contraste entre une population errante et fruste, peu à peu subjuguée, sinon digérée, par des citadins de haute culture, transparaît vraisemblablement dans cette opposition. Quels souvenirs évoquait-il ?

Informé de l'existence d'un pareil phénomène, Gilgamesh lui expédie, pour l'apprivoiser et l'attirer auprès de lui, une courtisane au nom-programme de « La Joyeuse » (*Shamhat* en akkadien), une femme, comme on en connaissait pas mal dans le pays, vouée à cet « amour libre » qu'on y tenait pour une des prérogatives de la haute civilisation. Elle le séduit en effet, et, « six jours et sept nuits » d'affilée, Enkidu lui fait l'amour. Alors, sentant qu'il n'est déjà plus de leur côté, les animaux le refuient, tandis que lui s'attache à son initiatrice et apprend d'elle à « devenir un homme » : un homme véritable, civilisé et urbanisé. Aussi le conduit-elle en ville : à Uruk. C'est donc par l'« amour libre », avec une vraie femme, et non plus une simple femelle, que ce sauvage est introduit à la grande culture, qui le sort tout à fait de son animalité première.

Entre-temps, à Uruk, Gilgamesh avait eu des songes

prémonitoires de l'arrivée d'un rival, aussi puissant que lui, avec qui il commencerait par se battre, avant d'en faire son meilleur ami. Ce qui se réalise, en effet : le premier contact des deux surhommes mis en présence est une rude empoignade. Mais, après, « ils s'embrassèrent et firent amitié ». Voilà encore une innovation d'une portée considérable : celui qui, dans les légendes en sumérien, n'était jamais que le « serviteur » de Gilgamesh, est devenu son inséparable « ami », son alter ego, et l'on verra tout à l'heure quel ressort a tiré son auteur d'une telle métamorphose.

Ici, soit dit en passant, commence, dans l'édition ninivite, la série des lacunes – manuscrits brisés ou en lambeaux – qui la rendra, par places, muette ou mal intelligible. Par chance, les deux tablettes qui se suivent de la version ancienne comblent opportunément une partie du présent vide. Voilà donc Gilgamesh en proie à une nostalgie de hautes aventures, de dangers inouïs et de gloire – une manière de s'assurer du moins l'immortalité du renom : « Si je succombe, au moins me serai-je fait un nom / ... Une notoriété éternelle. » Ainsi l'auteur a-t-il voulu lui faire aborder le thème central de son œuvre, comme si son héros, jeune, fougueux, ne tenait pas encore assez à la vie pour se garder de la compromettre, et n'avait pas encore de la mort une image assez nette pour la fuir à tout prix. « Puisqu'il nous faut mourir, dira, plus tard et ailleurs, le lumineux Pindare, pourquoi s'asseoir dans l'ombre, à traîner un vieil âge inutile et sans gloire ? »

Pour mettre son héros en état d'affronter un de ces rêves d'exploits, de risques et de célébrité, l'auteur de l'*Épopée* a intégré ici, revu et accommodé à sa manière, la légende sumérienne de la « Forêt-des-Résineux ». Entre-temps, toutefois, la situation de son théâtre a changé : les antiques réserves orientales d'essences sans doute épuisées, on s'est tourné vers le nord-ouest, et la « Montagne », et la « Forêt-des-Cèdres », ce sont désormais Liban et Amanus (cf. carte). Le terrible gardien Huwawa (dont la phonétique s'est quelque peu altérée en Humbaba) y a été du coup transféré par l'auteur, qui en

a du reste fait, d'emblée, plus qu'un obstacle redoutable :
un ennemi à éliminer. Le récit du long voyage des héros,
en 6 étapes, franchies comme à pas de géant, et précédées,
chaque fois, d'un songe pour laisser pressentir, et les
périls, et la conclusion fortunée de l'entreprise, est mal
conservé dans nos manuscrits. On l'entrevoit pourtant
assez bien, et comment, à la fin, après avoir neutralisé
l'épouvantable surveillant de la Forêt, ils décident de le
tuer – à la suggestion d'Enkidu, semble-t-il –, coupent des
arbres tout leur soûl et en emportent les troncs sur leur
bateau, qui descend l'Euphrate et les ramène à Uruk, où
on les accueille en triomphe.

C'est ici que notre auteur va insérer, à sa manière, la
légende du Taureau-Céleste. Car la divine patronne de
l'« amour libre », Ishtar, voyant Gilgamesh se pavaner
dans toute sa gloire et toute sa force, tombe aussitôt
amoureuse de lui et le lui déclare crûment. Mais, au
courant de sa frivolité et du peu de cas qu'elle fait de ses
amants une fois lassée d'eux, il lui jette à la face, avec son
refus dédaigneux, le mal qu'il pense d'elle et la liste de ses
amours mal tournées. Voilà pourquoi, furibonde, elle va
réclamer de « son père », Anu, qu'il expédie contre la cité
de son insulteur le Taureau géant, qui y fait un carnage.
Mais les deux héros le maîtrisent et le tuent. Même,
Enkidu, sur Ishtar, spectatrice impuissante de la ruine de
son dessein vindicatif, lance avec mépris une patte de
l'animal, et va jusqu'à menacer de festonner la déesse de
sa tripaille. Le triomphe de Gilgamesh est complet : il le
sent, le démontre, et, se proclamant « le plus beau... / ...
le plus glorieux des hommes », donne une grande fête en
son palais.

L'auteur de l'*Épopée* a tablé sur la cruelle fatalité de
notre vie qui fait de nos réussites les plus accomplies
l'annonce et le commencement de notre chute. Cette
chute, il l'a habilement préparée, en disséminant çà et là,
depuis le départ des héros pour leurs glorieux vagabondages, des excès qui leur échappaient et que les dieux ne
pouvaient guère voir d'un bon œil : le meurtre, en somme
inutile, du surnaturel Huwawa/Humbaba ; les insultes,
également de trop, contre Ishtar ; et peut-être cette façon

de vertige et de démesure qui parasite presque toujours
nos succès les plus grands. Au début de la tablette VII, la
chance a tourné : Enkidu voit en songe les dieux le
condamner à mort. Il tombe en effet malade, décline,
maudit la courtisane qui, en le promouvant à une vie plus
haute, l'a, en somme, mis sur le chemin du malheur, et
trépasse, à la fin, entre les bras de son ami désespéré,
lequel n'y veut d'abord pas croire et retient son cadavre
« jusqu'au moment où les vers lui tombent des narines ».
Puis il entonne un thrène déchirant à l'adresse de son
autre soi-même que lui a arraché la mort. Même si le
passage entier, assez mal en point, ne nous permet guère
de suivre le récit pas à pas, nous saute ici aux yeux, tout
d'un coup, la raison profonde qui avait décidé notre
auteur à changer d'emblée le statut d'Enkidu : il fallait
qu'il fût, non pas un simple serviteur, un inférieur, un
étranger, mais le plus proche possible du cœur de
Gilgamesh, pour que sa disparition bouleversât à ce
point, non seulement l'esprit, mais la vie de ce dernier.
Pour la première fois, le voilà donc mis en présence de la
vraie mort : la sienne propre, dont le cruel trépas de son
ami lui a offert à la fois une impitoyable et hideuse image,
et comme un préavis et un pressentiment : « Il me faudra
donc mourir comme Enkidu, moi aussi ! / Le désespoir
me submerge le cœur... »

Il se résout pourtant, en fin de compte, à lutter – c'est
dans son caractère ! – contre une telle fatalité. Il connaît
l'existence, à l'extrême bout de notre monde, à la frange
de celui des dieux, d'un homme comme lui et qui mène
pourtant là-bas une vie sans terme : c'est le héros et le seul
survivant du Déluge, ici appelé Uta-napishtî : « J'ai
trouvé ma vie ! » Il ira le visiter et lui demandera son
secret, pour en faire profit. Le voilà donc parti pour un
interminable et épuisant voyage merveilleux jusqu'aux
extrémités de la Terre : le récit, et c'est dommage, en est
en grande partie perdu ou défiguré.

Avant de traverser l'ultime mer périlleuse, il reçoit
pourtant – nouveau ressort dramatique ménagé par notre
auteur – une mise en garde de la mystérieuse nymphe
Siduri : « Où donc cours-tu ainsi, Gilgamesh ? / La vie

sans fin que tu recherches, tu ne la trouveras jamais ! / Quand les dieux ont créé les hommes, / Ils leur ont assigné la mort, / Se réservant l'immortalité à eux seuls ! / Bien plutôt, remplis-toi la panse, / Demeure en gaieté, jour et nuit... / Accoutre-toi de beaux habits, / Lave et baigne ton corps ! / Regarde avec tendresse ton petit qui te tient la main / Et fais le bonheur de ta femme serrée contre toi ! / Telle est la seule perspective des hommes ! » Mais, perdu dans ses espérances, il n'en veut pas tenir compte, traverse la mer aux mille dangers et arrive, à la fin, auprès d'« Uta-napishtî-le-lointain » à qui il pose tout net la question : « Tu me ressembles tout à fait, / Et pourtant les dieux t'ont octroyé une vie sans fin ! / Comment as-tu donc fait pour l'obtenir ? »

En réponse, son interlocuteur entreprend le long récit du Déluge, que l'auteur de l'*Épopée*, utilisant encore une fois tout un folklore préexistant, a emprunté, en l'adaptant, au fameux *Mythe du Supersage*. Il en ressort que, préféré par le dieu superintelligent Enki/Éa, qui, racontait ce mythe, avait inventé les hommes afin de procurer aux dieux, par leur travail, de quoi vivre béatement, il avait été choisi pour assurer leur relève après le brutal cataclysme, stupide et irréfléchi, auquel les avait voués Enlil, souverain des dieux et du monde, « que leur tapage empêchait de dormir ». C'est pour avoir joué ce rôle en somme avantageux à leur endroit, qu'ils avaient transféré Uta-napishtî à la banlieue de leur domaine et le plus loin possible des mortels moins heureux que lui, lui accordant, du coup, la vie sans fin, situation unique, exceptionnelle, et qui ne saurait donc se renouveler à l'avantage de Gilgamesh, dont les efforts inouïs s'effondrent du coup.

Comme pour mieux lui démontrer à quel point il n'est pas fait pour une existence indéfinie, Uta-napishtî le met à l'épreuve, le défiant de rester seulement « six jours et sept nuits sans céder au sommeil », image de la mort. Il tient le pari – mais s'endort presque aussitôt profondément. Il devra donc admettre, consterné, que vivre à jamais n'est pas son lot. Angoisse et désarroi transparaissent dans la conclusion qu'il en tire : « Et maintenant, que faire ? Où aller ? / Le Ravisseur se saisira donc de moi !

/ La Mort est déjà près de moi ! / Où que je fuie, elle m'attend !... »

Pourtant, saisie de pitié à le voir à la fois si malheureux et bredouille après tant d'incroyables dangers et de peines affrontés avec le plus grand courage, la femme d'Uta-napishtî obtient de son mari qu'il ne le laisse point partir les mains tout à fait vides. Il lui révèle donc l'existence et la cachette d'un végétal mystérieux, qui n'assure certes pas l'immortalité véritable, mais permet du moins au vieillard de retrouver sa jeunesse, et recule ainsi l'échéance fatale. Défendu par de terribles épines, il faut l'aller chercher jusqu'au fond de la mer, en un recoin secret. A grand-peine Gilgamesh y arrive, y plonge, et s'empare de la Plante de jouvence. Il n'aura donc pas tout à fait perdu son temps, ni ses peines...

Hélas ! sur le chemin du retour, comme il veut délasser ses membres fourbus, il se sépare un instant, sur la rive, le temps de se baigner, de la Plante merveilleuse – et un serpent la lui ravit ! Ainsi s'écroule son ultime espoir, et disparaît même le profit, pourtant dérisoire au regard de ses ambitions, que ses exténuants vagabondages lui avaient finalement procuré : « A quoi bon m'être ainsi épuisé ? / A quoi bon m'être à ce point meurtri le cœur ? / Je n'en ai rien tiré pour moi-même : / J'ai seulement avantagé le Serpent ! » – dont on croyait, en effet, qu'il retrouvait sa vitalité quand il changeait de peau.

On dirait qu'alors Gilgamesh se résigne : l'aventure ainsi terminée, le poète est concis. Il ramène chez lui, sans phrases, son héros « exténué, mais apaisé », pour n'en plus faire que ce grand homme : « Celui qui a tout vu, / Connu le monde entier et tout mis en mémoire », prêt à laisser aux autres, à tous les hommes après lui, la cruelle et profonde leçon de son expérience. Car l'auteur s'arrange ici pour nous ramener au tout début de son œuvre, et nous laisser ainsi entendre que le personnage qu'il y présentait d'emblée, avant l'énarration de ses aventures, était en fait celui d'*après*, redevenu au bout du compte un homme comme les autres, et résigné à son destin final, après avoir compris que tant d'énergie, tant d'efforts, n'ayant servi en rien à prolonger sa vie, à écarter sa mort, mieux valait vivre sans y réfléchir, se contentant, au plus, de l'immortalité de renom et de gloire qu'il avait d'abord ambitionnée et obtenue, et cueillant à mesure, comme le lui avait conseillé la sage Siduri, toutes les joies de l'existence, sans trop penser à leur fatale interruption dernière.

Quel sens aurait la moindre addition à cette longue histoire d'une grandiose illusion perdue, d'un espoir immense effondré, de tant de peines inutiles ? Pourtant, nous ignorons à quel point de la tradition manuscrite – avant l'époque d'Assurbanipal, en tout cas, dans la Bibliothèque de qui elle figure – on a vaille que vaille raccroché une douzième tablette. Elle aussi tourne autour de la mort : c'est la pure et simple traduction en akkadien d'une des légendes sumériennes du cycle de Gilgamesh, celle d'Enkidu descendu et retenu aux Enfers. Elle ne fait en rien, à l'évidence, partie de l'*Épopée* ; ce n'est qu'une façon de supplément glissé dans le dossier, une pièce annexe, du reste en parfaite contradiction avec toute l'œuvre elle-même : nous y avions appris, depuis la VIIe tablette, la maladie, puis la mort d'Enkidu, et voilà qu'on nous le met à présent sous les yeux en parfaite santé et s'offrant à descendre au « Pays-sans-retour », où sa courageuse entreprise tournera mal puisqu'on l'y retiendra, trépassé comme tous les habitants de ce lieu sinistre... Dans la séquence logique et dramatique de l'*Épopée*, comme son auteur l'a conçue et développée, un tel morceau n'a pas la moindre place : c'est seulement l'écho pieusement conservé d'une tout autre tradition folklorique.

Pour peu qu'on se décide à prendre les mots à leur sens authentique, l'*Épopée de Gilgamesh* n'est pas un récit explicatif, un *mythe*, même s'il est arrivé qu'on la traitât ou qualifiât comme telle, et si, dans son interminable discours, ont été intégrés, çà et là, quelques mythes véritables, explicités ailleurs dans la tradition littéraire, comme les amours de l'infidèle Ishtar, ou le Déluge. Son héros n'est pas un de ces prototypes dont le sort, en régime mythologique, rend compte de la nature et de la destinée de ses descendants. Il est une personnalité supérieure, le plus grand des hommes, mais non pas le premier, l'archétype de notre race entière, et l'auteur, en exposant ses errances, n'a pas du tout cherché à *expliquer pourquoi nous* sommes *tous* condamnés d'origine à la mort. Cette explication, les antiques lecteurs de son œuvre la connaissaient fort bien, et l'avisée Siduri y renvoyait du reste clairement dans sa tirade plus haut rapportée.

Les dieux inventent l'humanité.

Plusieurs mythes, dont le plus fameux et le plus exemplaire était celui du *Supersage*, détaillaient comment et pourquoi « Les dieux, en créant l'humanité, / lui avaient assigné la mort, / Gardant pour eux la vie sans fin... ». C'est que les hommes n'avaient été « inventés » et créés qu'au moment archaïque où les dieux, dans une optique où le travail était tenu indispensable pour subsister, avaient refusé de s'y épuiser davantage, risquant alors pénurie et famine. Le plus avisé d'eux tous, Enki/Éa, auteur de cette « invention » et qui en avait construit l'épure : le prototype humain, y avait savamment dosé de quoi lui assurer assez d'énergie et d'intelligence pour tenir des premiers travailleurs divins et s'acquitter ainsi au mieux de la tâche à lui assignée, et de quoi lui conférer une constitution assez radicalement différente pour qu'il fût jamais possible à ses descendants, au nom d'une identité de nature avec les dieux, de réclamer une identité de destin : le droit au non-travail. Il avait donc incorporé à sa matière première le sang d'un dieu immolé ; mais, pour cette matière, il avait choisi l'argile, la terre du pays, en quoi se résoudrait inévitablement, à la fin, le corps retourné en poussière. Ainsi avait-il inscrit la mort dans notre nature, nous séparant radicalement, de la sorte, des dieux. Voilà l'explication mythologique que ne donne pas, mais que suppose seulement, l'*Épopée de Gilgamesh*.

Elle n'est donc pas un mythe, mais une légende héroïque, de style grave et soutenu, une longue et solennelle épopée, qui nous présente, non certes une démonstration, mais un modèle : à admirer, sans doute, mais aussi à suivre. A travers l'exemple éclatant du plus célèbre et du plus grand des hommes, de celui qui eût été le plus digne et le plus capable de mener à terme son grandiose dessein *personnel*, et dont les aventures merveilleuses nous éblouissent, elle veut nous rappeler que, comme lui, nul n'échappe à la mort – dont la célébrité, dans la mémoire extasiée des hommes, n'est qu'un palliatif dérisoire ; que nul, pas plus que lui, ne saurait abroger des lois et faire tomber des barrières posées par de plus forts que nous ; que nul ne peut rien contre cet ordre de choses, institué en dehors de nous, dans lequel nous entrons, sans le vouloir, par la naissance, pour en sortir, même récalcitrants, par la mort, et qu'il faut donc seulement « penser à vivre »...

Ces vieux Sémites d'autrefois, d'un passé presque oublié, où l'on savait beaucoup moins de choses, sans doute, mais où l'on en avait peut-être une intelligence d'autant plus déliée et profonde que le monde, moins surpeuplé de connaissances et d'idées qu'aujourd'hui, se présentait à l'esprit plus dépouillé et plus aisément explorable, ces vieux Sémites n'étaient-ils pas de grands sages en soulignant aussi vigoureusement nos limites ? Et ne serait-il pas salutaire de les écouter encore un peu, de tendre un peu l'oreille, à travers leurs livres antiques, à 2 000, 3 000 ans, et plus, de distance, à l'écho de leur grande voix, en un temps où notre prodigieux avancement technique nous monte à la tête et nous laisserait croire que nous touchons au terme de notre puissance : que nous allons enfin maîtriser l'univers et notre propre vie ?

Orientation bibliographique

Les textes complets (versions diverses et fragments) de l'*Épopée de Gilgamesh* sont traduits, présentés et annotés dans l'*Épopée de Gilgamesh. Le grand homme qui ne voulait pas mourir*, Paris, Gallimard, 1992.

La naissance du péché

Jean Bottéro

Je me souviens d'une promenade automnale autour du cap d'Antibes, avec un vieil ami, aujourd'hui disparu, saint homme et fameux helléniste. Le long de « la mer aux mille bruits », nous devisions, chacun mettant en jeu son monde familier : il me vantait ses Grecs, je lui célébrais mes Sémites. Ce nom lui fit d'abord froncer les sourcils, qu'il avait drus et menaçants : « Ces insupportables Sémites, dit-il, sans lesquels, nous n'aurions pas acquis le sens du péché, qui nous empoisonne la vie ! » Il avait raison : notre *péché*, parfaitement ignoré de nos ancêtres grecs et romains, qui ne connaissaient que les infractions à l'ordre social et au rituel, et les manquements aux convenances, est une invention sémitique. Voici pourquoi et comment.

On appelle Sémites un ensemble d'hommes, toujours florissants depuis au moins 5 millénaires, définis par le fait qu'ils parlent tous des langues apparentées, la plupart encore vivantes : hébreu, araméen, arabe, éthiopien ; d'autres – en particulier l'akkadien de l'ancienne Méso-potamie – englouties en de vieux naufrages. Comme nos parlers romans (français, provençal, italien, espagnol, portugais et roumain), ces langues sont à la fois suffi-samment différenciées pour que ceux qui utilisent cou-ramment l'une ne comprennent pas pour autant les autres ; mais avec assez de traits communs pour qu'aux yeux des linguistes il n'y ait pas l'ombre d'un doute qu'elles représentent, toutes, les transformations d'une seule et même « langue mère », diversifiée à la fois par la dispersion de ceux qui la parlaient et par le long dévelop-pement particularisé, sur des générations, des différences de prononciation et d'usage, favorisées par la séparation des groupes. En collectant ces variations, pour les classer en constantes et y retrouver leurs lois de transformation, les linguistes savent, à partir de tels parlers dérivés, remonter à la langue première et, en partie au moins, la restituer. Dans le cas de nos idiomes romans, elle est parfaitement connue par ailleurs, en elle-même : c'est le latin. Pour les parlers sémitiques, beaucoup plus anciens et touchant à la préhistoire, qui s'est achevée au plus tôt vers 3000 avec l'invention de l'écriture en Mésopotamie, elle n'est nulle part attestée : son existence n'en est pas moins certaine, tout autant que celle du latin ; et on l'appelle, faute de mieux, « protosémitique ».

Instrument essentiel de la communication à l'intérieur d'une société, toute langue n'implique pas seulement l'existence d'un groupe qui la parle ; elle est aussi, à la fois, le produit et la traduction d'une culture originale, qui anime ce groupe et s'y transmet, comme elle, d'une génération à l'autre, faite d'habitudes sociales caractéristiques, conservées et plus ou moins altérées, avec le temps, dans les communautés séparées issues de la collectivité originelle. En vertu de cette dialectique linguistique, nous sommes donc à même de poser, dès avant l'histoire, vers le IVe millénaire au plus tard, sans doute aux alentours de l'Arabie, une communauté « protosémitique », à la langue et à la culture originales, ultérieurement dissociées et développées concomitamment, mais à part, en divers groupes issus de ces Protosémites archaïques.

Les plus anciens, qui nous soient assez bien connus par une documentaion abondante et intelligible, sont d'abord les vieux habitants de la Mésopotamie, dont la partie sémitique a rapidement « digéré » les allogènes Sumériens. Ils nous sont familiers, par l'ample littérature qu'ils nous ont laissée, depuis la première moitié du IIIe millénaire jusque peu avant notre ère. Bien plus tard, nous avons devant nous, en Palestine, les Israélites, dont notre Bible préserve l'histoire et la pensée, sur un millier d'années, à partir du XIIIe siècle avant notre ère. C'est des uns et des autres qu'il nous faut parler ici, à propos du *péché*.

Parmi les constantes culturelles, qui ont les mêmes chances que les linguistiques d'avoir constitué autant de traits originaux et distinctifs de la « mentalité » sémitique archaïque, et de s'être préservées, variablement développées, à la fois en Mésopotamie et, plus tard, en Israël, nous saute d'abord aux yeux une religiosité profonde. Elle a retenti jusqu'à nous puisque, le bouddhisme mis à part, les trois plus grandes religions « universelles » de notre ère : judaïsme, christianisme et islâm, sont d'origine sémitique.

En vertu d'un sentiment religieux aussi puissant, les Sémites ont constamment imputé la responsabilité de tous les phénomènes qui nous frappent et nous font problème ici-bas, à des êtres surnaturels : des dieux. Non seulement ces dieux étaient à l'origine de l'univers et des hommes, mais ils en demeuraient les maîtres suprêmes et en dirigeaient l'existence et l'évolution au jour le jour. A ce titre, on voyait en eux les promulgateurs et les garants de toutes les obligations infinies, positives ou négatives, qui régissaient la vie humaine : toutes relevaient d'abord de la décision explicite des dieux, et quiconque en enfreignait une seule, *résistait* donc à leur volonté, *méprisait* leurs ordres ou les *négligeait, se révoltait* contre leur autorité – autant de nuances qui, dans les langues sémitiques, contribuent, synonymement, à définir cette désobéissance aux dieux qu'était essentiellement le *péché*, par lequel on pouvait donc à tout instant entrer en conflit avec le monde surnaturel, puisque aucun des domaines et des moments de la vie n'échappait à leur autorité.

Comment une telle « doctrine » a-t-elle été vécue et adaptée par la plus antique et durable communauté autonome de Sémites que nous connaissions, en Mésopotamie ?

Le catalogue des péchés.

Dans ce pays, voué depuis la nuit des temps au pouvoir monarchique, le monde d'En haut, maître de l'univers et de ses habitants, était imaginé sur le propre modèle de ce même pouvoir séculier, et organisé comme lui. Mais, alors que le pouvoir civil n'avait la haute main que sur les prescriptions qui réglementaient la vie sociale, la souveraineté des dieux portait beaucoup plus loin et régentait la vie entière de chaque homme, multipliant ainsi comme à l'infini leur chance de *pécher*. Pour prendre conscience du nombre et de la variété de ces occasions, il nous reste, en particulier, un long catalogue de telles « fautes », lequel figure dans une grande liturgie exorcistique (*Shurpu*, cité plus haut, p. 218). En voici quelques extraits.

On y trouve, cela va de soi, des transgressions rituelles : « Avoir manqué de respect à un dieu, en paroles ou en actes ; détourné la matière d'un sacrifice promis à une divinité ; pris, pour faire sa prière, une attitude arrogante, ou négligé de se laver les mains ; omis, en cours de sacrifice, de mentionner le dieu auquel on l'adressait ; dérangé l'ordonnance d'un autel apprêté pour le culte ; eu des rapports sexuels avec une femme consacrée à quelque divinité », etc.

On y rencontre également des violations de l'ordre public, duquel la responsabilité incombait aussi, d'autre part, au pouvoir civil. Certaines étaient graves, dans la mesure où elles introduisaient un désordre ou un empêchement sérieux dans la vie sociale : « Usage de fausse monnaie ou de mesures fausses ; déplacement injustifié de bornes ou barrières qui délimitaient les propriétés ; captation d'héritage ; vol ; adultère ; faux témoignage ou accusation grave infondée ; meurtre et assassinat ; calomnie ou médisance ; rébellion contre un représentant de l'autorité publique ; manque de respect aux parents », etc.

D'autres, de toute évidence plus bénignes, relèvent plutôt de la simple civilité ou du savoir-vivre, voire du sentiment de dignité personnelle ou de ce que l'on appelle l'ordre moral : « Avoir proféré des mensonges, ou des inconvenances ; bavardé, ou déparlé ; tenu des discours flagorneurs, ou malséants ; commis quelque incongruité ; avoir refusé de secourir un homme démuni de tout ; être intervenu pour que l'on emprisonne quelqu'un ; n'avoir pas fait [quand on en avait le pouvoir] libérer un prisonnier ; n'avoir pas tenu sa promesse ; avoir bouché un canal ; mangé de la viande volée », etc.

Il en reste un bon nombre qui paraissent d'abord n'avoir rien à faire avec les devoirs religieux, sociaux ou personnels : ce sont, à l'évidence, des usages dérivés de représentations plus ou moins irrationnelles, sans doute immémoriales et dont on ne gardait probablement pas plus conscience claire que nous autres lorsque, par exemple, nous saluons quelqu'un qui vient d'éternuer. Ainsi : « Avoir marché sur le théâtre d'un massacre ; montré du doigt une lampe ; allumé du feu en présence d'un tiers ; avoir bu dans une coupe d'argile non cuite ; mis le doigt sur la plaie d'un mouton égorgé ; avoir refusé ou réclamé quelque chose par temps sombre ; arraché des brins d'herbe en la steppe ou des roseaux dans le marécage, ou même tiré un roseau de sa botte ; arraché une glèbe à un champ, ou encore l'avoir brisée, ou jetée à l'eau ; avoir uriné ou vomi dans un cours d'eau », etc.

Même si telle ou telle de ces prohibitions s'explique par des croyances en vigueur (la dernière citée, par exemple, est en accord avec le caractère surnaturel attribué anciennement aux fleuves et aux rivières), le moins qu'on puisse dire de leur transgression à toutes, c'est qu'elle ne risquait guère de provoquer le plus petit désordre dans la vie religieuse, sociale ou individuelle, et que, jugés sur ce plan, les *péchés* ainsi commis paraissent avoir été tout ce qu'il y a de plus véniels et excusables.

Or, et c'est là le trait le plus étonnant de la liste en question, les *péchés* qu'elle énumère (il y en a, au total, plus de 250, du reste distribués, toutes catégories entremêlées, autrement que je n'ai fait en les classant) ont manifestement *tous* la même portée surnaturelle : ils sont tous explicitement censés fournir une justification du mal ou du malheur endurés par l'intéressé, lequel n'affrontait l'exorcisme que pour s'en débarrasser.

Ces gens-là étaient donc logiques dans leur représentation des dieux comme source et garantie de toutes les règles de conduite des hommes : quelles qu'elles fussent, prises sous cet angle, leur importance était égale, puisqu'elle ne se tirait pas de la gravité de leur répercussion sur la vie sociale, mais de leur dignité intrinsèque et de leur qualité d'expressions de la volonté divine. Ceux qui, en les violant, *se révoltaient contre* les dieux, leur *résistaient*, ou les *négligeaient* et, en somme, les *méprisaient*, ces mêmes dieux devaient les punir, comme le pouvoir civil réprime les contrevenants aux règles de la vie en commun. Les maux et les malheurs qui surviennent tout à coup, sans raison apparente, dans la vie de chacun, étaient donc tenus pour autant de châtiments envoyés par les dieux afin de sanctionner ces *péchés* commis contre eux-mêmes. Mais, comme le souverain d'ici-bas était exorable et, dûment supplié, pouvait toujours revenir sur une sentence condamnatoire, ainsi jugeait-on les dieux en mesure de passer l'éponge, de pardonner l'offense faite et d'évacuer ainsi le mal-châtiment qu'elle avait entraîné. La condition préalable pour implorer cette absolution-délivrance, c'était, comme devant les tribunaux civils, la reconnaissance de sa propre responsabilité par l'aveu du *péché* commis. Et c'est dans le cadre d'un tel aveu que le rituel d'exorcisme en question comportait la liste dont on a lu plus haut quelques détails.

Mais pourquoi une *liste* aussi longue, alors qu'un seul eût suffi pour rendre raison du mal ou du malheur que l'on voulait combattre ? C'est, de toute évidence, parce qu'en la *récitant* – car il fallait la réciter entière, et non pas y faire un choix – le patient avait d'autant plus de chances de tomber sur la véritable faute commise et à confesser, que le catalogue se terminait, pour couvrir tout ce que l'on y aurait pu omettre, par la rubrique généralisante : « ou un autre péché quel qu'il soit ». Le pécheur n'avait donc pas nécessairement conscience de la faute qu'il avait dû perpétrer et qui avait déclenché le malheur. La preuve en est qu'en cours d'énumération on trouve également des situations obligatoirement incompatibles avec la moindre responsabilité personnelle imaginable. Ainsi : « Une souillure héritée des parents, ou communiquée par l'entourage » du pécheur ; et même le simple « contact [accidentel] avec un tiers déjà touché par quelque surnaturelle malédiction ». Ces « souillures » et « malédictions », ne se lisant naturellement pas sur le visage de leur porteur, du reste présumé inconnu, étaient donc *supposées*.

Voilà le maître mot lâché : la *supposition*, la *déduction* jouaient dans un pareil raisonnement le rôle capital. En réalité, dans une telle représentation du *péché* et de son châtiment, on ne partait pas, *a priori*, de la faute elle-même, d'abord constatée et qui aurait laissé attendre sa sanction, mais *a posteriori*, depuis le mal et le malheur instants, que l'on interprétait comme un châtiment envoyé par les dieux, en *déduisant* que ceux-ci *devaient donc avoir eu* une bonne raison de l'infliger, à savoir un *péché* que l'intéressé *avait dû* perpétrer. Voilà pourquoi le *pécheur* n'était pas censé garder mémoire distincte de sa faute : il suffisait qu'il l'eût commise, ou même qu'il eût eu contact avec un autre *pécheur* ou objet de la vindicte divine ; et cela, les dieux le savaient !

Une telle ignorance de la faute dont on éprouvait le résultat castigateur est du reste un thème connu de la littérature religieuse. Plusieurs discussions lui ont été consacrées, dont un long monologue dans lequel un homme, conscient de la droiture de sa vie, se plaint d'avoir été plongé dans les derniers malheurs et se demande pourquoi – discours, soit dit en passant, que l'on retrouvera, traité à sa manière, en la Bible. Voici quelques exclamations qui reviennent, sous une forme ou une autre, plus d'une fois dans les prières et adresses exorcistiques, notamment : « Ô dieux Éa, Shamash et Marduk, quelles fautes ai-je donc pu commettre, / Pour qu'une telle malédiction, un tel malheur, me soient tombés dessus ? » ; « Mon dieu, ton châtiment pèse lourd, / Et pourtant je n'en connais point la raison ! » ; « Qu'ai-je dû faire, ô dieu, et qu'ai-je dû commettre, / Que me voici pareil à l'eau de la rivière, qui dévale on ne sait où, / Pareil à un bateau ignorant où il accostera ?... » Une telle incertitude touche même l'onomastique : en Mésopotamie, comme chez les autres Sémites anciens, les anthroponymes consistaient volontiers en des sortes d'exclamations pieuses qu'on imagine avoir été à la fois prononcées par le père et conférées du coup comme « nom propre » à l'enfant qui venait de naître. Or, les exemples ne manquent pas d'individus à qui l'on avait imposé pour dénomination : « Quel-péché-ai-je-commis ? », ou « Qu'ai-je-fait-contre-mon-dieu ? » – comme si l'auteur de ces interrogations était en proie à quelque épreuve lors de la naissance de son enfant.

En somme, aux yeux des anciens Mésopotamiens, le *péché*, c'était bien une révolte contre les dieux, par infraction, volontaire ou non, consciente ou non, à une quelconque des prescriptions sans nombre dont ils avaient quadrillé l'existence humaine. Les offensés, dans l'insondable sagesse de leurs desseins, pouvaient fort bien – comme il arrive ici-bas aux autorités – ne s'en point montrer outragés et laisser impunies ces incartades. Mais ils pouvaient aussi les châtier, par des maladies, des ennuis, des malheurs, qu'ils expédiaient aux *pécheurs*. Le *péché* n'entrait en la conscience que dans la mesure où cette vindicte était déjà en train. Alors, seulement, l'on s'en préoccupait, non certes ému par un chagrin, une angoisse, une contrition d'avoir offensé les maîtres du monde, mais simplement pour prendre les dispositions nécessaires en vue d'évacuer un tel châtiment en implorant, selon les rites exorcistiques prévus, la clémence des dieux, et en commençant, pour les y disposer mieux, par confesser sa faute. Ce n'est donc pas en Mésopotamie qu'un pareil sentiment du *péché* pouvait, par lui-même, véritablement « empoisonner l'existence », comme disait mon dévot helléniste.

Ne commets point d'adultère ! Ne vole pas !

Les choses vont changer en Israël. Pour mieux comprendre la situation, il ne faut pas oublier qu'à la différence de la religion mésopotamienne et d'à peu près toutes les autres semblablement « primitives », anciennes ou contemporaines, le système religieux d'Israël, dont la doctrine et le développement sont consignés en la Bible, était du type « historique », comme le christianisme, l'islâm et le bouddhisme. Ce n'était pas la simple expression de l'attitude traditionnelle et immémoriale, enracinée dans sa culture, d'une communauté à l'égard du surnaturel : en pleine histoire, au XIIIe siècle avant notre ère, il avait été pensé, élaboré et propagé par un seul

homme, Moïse, lequel l'avait imposé à ses congénères.
Dans de tels systèmes, non seulement les adeptes gardent
un souvenir toujours actuel du fondateur, mais ils se
réfèrent constamment à ce qu'ils pensent être ses conceptions et ses volontés, à eux présentes par des « livres
saints » où on les a fixées par écrit avec les enrichisse-
ments et les perfectionnements de la tradition ultérieure :
ce qui assure non seulement une rectitude, une netteté et
une unité de « doctrine » et de comportement, mais une
adhésion profonde de l'esprit et du cœur, et un « engage-
ment personnel » que l'on chercherait en vain dans les
systèmes « primitifs ».

Moïse avait fondé sa religion sur deux ou trois inspira-
tions fondamentales. Tout d'abord, qu'il existât ou non
ailleurs d'autres divinités, une seule devait compter aux
yeux des Israélites : *Yahvé*, qui s'était révélé à eux peu
après leur « libération » de l'Égypte – un dieu au nom
nouveau, isolé, sans panthéon autour de Lui et mystérieux : proprement infigurable, à la différence de tous les
autres. Ce dieu, ils étaient censés s'être liés d'abord à Lui
par un de ces pactes solennels « d'alliance » comme les
vieux Sémites en pratiquaient alors volontiers. Ils étaient
ainsi devenus le peuple particulier de *Yahvé*, lequel,
comme les dieux des autres nations vis-à-vis d'elles,
prendrait leur parti, les défendrait et ferait triompher
leurs desseins, et tout d'abord celui qu'ils nourrissaient
alors : se tailler un territoire qui serait bien à eux et les
rassemblerait tous. En retour, ils s'engageaient à ne
jamais considérer ni servir pour dieu un autre que *Yahvé*
et à Lui rendre ponctuellement le culte particulier qu'Il
exigeait : non pas en offrandes et cérémonies pompeuses,
mais avant tout par la stricte observance d'un code
fondamentalement religieux et éthique, condensé dans ce
que l'on appelle le « Décalogue », parce qu'il concentrait
tout le comportement religieux prévu en une dizaine de
prescriptions, positives ou négatives, qui réglemente-
raient désormais la vie sociale de ces semi-nomades
errants qu'étaient encore les Israélites :

« C'est moi, *Yahvé,* qui suis ton dieu : Moi qui t'ai fait
sortir d'Égypte... : tu n'auras point d'autres dieux que

Moi ! – Tu ne fabriqueras point d'idoles... : tu ne te prosterneras point devant elles et ne leur rendras point de culte, car Moi, Yahvé, ton dieu, Je suis un dieu exclusif ! – Ne mets jamais en avant, pour un mensonge, le nom de Yahvé, ton dieu ! – N'oublie pas de sanctifier le jour du repos : pendant six jours, tu peux travailler... mais le septième sera une vacation réservée à Yahvé, ton dieu ! – Honore ton père et ta mère ! – Ne tue personne ! – Ne commets point d'adultère ! – Ne vole pas ! – Ne porte pas de faux témoignage contre un de tes congénères ! – Ne convoite pas la maison d'un de tes congénères, et pas davantage sa femme, son serviteur... ni rien de ce qui lui appartient ! » (Exode xx, 2-17).

Dieu unique et universel, maître de tout.

Dans ce pacte de fondation transparaissaient les mêmes représentations essentielles que nous avons surprises, mais tout autrement matérialisées, en Mésopotamie : le dieu y est toujours le promulgateur et le responsable des obligations et prohibitions qui dirigent la vie des hommes ; dès lors, toute infraction à ces volontés d'En-haut constituera, à l'égard du Pouvoir surnaturel, une *résistance*, une *révolte*, une *négligence*, un *mépris* – en un mot : un *péché*.

Toute l'histoire religieuse d'Israël tient dans le développement de telles prémisses, au gré du temps et des circonstances.

D'abord, en conquérant peu à peu la Palestine sur ses occupants, Sémites eux aussi, répartis en petits royaumes urbains et connus sous le nom collectif de Cananéens, pour s'y installer eux-mêmes, les Israélites vont changer radicalement leur régime de vie. D'une confédération de tribus semi-nomades, sans feu ni lieu et à l'existence foncièrement collective, ils seront transformés en paysans et citadins, d'abord voisins, imitateurs et apprenant tout des Cananéens, avant de les « phagocyter » et remplacer.

Or, ces gens avaient aussi leurs dieux, comme tous les autres Sémites, et qui jouaient dans leur existence d'agriculteurs sédentaires un rôle actif et quotidien, puisqu'ils étaient les « maîtres » des bienfaits du temps, de la richesse du sol, de la prospérité. Les fidèles de *Yahvé*, en dépit de la « jalousie » de leur dieu, seront donc exposés à la vive et perpétuelle tentation de recourir à eux et de les servir autant, ou presque, que leur *Yahvé* national. En outre, ils finiront par accommoder à ce dernier le rituel pompeux des divinités cananéennes, risquant ainsi de se contenter d'un tel cérémonial de façade, au lieu de rendre hommage à *Yahvé* surtout par leur conduite, comme Il l'avait voulu. Enfin, le régime nouveau du travail indépendant de la terre et de la propriété privée rendra beaucoup plus malaisée la pratique de cette loi de fraternité et de partage entre « congénères », traditionnelle chez les nomades et sur quoi avait été établi le « Décalogue ». De tous côtés vont donc se multiplier les occasions de manquer à leurs promesses anciennes : de *pécher* contre leur dieu.

Après une envolée d'un siècle vers le triomphe et la puissance, couronnés, aux alentours de 1000 avant notre ère, par l'établissement, sous David, d'un royaume glorieux, respecté et riche, va s'installer rapidement la décadence politique. Cinquante ans après David, le pays se partage en deux : un État plus puissant, au Nord, l'autre autour de Jérusalem, désormais rivaux, voire ennemis à l'occasion, même s'ils gardent le sentiment d'une profonde unité « nationale » autour de leur *Yahvé*. Bientôt, les formidables campagnes des Assyriens, puis des Babyloniens venus de Mésopotamie s'ouvrir un débouché sur la « mer Supérieure », tout en s'appropriant les richesses des petits royaumes syro-palestiniens, plongeront le pays dans une série de désastres : le royaume du Nord disparaîtra le premier et, un siècle plus tard, celui du Sud, dont les élites seront déportées pour de longues années en Babylonie.

Ce sont précisément ces événements malheureux qui vont élargir et approfondir à l'extrême la religion d'Israël. Une élite de grands esprits religieux, dont les plus fameux ont été ces prédicateurs que nous appelons les Prophètes, au nom d'une fidélité inconditionnelle à l'Alliance pre-

mière et de leur foi totale en un *Yahvé* tout-puissant, juste
et rétributeur, a rapproché en une seule tresse le double
fil de la décadence politique et de la déchéance religieuse
et morale. Ceci expliquait cela, compte tenu de la néces-
sité, pour *Yahvé*, de châtier les *péchés* de Son peuple
infidèle. Une telle inférence allait loin !

Il en est résulté d'abord une extraordinaire valorisation
de la puissance et de la hauteur de *Yahvé* : capable de
faire venir de leur lointaine Mésopotamie, pour exécuteurs de ses hautes œuvres, le peuple et l'armée les plus
puissants du monde, à l'époque, Il les commandait donc
et Il était forcément bien supérieur à leurs divinités
fameuses. Mais alors, Il n'était pas le dieu du seul peuple
d'Israël, mais de l'univers entier, le Seul, le Tout-Puissant.
C'est par là que s'est imposée la conviction du monothéisme absolu de *Yahvé*.

Ce dieu unique et universel, très haut placé par-dessus
tout et maître de tout ici-bas, qui tirait toutes les ficelles
de l'histoire des hommes, il était impossible de ne Lui
point imputer une justice *absolue*, dont les malheurs
d'Israël fournissaient la démonstration éclatante. Ce n'est
donc pas, comme en Mésopotamie, une fois l'infortune
survenue et interprétée comme un châtiment, que l'on
pensait à la faute qui avait dû le mériter, la concluant *a
posteriori*, alors qu'on n'en avait guère eu conscience ou
scrupule avant : de la part de *Yahvé*, c'est dès la faute
commise qu'il fallait s'attendre à la punition, et s'y
attendre inéluctablement, car Il était trop absolument
juste pour laisser passer sans réagir la moindre offense à
Lui faite. Aussi les Prophètes ne cessaient-ils d'annoncer
– et la suite des événements leur donnait raison et
confirmait ainsi la vérité de leur analyse – de nouvelles
catastrophes, déclenchées par l'incapacité des Israélites
de revenir à l'observation pure et simple de l'Alliance.

Celle-ci, on en avait, entre-temps, par un travail séculaire de réflexion, et, en somme, de casuistique, tiré et mis
par écrit une multitude de plus en plus circonstanciée de
prescriptions et de devoirs, déployant de la sorte les
virtualités du primitif et global « Décalogue », et préci-
sant, avec une croissante minutie, la conduite à tenir pour

se conformer aux volontés de *Yahvé*. La lecture du Deutéronome, par exemple, et de certains chapitres du Lévitique, est édifiante sur un tel procès... Ces détails, puisque dans la pensée des « théologiens » du temps ils ne faisaient qu'expliciter la pensée profonde et ramassée de Moïse, on les présentait à mesure comme à lui révélés par *Yahvé* et l'on commençait à réunir le tout sous le nom de *Tôrâ* : à la fois l'« enseignement » de Dieu pour une vie droite, et la « manifestation » de Ses volontés sur Son peuple – en somme, le propre contenu total de l'Alliance. Dans cette *Tôrâ*, il n'était pas question, comme on eût fait en Mésopotamie, de rechercher à tout prix la petite bête, en recourant à des vétilles superstitieuses, indignes de la majesté de *Yahvé* : seules avaient été mises en avant par Lui les grandes orientations de la vie religieuse et sociale, détaillées, certes, en toutes leurs virtualités imaginables, mais qui ne recouvraient, au bout du compte, que le champ des rapports avec Dieu et les autres.

Un autre progrès intervenu entre-temps, et d'une incalculable portée, lui aussi, c'est l'accession à la religion personnelle. Le partenaire de l'Alliance, ç'avait été d'abord le peuple d'Israël, comme tel, et c'est d'abord lui qui, après avoir été le bénéficiaire des bienfaits de *Yahvé*, s'était trouvé responsable et châtié de ses *péchés*, et que les Prophètes vouaient à de nouveaux malheurs s'il ne revenait pas à sa fidélité promise. Peu avant la chute de Jérusalem, suite à un long travail de maturation de la foi religieuse, s'implanta enfin la conviction qu'un Dieu aussi universel et sublime devait avoir devant Lui, sous Sa poigne, non seulement l'ensemble des hommes ou Son propre peuple, masse indistincte et anonyme, mais *chaque* homme.

Tels sont les principes sur quoi s'est rétablie la religion de *Yahvé* lorsque, en – 538, Cyrus, roi des Perses, vainqueur de Babylone, libéra les Israélites de leur lointain exil. Au cours du demi-siècle d'amères réflexions sur leurs malheurs passés et leurs responsabilités et celles de leurs pères, les déportés avaient eu loisir d'admettre enfin tout ce que leur avaient si longtemps prêché en vain leurs chefs spirituels, et de préparer un nouveau départ, en se for-

geant une attitude religieuse conforme à leurs nouvelles
convictions.

Pour ce renouveau, certains d'entre eux avaient vu
large et haut : ils proposaient d'entendre le privilège
essentiel de « peuple de *Yahvé* » comme une mission
désormais assumée par Israël de faire connaître à tous les
hommes le seul vrai Dieu, qui était le leur et qui les avait
choisis dans ce but. Mais les exilés ont préféré prendre
tout autrement cette prérogative : sans se préoccuper du
reste de l'univers, ils se considéreraient et se comporte-
raient comme une communauté à part, réservée et vouée
avant tout au culte authentique du vrai Dieu, qui avait
élu leur peuple précisément pour qu'il y eût au monde au
moins un groupe d'hommes entièrement consacrés à Lui.
Et ce culte reprendrait sa signification et sa teneur
originelles, jurées lors de l'Alliance, mais depuis des
siècles fâcheusement oubliées et contredites, d'obéissance
stricte aux volontés de Dieu, telles que les leur présentait
et explicitait la *Tôrâ*, le corps des « écritures saintes », peu
à peu, depuis Moïse et, pensait-on, dans son propre
esprit, complétées et précisées jusqu'à la minutie, dans le
double domaine des relations avec Dieu et avec les
hommes. Cette communauté religieuse, dont ne faisaient
naturellement partie que les descendants d'Israël, par leur
naissance même, c'est la forme dernière qu'a prise l'antique religion israélite après l'Exil à Babylone, à partir du
Vᵉ siècle avant notre ère. On l'appelle le judaïsme, et elle
n'a guère bougé depuis.

Le judaïsme impose donc pour règle de vie essentielle
la conformité à une Volonté supérieure, détaillée par écrit
et qui réglemente les rapports quotidiens avec Dieu et
avec les autres : un code de prescriptions surnaturelles –
une *Loi*. Tout ce qui est en accord avec elle est bon et
vertueux ; tout ce qui s'en écarte, mauvais et *péché*. Un
pareil idéal se reflète partout dans les livres bibliques
composés après l'Exil : tels, en particulier, nombre de ces
cantiques spirituels que l'on appelle Psaumes, ou de ces
conseils de sagesse intitulés Proverbes. En voici un
exemple éloquent, tiré précisément d'un Psaume (CXIX,
10-15) composé d'interminables variations, sur ce thème :

« De tout mon cœur, je T'ai cherché : / Ne me laisse point errer loin de Tes Commandements ! / J'ai recelé en mon cœur Tes Paroles, / Afin de ne jamais pécher contre Toi ! / Je n'ai cessé d'épeler, de mes lèvres, / Tous les Ordres sortis de Ta Bouche ! / Je trouvais plus de joie à suivre Tes Ordonnances / Qu'en n'importe quelle richesse ! / Je ne veux rien que méditer Tes Instructions / Et contempler Tes Règles-de-conduite ! » – et ainsi de suite, en 176 « vers » divisés en 21 « strophes »...

Ce passage met en valeur le sentiment profond que peut faire naître une telle importance religieuse de la Loi-à-observer : précisément le bonheur que l'on tire de cette obéissance : « Je trouvais plus de joie à suivre Tes Ordonnances / Qu'en n'importe quelle richesse ! » Et il est vrai qu'une telle spiritualité peut porter en elle-même sa récompense et affleurer en une vraie mystique, qui puise ses délices dans la soumission même à la Volonté d'un Dieu, non seulement sublime, incompréhensible et bouleversant en Lui-même, mais dont on pouvait désormais se faire un interlocuteur, un confident, un proche et, en somme, un ami. On retrouve çà et là cette disposition en quelque sorte extatique : une fois ou deux, elle semble même avoir triomphé de l'épreuve terrible que constituait malgré tout la mort, alors conçue comme un engourdissement définitif pour tous, sans distinction, dans l'immense et lugubre caverne souterraine du Shéôl, de la Fosse : « Je bénis Yahvé qui m'instruit (dit l'auteur du Psaume XVI, 7-11) / Et qui, même la nuit, m'enseigne la docilité ! / Je mets toujours Yahvé devant moi : / Parce qu'Il est près de moi, je ne bronche jamais ! / Aussi mon cœur est-il en joie et mon âme en liesse : / Même mon corps repose en sécurité ! / Non, Tu n'abandonneras point ma personne au Shéôl ! / A Ton dévot, Tu ne laisseras point endurer la Fosse ! Mais Tu m'indiqueras le chemin de la Vie, / La richesse et la joie de Ta Présence, / Et la douceur d'être auprès de Toi pour toujours !... »

Mais ce sont là des dispositions exceptionnelles, réservées à des esprits religieux d'une grande hauteur de vues et profondeur de sentiments, comme il s'en trouve – peu !

– dans toutes les religions. Le plus grand nombre, loin de ces sommets, comment ne se seraient-ils point posé des questions devant ce qui leur était imposé par leur propre foi ? Certes, c'était un privilège et un honneur inestimables de faire partie du peuple choisi et préféré par le Dieu de l'univers, et un tel avantage valait bien l'obligation de se conformer à Sa Loi. Mais n'y trouverait-on point, en vérité, d'autres bénéfices, conformes aux antiques promesses ?

On s'est nourri un temps des rêves d'une nouvelle accession d'Israël à la puissance et à la gloire, et toute une littérature grandiloquente et plus ou moins vaticinatrice et absconse (on l'appelle « apocalyptique ») a exploité le thème d'une intervention fulgurante de Dieu, qui restaurerait le royaume de David, changerait la face du monde et rendrait à Ses élus la prospérité, la paix, le bonheur, la première place, à jamais. Mais une telle veine, même si elle a inspiré un temps des écrivains, ne semble guère avoir suscité l'enthousiasme et l'adhésion de la multitude ; encore moins a-t-elle suffi à combler le besoin de compensation forcément créé par les obligations religieuses.

Après tout, la religion étant devenue personnelle, si les fils n'avaient plus, comme auparavant, à payer pour les crimes des pères, ne devaient-ils pas aussi recevoir la récompense de leur vie conforme à la Loi, tandis que les *pécheurs*, qui faisaient fi de cette dernière, seraient obligatoirement châtiés, en vertu de l'antique doctrine de la Justice absolue de *Yahvé* ? Cette controverse a fort occupé les esprits, après l'Exil. Elle a donné naissance à un incomparable chef-d'œuvre de poésie, mais aussi de pensée : le Livre de Job. L'auteur y pose le problème de savoir pourquoi un homme juste et absolument irréprochable, comme Job, reconnu tel par Dieu en personne, peut être cependant plongé dans la dernière infortune. Les trois amis du malheureux, utilisant l'antique et éculé raisonnement *a posteriori*, affirment mordicus qu'il *a dû pécher* : mais lui, conscient de son innocence, demande des comptes à Dieu.

C'est Lui qui apporte la réponse à ce formidable

problème de la souffrance du Juste, et, en fin de compte, de la Souffrance tout court, du Mal universel. Il Lui suffit, dans un discours sublime et magnifique, de rappeler Son rôle propre et incomparable de créateur et gouverneur de tout, Sa place radicalement supérieure à tout, ici-bas, pour que Job comprenne qu'il ne lui reste plus qu'à « mettre la main sur sa bouche » : se taire, non pas seulement pour se soumettre, mais pour admirer des décisions venues de si haut que nul, par définition, ne les peut comprendre. Une pareille solution à cette inextricable aporie du Mal, la seule possible dans un système qui pose un Dieu unique et transcendant, était définitive. Mais qui pouvait l'accepter, s'en contenter, y trouver la sérénité et la joie en dépit du malheur, si ce n'est, encore une fois, des esprits religieux de très haut vol, une exceptionnelle élite ?

Restait donc, pour la multitude, l'espoir en la réalisation, par Dieu, de Ses promesses, transposées sur le plan désormais personnel. Citons encore un Psaume (I, 1-4) qui résume fort bien un pareil idéal : « Heureux qui ne s'est point mêlé au concert des impies / Ni ne s'est arrêté sur la voie des pécheurs..., / Mais qui tire sa joie de la Loi de *Yahvé* / Et se récite cette Loi nuit et jour ! / Il ressemble à un arbre planté sur un cours d'eau, / Qui donne son fruit en son temps / Et dont la frondaison n'est jamais desséchée : / Tout ce qu'il entreprendra réussira ! / Pour les impies, il n'en sera pas ainsi, pas du tout : / Eux seront comme balle emportée par le vent !... »

Évité ou commis, le *péché*, on le voit, était au centre de la vie religieuse et des préoccupations de l'homme religieux. D'autant que, pour s'en débarrasser, il ne disposait pas, comme les anciens Mésopotamiens, des rituels quasi automatiques de l'Exorcisme. Le *pécheur* ne pouvait donc qu'exhaler son repentir et implorer son pardon en s'adressant directement à Dieu, lequel n'avait nul besoin de manipulations ou de formules plus ou moins incantatoires pour répondre par Lui-même et anéantir la faute et ses séquelles : car on Le croyait exorable et Il était trop essentiellement bon pour ne pas réagir devant le chagrin de qui L'avait offensé. « De par Ta bonté, fais-moi grâce,

mon Dieu : / Efface mes péchés, de Ta large compassion !
/ Lave-moi tout à fait de mes iniquités / Et purifie-moi de
mes fautes !... / Je sais que j'ai péché : / Ma faute
m'obsède sans cesse ! / C'est contre Toi, Toi seul, que j'ai
failli / Et fait ce que Tu réputes mauvais ! / Détourne les
yeux de mes fautes, / Efface-moi toutes mes iniquités ! /
... Rends-moi la joie de la délivrance ! » (Psaume LI, 3-6,
11, 14).

Dans la religion de *Yahvé*, dans le judaïsme, on le voit,
l'obéissance aux volontés divines et, par conséquent, son
contraire, la désobéissance, le *péché*, occupent une bien
plus grande place qu'en Mésopotamie, dans la vie religieuse, et, comme celle-ci compénétrait alors l'existence
entière, dans la vie tout court. Qu'il ait poussé au juri-
disme et à la seule exécution littérale des « commandements », ou incliné à aller plus loin et plus haut, en
mettant au-dessus de tout le respect de l'« esprit » de ces
commandements, le *péché*, la hantise du *péché*, recouvrait
tout le champ de la conscience religieuse. Il pouvait même
l'obséder à ce point que l'existence entière du croyant
n'était plus qu'observance scrupuleuse et minutieuse d'un
certain nombre de directives, en retour de quoi il pensait
pouvoir compter, ici-bas ou après, sur une récompense de
Dieu, satisfait – comme si la religion véritable avait
quelque chose à faire avec cette mesquine et dérisoire
comptabilité !

C'est un fait, et nous sommes largement payés pour le
savoir, que le *péché*, et ce qui tourne autour, a lourdement
pesé dans l'héritage reçu d'Israël par le christianisme,
lequel, même s'il l'a pénétré de son esprit propre, nous a
transmis le tout. Certes, il n'y « empoisonne » pas nécessairement « l'existence » de tous, comme le déplorait mon
vieil helléniste, et sans doute, d'ailleurs, y pensons-nous
de moins en moins aujourd'hui. Il a pourtant joué un rôle
capital – qu'il serait bien instructif d'étudier – dans la
formation de notre conscience : il nous a notamment
habitués à nous sentir constamment « responsables devant un Autre » de notre conduite, plutôt que dépen-
dants, sur ce point, de notre jugement seul, et, en cas de
faillite, coupables à Son égard plutôt que déshonorés à

nos propres yeux – comme c'est le cas, par exemple, depuis toujours, des Extrême-Orientaux, desquels la vie « morale » est, du coup, tout autrement organisée... Peut-être nous arrive-t-il donc encore, après tout, de nous dire que nous nous serions bien passés de lui et contentés de nous heurter à des lois et des convenances, réprimés, quand nous sommes pris, par le pouvoir civil ou par la fugace réprobation de notre amour-propre ou de notre entourage, sans que notre for intérieur et notre cœur en soient le moins du monde perturbés...

Orientation bibliographique

« Le péché en Mésopotamie ancienne », dans le nº 43 septembre 1984 – de *Recherches et Documents du Centre Thomas-More*, L'Arbresle.

Conclusion
La Bible

Adam et Ève
le premier couple

Jean Bottéro

Que nous le voulions ou non, pour l'avoir lu nous-mêmes ou l'avoir entendu raconter au cours de notre enfance, c'est encore le récit liminaire du premier Livre de la Bible (cf. le document « Le récit de la Création », p. 320 *sq.*) qui fournit à beaucoup d'entre nous l'imagerie essentielle des origines de notre race : cette vieille aventure d'Adam et Ève, du « premier couple humain », à l'autre bout de l'interminable lignée dont nous formons les mailles dernières.

Au temps où la Bible passait pour le Livre de Dieu, écrit ou, pour le moins, dicté par Lui aux fins de nous offrir un catéchisme aussi véridique que son Auteur, des torrents d'éloquence et des rivières d'encre ont été déversés pendant près de 20 siècles pour défendre le mot à mot de cette relation : épiloguer sur la Femme, « os surnuméraire de l'Homme », comme le disait, paraît-il, Bossuet ; expliquer comment s'arrangeait le Serpent lorsqu'il ne serpentait pas encore, et déplorer ce trop bref Age d'Or primitif, révolu par la faute de nos premiers parents. Tout cela était proclamé historique – c'est-à-dire véritablement arrivé comme c'est raconté – et sa vérité « événementielle » garantie par Dieu en personne : anathème – et plus d'une fois, hélas !, carrément jeté au feu – quiconque révoquait en doute ce récit !

Pour l'essentiel, on en était encore là autour de nos années cinquante. Certes, on voulait bien admettre, dans le narré de cette histoire, quelques traits ambigus ou obscurs souffrant des interprétations différentes, que chaque théologien échafaudait et défendait pour son compte. Encore fallait-il sauver à toute force la « vérité historique » des linéaments essentiels du récit : l'existence du premier couple et la réalité d'une faute condamnant sa progéniture entière à un état et un comportement radicalement dépravés, et à une existence remplie de contrariétés et de peines.

Comment un historien doit-il comprendre le récit ? Avant de le juger, il lui faudra d'abord le remettre à sa place dans le temps et la propre pensée de son « auteur ». Dans ce but, il rappellera donc que la partie proprement narrative de la Bible, en particulier ses 6 premiers livres, de la Genèse à Josué, qui forment une certaine unité littéraire, est en réalité – comme on s'en est avisé, depuis un bon siècle, par l'analyse de la langue, du vocabulaire, de la phraséologie et de l'idéologie – composée par l'entrelacement de plusieurs présentations originales de l'histoire biblique, que l'on a voulu dévotement préserver en les tressant en une corde unique. Ce qui explique, par exemple, dans le texte traditionnel, les nombreux récits doubles, et parfois divergents, du même événement.

De ces œuvres antiques, nous ne connaissons naturellement pas les auteurs, dont il n'est du reste pas dit s'il s'agissait d'individus plutôt que de chapelles. Aussi les identifions-nous, pour abréger, par des dénominations arbitraires tirées de quelque marque de leur style ou de leur optique. Le plus vieux récit, que l'on appelle *Yahwiste* parce qu'il emploie volontiers le terme de Yahwé[1] pour désigner Dieu, trahit l'état des choses et le monde de pensées qui prévalaient, en Israël, autour du IXe siècle avant notre ère, et en particulier une notion encore bien concrète, figurative et « naïve » du monde surnaturel et de Dieu, que l'on imaginait volontiers intervenant par lui-même ici-bas et mettant, pour ainsi parler, la main à la pâte. Le récit le plus récent, dont l'esprit « théologique », clérical et méticuleux, transparaît tout du long – et que l'on nomme pour cette raison *Document sacerdotal* –, est plus jeune de trois bons siècles et enregistre la profonde évolution mentale et religieuse provoquée par les événements responsables du grand Exil et par cet Exil même : alors, le monothéisme absolu s'était à jamais imposé en Israël, avec sa haute conception de la Transcendance radicale de Dieu, bien au-dessus des choses de ce monde, même s'il en demeurait le Souverain et le Responsable suprême.

Yahwiste et *Document sacerdotal* figurent seuls dans le récit biblique de la Création du Monde et de l'Homme.

Le plus fameux morceau, que tout le monde a plus ou moins en tête, parce qu'il commence notre Bible (Genèse, I-II, 4a), fait partie du *Document sacerdotal*. Il se met d'emblée sur un plan élevé, cosmique et pour ainsi dire abstrait : Dieu crée, par sa seule parole, l'Univers et les grands Ensembles qui le composent et le meublent, sans s'occuper le moins du monde des individus. A la fin, après les espèces animales, il crée l'espèce humaine comme telle : composée de « mâles et femelles » (I, 27), ainsi qu'il se doit.

Le *Yahwiste*, lui (II, 4a-fin de III), voit les choses d'une tout autre manière, beaucoup plus ingénue, concrète, matérialisée et centrée sur l'Homme. Le Monde que Dieu « fait », « fabrique », comme une sorte d'artisan, ce n'est pas le Cosmos, c'est « un jardin » : le cadre de vie d'un paysan, comme il y en avait tant en Israël à l'époque. Après quoi, il « modèle » d'argile un homme unique et seul. Pour qu'il ne le demeure pas, Dieu « modèle » de même, ensuite, les animaux.

Mais, aucun d'eux n'ayant été capable de fournir à l'homme le véritable complément nécessaire pour rompre sa solitude et se propager, Dieu « édifie » une femme, qu'il tire, pour le coup, de cet homme, légitimant ainsi, par une telle identité d'origine : « d'os et de chair » (II, 23), la future recomposition d'« un seul corps » (II, 24) par l'un et l'autre, unis, évidemment, dans l'acte d'amour : l'accouplement suppose le couple. Et parce que, du temps du *Yahwiste*, la cellule première, l'unité fondamentale de la société, c'était, en Israël – nous le savons fort bien par ailleurs –, le couple monogame, ce vieil auteur, tout au rebours de l'« abstrait » *Document sacerdotal*, ne pouvait guère imaginer autrement que comme un couple primitif les premiers représentants et parents de notre race, de même qu'il n'imaginait pour eux d'autre situation que celle du paysan, du fermier.

Reste l'autre point, qui a depuis toujours piqué la curiosité des fidèles et des lecteurs de la Bible : la « faute » commise par ce premier couple et qui aurait empiré le destin des hommes, voire, selon la théologie chrétienne traditionnelle, désorganisé leur nature. De tels effets paraissant hors de proportion avec ce qui nous est matériellement présenté comme un acte de gourmandise et de curiosité, on s'est naturellement demandé ce que pouvaient bien cacher cet « Arbre » et ce « Fruit » défendu, (II, 17), cette intervention du Serpent (III, 1 et s.), cette faiblesse de la Femme et cette séduction de l'Homme (III, 6). Le premier qui semble avoir pensé à un délit d'ordre sexuel est le théologien juif Philon, dit d'Alexandrie, qui vivait aux alentours de notre ère. Deux ou trois grands docteurs chrétiens antiques l'ont suivi, tel, vers 200 de notre ère, Clément, également d'Alexandrie, qui supposait un usage prématuré du mariage. La théologie chrétienne, il faut le dire à son honneur, n'a jamais accordé de réelle importance à une interprétation aussi naïve ; ainsi dans sa *Somme théologique* (I, article 2 de la question 98), le plus grand théologien de l'Église catholique, saint Thomas d'Aquin, établit que l'homme pouvait naturellement, avant sa « faute », faire un usage normal de ses capacités sexuelles. Mais maintenant qu'a sévi cette rage puérile de la psychanalyse et ce pansexualisme débile qu'elle propage – faute de mieux –, il était inévitable qu'au moins chez les non-professionnels de la Bible et de l'orientalisme, on soit si volontiers tenté par une vision « érotique » du récit de la « faute originelle ».

Or, c'est là ne rien entendre, non seulement à ce récit mais à l'optique propre à ses auteurs et lecteurs antiques, lesquels – on s'en fera une idée, au moins pour leurs contemporains et voisins de Babylone, à la lecture du texte « L'amour à Babylone » (p. 130 *sq.*)... – n'avaient pas du tout, de la sexualité et de son exercice, les mêmes appréhensions et censures que nous, héritiers du discrédit et du soupçon dans lesquels le christianisme pastoral traditionnel nous a durablement appris à les tenir : en Israël, comme à Babylone (qu'il suffise de renvoyer au Cantique des cantiques : cf. p. 150 *sq.*), faire l'amour, pourvu qu'en le faisant on ne lésât personne, était une activité saine, allègre et enrichissante, et le *Yahwiste* se serait fâcheusement contredit s'il y avait vu un « péché » après nous avoir dépeint l'homme et la femme ajustés, pour ainsi dire, d'emblée l'un à l'autre par leur Créateur en personne, pour le faire.

En réalité, et si l'on prend le texte dans le droit-fil de la pensée de son auteur, la matérialité de la « faute » d'Ève et d'Adam : la consommation d'un fruit interdit, mais « agréable à manger et attrayant au regard » (III, 6), est tout à fait secondaire. L'essentiel – et ce point, exégèse et théologie traditionnelles l'ont fort bien vu –, c'était la transgression de la volonté divine qu'un tel acte constituait ; et ce, dans un esprit de démesure : pour se hausser au-dessus de la condition qui nous avait été assignée d'origine : pour « être comme Dieu et capable de discerner le Bien et le Mal » (III, 5), et se trouver ainsi « rendu [plus] intelligent » (III, 6).

Mais, surtout, cette transgression première de l'Homme avait précisément pour effet de rendre compte de son état – constant depuis la nuit des temps, mais qui, dans la pensée du *Yahwiste*, ne pouvait pas être originel. Si l'Homme, après sa faute, est devenu « [plus] intelligent », cela veut dire que désormais il connaît et peut discerner, « outre le Bien, le Mal ». Or, aux yeux des Sémites anciens, « connaître » impliquait toujours une certaine complicité : ce n'était pas seulement voir, discerner, c'était goûter, participer, s'impliquer dans ce que l'on connaissait. En d'autres termes, l'Homme a acquis de la « malice », comme nous le dirions d'enfants un peu trop avancés et au courant des choses des adultes : il connaît les potentialités mauvaises des êtres et des actions ; il a conscience d'impulsions troubles et vicieuses auxquelles il peut se laisser aller désormais. C'est pourquoi il a honte aussitôt de cette attitude indécente, choquante, toujours prohibée dans la tradition sémitique, et particulièrement en Israël, qu'était la nudité (III, 7 s).

De plus, en voulant « devenir comme Dieu » et exhausser sa condition première, il l'a, en fait, et par sa faute, dépréciée et ravalée. N'est-il pas, en effet, anormal – sans parler du problème que pouvait poser à des esprits encore étonnés devant les curiosités du monde, l'étrangeté de présentation et de comportement du Serpent (III, 14 s) – que l'élan spontané qui porte chaque femme vers son homme ne soit en fait – c'était du moins la tradition dans le monde sémitique ancien, où la femme ne représentait, en droit, guère plus que l'« objet » de son époux : cf. p. 157 – qu'aveugle soumission à une façon de tyran ? Et que, disposée par tout son corps pour mettre des enfants au monde, elle n'y parvienne qu'entre les plus cruelles douleurs (III, 16) ? Et que l'Homme n'arrive à subsister et vivre que moyennant des efforts harassants et constants, avant de se transformer, à la fin, par la mort en cette même terre dont il avait été tiré (III, 17 s) ?

Une pareille situation, d'une certaine manière absurde, posait à l'esprit un problème. Nous autres, avec nos disciplines scientifiques, notre maniement des concepts, des abstractions et des « lois », nous avons le moyen d'y répondre sur le plan des principes et des notions générales. Des esprits encore incapables, comme les Proche-Orientaux antiques, Israélites compris, de faire appel aux idées pures, mais seulement à l'imagination, n'avaient guère qu'un recours : précisément l'imagination. Mais une imagination « calculée » : imaginer, combiner, aux fins de rendre compte d'un état de choses problématique, une suite d'épisodes aboutissant à cette propre situation – un peu comme les fabulistes construisent leurs historiettes en vue de la moralité qu'ils en veulent tirer. C'est ce que l'on appelle un *mythe*. Toute la littérature de l'ancien Proche-Orient est remplie de tels mythes, et le récit des aventures du premier couple en est un. C'est-à-dire qu'il n'entend pas relater, mais expliquer.

On le comprend beaucoup mieux si l'on réinsère ce mythe dans les préoccupations du *Yahwiste*. Son véritable but est de retracer, *ab ovo*, l'histoire de son peuple. Ce peuple, *Yahwé* se l'est constitué et réservé lorsqu'il a suscité dans ce but Abraham, son Ancêtre et son premier Père (Genèse XI, 27 s), après avoir été en quelque sorte découragé par le reste des hommes, chez qui Mal et « malice » n'avaient cessé de croître depuis Caïn, assassin de son frère (IV), et Lamek, une plus sombre brute encore (IV, 23 s) ; puis, « la méchanceté humaine devenue si grande, ici-bas », il lui avait fallu anéantir par le Déluge cette race corrompue (VI s.), laquelle, aussitôt reconstituée à partir d'une nouvelle souche (IX), avait repris ses méfaits, prétendant même, à la fin, « escalader le ciel » et s'égaler à Dieu (XI). Quelle pouvait donc être l'origine première d'un Mal aussi endémique et paraissant comme connaturel et inné en l'Homme ? Dans la conviction du *Yahwiste*, comme dans celle de tous les dévots de son Dieu, il était impensable que l'on imputât à ce dernier une condition humaine qui ne fût point d'emblée irréprochable et parfaite. C'est donc en l'Homme lui-même qu'un tel Mal devait avoir sa source, et ce, dès les tout premiers temps de son apparition sur terre, dès le premier couple, tant il semblait faire partie de notre nature, profonde et archaïque.

Tel est le sens foncier de la « faute du premier couple, du « péché originel » : mythe conçu pour rendre compte de l'universelle propension des hommes au Mal, en même temps que de la manifeste déchéance de leur condition par rapport à ce qu'elle eût été si le Créateur en avait été le seul responsable : par rapport à ce qu'elle avait dû être tant qu'il en avait été le seul responsable. Le premier couple n'est pas seulement à l'origine de notre nature, mais aussi de nos faiblesses et de notre triste destin.

Les mythes reflètent souvent une antique sagesse et une philosophie profonde, même lorsqu'ils les traduisent naïvement. Pour ma part, on ne m'empêchera pas d'admirer et de suivre ce vieux penseur d'Israël qui, voici près de trois millénaires, avait déjà si bien compris que l'Homme n'a jamais cessé, et ne cessera sans doute jamais, de faire son propre malheur.

Le récit de la Création

Premier récit (*Document sacerdotal*).

1. Le chaos initial.

I (1) Lorsqu'Elôhîm [1] commença de créer le ciel et la terre, (2) la terre était déserte et vide : les ténèbres s'étendaient sur l'Abîme, et le Souffle d'Elôhîm planait sur les eaux.

2. La création de la lumière.

(3) Elôhîm dit alors : « Qu'il y ait la lumière ! » Et la Lumière il y eut. (4) Elôhîm constata que la Lumière était une bonne chose. Puis Elôhîm sépara la Lumière des Ténèbres, (5) et Elôhîm appela la Lumière « Jour », et les Ténèbres, Il les appela « Nuit ». Puis il y eut un soir, et, après, un matin : le premier jour.

3. La séparation des eaux et du ciel.

(6) Ensuite, Elôhîm dit : « Qu'il y ait une Voûte entre les Eaux, pour séparer les Eaux en deux ! Et ainsi en fut-il : (7) Elôhîm constitua cette Voûte et sépara les Eaux inférieures à la Voûte des Eaux supérieures à la Voûte. (8) Elôhîm appela cette Voûte « Ciel ». Et Elôhîm constata que c'était là une bonne chose. Puis il y eut un soir, et, après, un matin : le deuxième jour.

4. La séparation de la terre et de la mer.

(9) Ensuite, Elôhîm dit : « Que les Eaux inférieures au Ciel se rassemblent en un emplacement unique, pour qu'apparaisse l'Étendue-sèche ! » Et ainsi en fut-il. (10) Elôhîm appela l'Éten-

due-sèche « Terre », et le Rassemblement des Eaux, Il l'appela
« Mer ». Et Elôhîm constata que c'était là une bonne chose.

5. *Les végétaux.*

(11) Ensuite, Elôhîm dit : « Que la Terre verdoie de Verdure,
d'Herbages portant semences et d'Arbres fruitiers faisant des
fruits, de toute espèce, qui aient chacun sa semence en soi, sur
la Terre ! » Et ainsi en fut-il : (12) la Terre poussa de la Verdure,
des Herbages portant semences, de toute espèce, et des Arbres
faisant des fruits, avec chacun sa semence en soi, de toute
espèce. Et Elôhîm constata que c'était là une bonne chose.
(13) Puis il y eut un soir, et après, un matin : le troisième jour.

6. *Les astres.*

(14) Ensuite Elôhîm dit : « Qu'il y ait des Luminaires à la Voûte
du Ciel, pour séparer le Jour de la Nuit et pour servir de
marques, tant aux fêtes qu'aux jours et aux années ! (15) Et
qu'ils servent aussi, à la Voûte du Ciel, de Luminaires pour
éclairer la Terre ! » Et ainsi en fut-il : (16) Elôhîm constitua les
deux grands Luminaires – le plus grand pour commander au
Jour, le plus petit pour commander à la Nuit ; et aussi les étoiles.
(17) Puis Elôhîm les distribua sur la Voûte du Ciel pour éclairer
la Terre, (18) pour commander au Jour et à la Nuit, et pour
séparer la Lumière des Ténèbres. Et Elôhîm constata que c'était
là une bonne chose. (19) Puis il y eut un soir, et, après, un
matin : le quatrième jour.

7. *Les animaux d'origine aquatique.*

(20) Ensuite Elôhîm dit : « Que les eaux grouillent d'un grouil-
lement d'Animaux et de Volatiles volant au-dessus de la Terre,
à la face de la Voûte du Ciel ! » Et ainsi en fut-il. (21) Elôhîm
créa donc les Dragons géants et tous les Animaux reptateurs
dont les eaux grouillent, de toute espèce. Et Elôhîm constata que
c'était là une bonne chose. (22) Après quoi, Elôhîm les bénit en
ces termes : « Soyez féconds et multipliez-vous, jusqu'à remplir
les eaux de la Mer ! Que les Oiseaux également se multiplient
au-dessus de la Terre ! » (23) Puis il y eut un soir, et, après, un
matin : le cinquième jour.

8. *Les animaux d'origine terrestre.*

(24) Ensuite, Elôhîm dit : « Que la Terre produise des Animaux de toute espèce : Bestiaux, Animalcules et Bêtes sauvages de toutes espèces ! » Et ainsi en fut-il : (25) Elôhîm fit les Bêtes sauvages de toute espèce, les Bestiaux de toute espèce, et tous les Animalcules du sol, de toute espèce. Et Elôhîm constata que c'était là une bonne chose.

9. *L'Homme.*

(26) Enfin, Elôhîm dit : « Faisons l'Humanité à Notre image, et comme une réplique de Nous, pour qu'ils régissent les Poissons de la Mer et les Oiseaux du Ciel, les Bestiaux et toutes les Bêtes sauvages et tous les Animalcules qui se traînent sur la Terre ! » (27) Elôhîm créa donc l'Humanité :
    A l'image d'Elôhîm Il la créa : / Il les créa mâles et
    femelles ! :
(28) Après quoi, Elôhîm les bénit en ces termes : « Soyez féconds et multipliez-vous : remplissez la Terre et soumettez-la ! Régissez les Poissons de la Mer et les Oiseaux du Ciel, et tous les Animaux qui se traînent sur la Terre ! » (29) « Maintenant, dit encore Elôhîm, Je vous donne tous les Herbages portant semences de dessus la surface entière de la Terre, et tous les Arbres faisant des fruits garnis de graines : ce sera votre nourriture ! (30) De même à toutes les Bêtes sauvages, à tous les Oiseaux du Ciel, à tout ce qui se traîne sur la Terre et qui détient le Souffle-de-Vie, Je donne pour nourriture toute la Verdure des Plantes ! »

10. *Achèvement de la création.*

(31) Elôhîm considéra alors tout ce qu'Il avait fait et constata que tout était excellent. Puis il y eut un soir, et, après, un matin : le sixième jour.
Il (1) (Ainsi) furent parachevés le Ciel et la Terre avec tout leur équipage.

11. *Le repos terminal.*

(2) Et Elôhîm, ayant achevé, au septième jour, l'ouvrage qu'Il avait fait, se reposa, ce septième jour, de tout le travail qu'Il avait accompli. (3) Aussi Elôhîm consacra-t-Il le septième jour

et en fit-Il une chose sainte : c'est en effet ce jour-là qu'Il s'était reposé de tout Son travail accompli lors de la Création.

(4a) Telle est la généalogie du Ciel et de la Terre, lorsqu'ils furent créés.

Deuxième récit *(« Yahwiste »).*

1. Le désert initial.

(4b) Lorsque Yahwé fit le Ciel et la Terre, (5) nulle broussaille de la lande n'existait encore sur la Terre, et nul gazon de la lande n'avait encore poussé, parce que Yahwé n'avait pas encore fait pleuvoir sur la Terre et qu'il n'y avait pas d'homme pour travailler l'humus.

2. Premiers éléments.

(6) Yahwé fit donc monter un flot de la Terre, pour arroser la surface entière de l'humus. (7) Puis Yahwé modela Lhomme[1] avec de la glèbe tirée de l'humus, et lui insuffla aux narines l'haleine-de-vie, si bien que Lhomme devint un être vivant.

3. Le premier Jardin.

(8) Yahwé planta alors un Jardin à Éden, (là-bas) vers l'Orient, et Il y plaça Lhomme qu'Il avait modelé. (9) Yahwé fit donc pousser de l'humus toute sorte d'arbres agréables à voir et bons à manger, y compris l'Arbre-de-Vie, au milieu du Jardin, et aussi l'Arbre-du-Discernement-du-Bien-et-du-Mal.

4. Hydrographie du Jardin.

(10) Or, un cours d'eau sortait d'Éden, arrosant le Jardin ; après quoi, il se divisait et formait quatre bras. (11) Le premier s'appelait le Pîshôn : c'est celui qui contourne tout le pays de Khawîlâ, où (l'on trouve) de l'or (12) – l'or de ce pays est d'excellente qualité – et également du bdellium et de la pierre de Shôham. (13) Le second s'appelait le Ghikhôn : c'est celui qui

contourne tout le pays de Koush. (14) Le troisième fleuve s'appelait le Tigre : c'est celui qui coule juste devant la ville d'Assur. Quant au quatrième fleuve, c'était l'Euphrate.

5. *Lhomme, « fermier » de Dieu.*

(15) Yahwé prit alors Lhomme et l'établit au Jardin d'Éden, pour qu'il le travaillât et le gardât. (16) Et Yahwé donna cet ordre à Lhomme : « Tu peux manger à ton gré de tous les arbres du Jardin, (17) mais tu ne mangeras point de l'Arbre-du-Discernement-du-Bien-et-du-Mal : si tu en mangeais, tu mourrais, TU MOURRAIS ! »

6. *Les compagnons de Lhomme : a) les animaux.*

(18) Puis Yahwé (Se) dit : « Ce n'est pas bon que Lhomme reste tout seul ! Je vais lui faire un compagnon qui lui convienne ! » (19) Et Yahwé modela d'humus tous les animaux de la lande et les oiseaux du Ciel ; puis Il les conduisit devant Lhomme pour voir comment il les appellerait[2] : quelque appellation que leur donnerait Lhomme à chacun, elle serait son nom. (20) Lhomme épela ainsi les noms de tous les animaux domestiques, de tous les oiseaux du Ciel et de toutes les bêtes sauvages. Quant à Lhomme, pourtant, il ne trouva point, parmi eux, de compagnon qui lui convînt.

7. *b) La Femme.*

(21) Alors Yahwé fit choir une torpeur sur Lhomme, qui s'endormit. Il lui prit une côte et reboucha (le vide en mettant) de la chair à sa place ; (22) et, de cette côte qu'Il avait prise à Lhomme, Yahwé façonna une femme, qu'Il conduisit à Lhomme. (23) Et L'homme s'exclama : « Celle-ci, pour le coup, c'est un os de mes os, de la chair de ma chair ! / On l'appellera Femme [*Ishshâ*], celle-ci, parce qu'elle a été tirée de l'Homme [*Ish*] ! » / (24) Voilà pourquoi (chaque) homme abandonne père et mère pour s'attacher à sa femme, à ne former ensemble qu'un seul corps.

8. *État primitif du premier couple.*

(25) Or tous les deux étaient nus. Lhomme et sa Femme ; mais ils n'(en) avaient mutuellement nulle honte.

9. *Le Serpent tente la Femme.*

III (1) Mais le Serpent, le plus rusé de tous les animaux sauvages que Yahwé avait faits, s'adressa à la Femme : « Elôhîm a bien dit : Vous ne mangerez d'aucun des arbres du Jardin ? » (2) Et la Femme répondit au Serpent : « Des fruits de tous les arbres du Jardin nous pouvons manger ; (3) c'est seulement du fruit de l'Arbre qui est au milieu du Jardin qu'Elôhîm a dit : Vous n'en mangerez pas ! Vous n'y toucherez pas ! Autrement, vous mourrez ! » (4) Et le Serpent de répondre à la Femme : « Mais non ! Vous ne mourrez pas du tout ! (5) Seulement, Elôhîm sait bien que, lorsque vous en mangerez, vos yeux s'ouvriront et vous serez comme Elôhîm, capables de discerner Bien et Mal ! »

10. *La Femme succombe.*

(6) Et la Femme, voyant que (cet) arbre était agréable à manger et tentant au regard, et qu'il était avantageux, ce même arbre, pour devenir (plus) intelligent, prit donc de ses fruits, et en mangea ; elle en donna aussi à son homme, auprès d'elle, lequel (en) mangea.

11. *Les suites de la Faute.*

(7) Alors, leurs yeux s'ouvrirent, et ils comprirent qu'ils étaient nus : aussi attachèrent-ils des feuilles de figuier pour se faire des pagnes.
(8) Ils entendirent alors le bruit (des pas) de Yahwé-Elôhîm, qui se promenait dans le Jardin, à la brise du jour : et devant Yahwé-Elôhîm, Lhomme et sa femme se cachèrent entre les arbres du jardin. (9) Mais Yahwé-Elôhîm interpella Lhomme : « Où es-tu ? », lui dit-Il. (10) Et lui de répondre : « J'ai entendu le bruit (de) Tes (pas) dans le Jardin, et j'(en) ai eu peur, parce que je suis nu. Aussi me suis-je caché ! » (11) « Mais, lui (répondit-Il), qui donc t'a expliqué que tu étais nu ? Aurais-tu mangé de (cet) Arbre dont Je t'avais interdit de manger ? » (12) Et Lhomme (répondit) : « La Femme que Tu avais mise auprès de moi, (c'est) elle (qui) m'a donné de l'Arbre, (dont) j'ai mangé ! » (13) Yahwé-Elôhîm dit alors à la Femme : « Qu'as-tu fait là ? » Mais la Femme : « C'est le Serpent (qui) m'a appâtée, dit-elle, et j'(en) ai mangé ! »

12. Le Châtiment.

(14) Et Yahwé-Elôhîm dit au Serpent : « Puisque tu as fait cela :
Sois maudit entre tous les animaux et bêtes sauvages ! / Sur ton
ventre tu marcheras / Et de terre te nourriras / Tous les jours de
ta vie.

(15) J'établis une hostilité entre toi et la Femme, / Entre ta
descendance et la sienne. / Elle te visera à la tête, / Et toi, tu la
viseras au talon ! »

(16) Puis à la Femme Il dit : « Je multiplierai considérablement
les peines de tes grossesses : / Dans la douleur tu mettras tes
enfants au monde ! / Ton élan te portera vers ton homme, / Mais
lui te tyrannisera ! » (17) Puis Il dit à Lhomme : « Puisque tu as
écouté l'appel de ta femme et que tu as mangé de l'Arbre dont
Je t'avais ordonné : "N'en mange pas !" :
Soit maudite la terre à cause de toi : / (Ce n'est que) dans le
travail-pénible (que) tu en tireras de quoi manger, / Tous les
jours de ta vie. / (18) Elle te produira seulement des ronces et des
épines. Et tu (n')auras à manger (que) l'herbe de la lande. / (19)
Tu (ne) mangeras de pain (qu')à la sueur de ton visage, / Jusqu'à
ton retour à la Terre, / Puisque (c'est) d'elle (que) tu as été tiré !
/ Oui ! Tu es argile, et argile tu redeviendras ! »

(20) Lhomme donna alors à sa femme le nom de Khawwâ : car
c'est la Mère de tous les Vivants (*khaw*) ! (21) Et Yahwé-Elôhîm
fit à Lhomme et à sa femme des tuniques de peau et les en
revêtit.

13. Le premier couple chassé du Jardin.

(22) Et Yahwé-Elôhîm (Se) dit : « Voici (donc) Lhomme devenu
comme l'un d'entre Nous en matière de Discernement du Bien et
du Mal. Pourvu que désormais il n'aille pas plus loin, ne prenne,
en sus, de l'Arbre-de-Vie, n'en mange et ne vive à jamais ! » (23)
Aussi le chassa-t-Il du Jardin d'Éden pour travailler la terre dont
il avait été tiré. (24) Et ayant expulsé Lhomme, Il établit, à
l'Orient du Jardin d'Éden, les Kerûbim et la Flamme-du-Glaive-
flamboyant pour garder le chemin de l'Arbre-de-Vie...

Traduit de l'hébreu par Jean Bottéro

Notes

1. En hébreu, *Elôhîm* signifie « Dieu », et *Yahwé* (« Jého-vah ») est le « nom propre » du dieu d'Israël. D'autre part, « l'homme » porte deux noms. Lorsqu'il s'agit de l'espèce humaine (*homo* en latin ; *anthropos* en grec), on emploie *Adam*, dont le voisinage phonétique et probablement sémantique avec *Adâmâ* : « terre ocre » (d'où l'homme a été tiré et « modelé ») justifie l'assonance recherchée de ma traduction : « homme » / « humus » (II, 5-6). Dans les chapitres II et III, ce nom de l'Homme est toujours muni, en hébreu, de l'article, qui en fait ici quasiment un nom propre : et c'est pourquoi (pensant à des anthroponymes comme Leverrier, Lefevre, etc.), j'ai traduit partout *Lhomme* (au lieu de transcrire simplement *Adam*, comme on fait d'habitude). Lorsqu'il s'agit de l'individu mâle de l'espèce (*vir* en latin et *anèr* en grec), on dit en hébreu *Ish*, dont le féminin est *Ishshâ* (II, 24). Le nom propre donné à la première femme : *Khawwâ* (« Ève ») rapproché de *khaw* « vivant », par une étymologie populaire, dans III, 20, n'est clair, ni dans son origine, ni dans sa signification foncière.

2. Chez les anciens Israélites, comme chez les autres Sémites d'autrefois, Babyloniens en tête, le *nom* n'avait pas sa source dans le nommant, mais dans la chose nommée, dont il représen-tait, en somme, la *nature*. Lorsque l'Homme « nomme » les animaux que Dieu lui présente (II, 19-20), il les *définit*. Et, comme aucun ne porte, de par sa propre constitution, un nom comparable au sien, il n'est donc pas son semblable, son pareil, son véritable *alter ego* et « compagnon ». Mais, lorsque l'homme (*Ish*) donne à la femme le nom de *Ishshâ*, l'identité de nom soulignant l'identité de nature (du reste fondée d'autre part sur le fait que cette *Ishshâ* a été matériellement extraite de l'*Ish*), il reconnaît par là en elle sa propre nature, ce qui fait d'elle son pair, son autre lui-même, son « compagnon » parfait.

Orientation bibliographique

La volumineuse *Introduction à la Bible* (Paris, Desclée De Brouwer, 1973) constitue, en français, une somme indispensable pour quiconque veut aborder sérieusement l'étude de la Bible. Toutes les références utiles y sont fournies.

Cf. aussi J. Bottéro, *Naissance de Dieu*, Paris, Gallimard, 1992, notamment p. 155-202, « Les origines de l'univers selon la Bible », et p. 203-221, « Le récit du Péché originel », Genèse, II, 25-III ».

La question du « Péché originel », au moins d'un point de vue catholique, est traitée dans J. Coppens, *La Connaissance du Bien et du Mal et le Péché du Paradis* (Bruges-Paris, Nauwelaerts, 1948), et surtout par A.-M. Dubarle, *Le Péché originel dans l'Écriture* (Paris, Éd. du Cerf, 1958) et *Le Péché originel. Perspectives théologiques* (Paris, Éd. du Cerf, 1983).

La Bible
et la naissance de Dieu

Jean-Maurice de Montremy

Le 3 décembre 1872, G. Smith – l'un des premiers assyriologues – établit devant la Société d'archéologie biblique de Londres les liens qui unissent quelques récits mésopotamiens aux récits bibliques, en particulier à celui du Déluge. La nouvelle fit sensation. Comme le rappelle Jean Bottéro au début de *Naissance de Dieu*, la Bible est ainsi entrée dans l'histoire. Elle a cessé d'être un livre « pas comme les autres », voire le plus ancien livre du monde, projeté tel quel dans l'aventure humaine. Elle est devenue un texte tissé d'influences, de strates, d'emprunts, d'interpolations où l'on devine des personnalités diverses et le travail d'agencement, parfois contradictoire, des docteurs ou des prêtres.

« Les antiques sagesses... »

Après plus d'un siècle de nouvelles découvertes et de progrès dans l'assyriologie (celle-ci s'est « construite » à partir du milieu du XIXe siècle), aucun bibliste ne met en doute l'incarnation désormais évidente du Livre parmi l'histoire des livres, même si de nombreuses personnes, par ailleurs bien informées, ne s'habituent guère à ce nouveau mode d'emploi des Écritures auquel nous conduit l'histoire. « Passons sur ceux qui nient jusqu'à l'exégèse chrétienne et persistent à user de la Bible comme d'un livre plus ou moins magique, déclare Jean Bottéro, il y a maintenant ceux qui procéderaient par excès de réduction. A les en croire, tout n'y serait que mésopotamien, les textes de l'Ancien Testament n'étant plus qu'une sorte d'accident, variante particulièrement fortunée au sein des antiques sagesses du Croissant Fertile. Cela me flatterait, en tant qu'assyriologue. Mais les choses se présentent de façon plus subtile. » Ce que *Naissance de Dieu* démontre à l'envi...

Rassemblant cinq études publiées entre 1949 et 1969, le grand assyriologue Jean Bottéro s'attache, en effet, sous ce titre à double sens, aux histoires des textes tels qu'ils furent rédigés puis ordonnés par la tradition juive en quelque dix siècles. Car la Bible, c'est le moins qu'on puisse dire, ne se fit pas en un jour, ni en sept. Et cette longue durée laisse prévoir, à elle seule, qu'il faut renoncer, en l'abordant, à toute vue simpliste.

La Bible ne commence donc pas à Babylone, même si nombre de passages essentiels portent une marque mésopotamienne. Qu'on en juge par les textes qu'analyse *Naissance de Dieu*. Il s'agit de moments fondamentaux : la création du monde, la tentation du Serpent, le principe même du Livre de Job et de celui de l'Ecclésiaste, sans compter les Psaumes. « Pouvait-il en aller autrement, dit Jean Bottéro, lorsqu'on mesure l'ampleur de la civilisation babylonienne ? Celle-ci imprègne toute sa zone d'influence, fort vaste, et sensible jusqu'en Grèce. Israël, s'agissant de culture ou de politique, est une petite nation périphérique, sans prestige et à l'existence incertaine. Tout ce que j'ai étudié dans le domaine spécifiquement mésopotamien, je l'ai retrouvé dans les textes bibliques : la cosmogonie, la géographie du Paradis, l'idée de péché, l'interrogation sur le mal, sur la permanence fantomatique des morts dans un au-delà ; voire le thème des dures relations avec le monde divin. En tant que sémites, les Juifs vivaient dans un milieu qui, peut-être grâce aux anciens Mésopotamiens, fournissait une armature à toutes les grandes questions. Ils en ont bien sûr repris la matière. » Mais... car il y a un mais, en la personne de Moïse.

C'est lui, en effet, qui fausse le jeu. C'est avec lui que la Bible commence, et avec personne d'autre. Lui qui, tirant les tribus d'Égypte, les lie solidement par l'Alliance avec *un seul* dieu, et non plusieurs. Lui qui fait de cet unique le Dieu d'Israël, exprimant toutefois la rupture dans les termes du commun héritage sémitique, quitte à remodeler sans doute les figures des Patriarches (Abraham, Isaac, Jacob) en fonction de son monothéisme. On connaît le jeu de mots, aux conséquences mondiales, qui salue cette intuition : le nom de *Yahvé* pouvant faire penser au verbe hébreu *exister* ou *être*. Moïse introduit sa révolution spirituelle par un glissement susceptible de ne pas trop dépayser les siens. Jean Bottéro traduit ainsi le passage clé de l'Exode (livre III) :

« Et Dieu dit à Moïse : "Je suis qui je suis !" Et il ajouta "Voilà ce qu'il te faudra dire aux Israélites : 'Je suis' m'a envoyé à vous... 'Il est' [en vieil hébreu : *yahvé*] : 'le Dieu de vos pères, le Dieu d'Abraham, le Dieu d'Isaac, le Dieu de Jacob, m'a envoyé à vous.' Tel est mon nom à jamais !" »

Voilà donc la « naissance de Dieu », à la fois imperceptible et aberrante dans l'ordre mésopotamien. « Et lorsque je dis naissance de Dieu, insiste Jean Bottéro, je pense rester dans ma compétence. Libre à l'incroyant d'estimer que Moïse fabrique génialement l'idée d'un Dieu unique. Libre au croyant d'y voir, au contraire, l'acte par lequel Dieu se révèle. Cela n'est plus du domaine du savoir. »

A partir de là, les Israélites (ils ne deviennent Juifs à proprement parler qu'après l'Exil à Babylone en 587) entrent dans une immense aventure et s'exposent à de graves ennuis.

La différence est certes ténue, au début. Ils n'ont qu'un Dieu là où les Mésopotamiens en ont plusieurs. Il semble même qu'ils aient assez longtemps cru à l'existence des dieux de leurs voisins : simplement, ces dieux ne pesaient pas lourd face à Yahvé. Il faudra qu'Israël devienne un royaume sédentaire (xe siècle av. J.-C.), s'imprègne de « paganisme » et connaisse de terribles revers pour que les prophètes – dont Élie et Jérémie sont les plus frappants – fassent entendre leur monothéisme radical. Non seulement Israël endure le châtiment de son infidélité à Yahvé, mais, bien plus, Israël doit expier son inclination pour des dieux qui ne sont que statues, sourdes et muettes, imposture et néant.

La nouveauté dans cette affaire ne réside pas là où on

pourrait le croire. Beaucoup pensent qu'Israël, avec la notion de châtiment qui lui est propre, a « inventé » le péché. Or le péché fait déjà bel et bien partie de l'arsenal mésopotamien. Jean Bottéro insiste même sur l'originalité de Babylone en la matière : contrairement aux autres civilisations, les Sémites, y compris ceux de Mésopotamie, ont très tôt lié le péché à l'idée d'un manquement personnel. On a enfreint les commandements de *quelqu'un* de l'au-delà. Différence fondamentale avec les autres civilisations qui sanctionnent dans le péché le manquement de l'homme à la collectivité ou à son propre équilibre. Avant même le monothéisme, les fautes, en Mésopotamie, ne sont pas juridiques mais « morales » : fautes non pas relatives, mais fautes en tant que telles.

Péché = faute.

« On pourrait donc penser, commente Jean Bottéro, qu'Israël se borne à reprendre la culture ambiante. Mais il y a le monothéisme. Toutes les fautes, pour commencer, se rapportent à un seul Dieu. Or ce Dieu, infiniment supérieur aux divers panthéons, puis unique Dieu de l'univers, ne saurait faillir. Du coup, l'économie du péché s'inverse. Pour un Babylonien, un acte non sanctionné par la maladie, la mort, la honte, la ruine, etc. n'est pas, de soi, une faute. Il n'y a faute, selon lui, que s'il y a malheur-châtiment ; si bien qu'un malheur incompréhensible révèle une faute que l'on ne soupçonnait pas, alors qu'un forfait impuni n'en est plus un, au moins pour la conscience. Pour un Juif, tout change : le péché est une faute, qu'il y ait ou non châtiment visible. » D'où le magnifique commentaire du Livre de Job proposé par *Naissance de Dieu* : si Job, le juste par excellence, se trouve frappé par le malheur, c'est qu'il a dû commettre quelque faute cachée, disent ses savants amis. Ce à quoi Yahvé, intervenant en personne, ne répond qu'en rappelant sa puissance transcendante. Il n'a rien à expliquer, aucun compte à rendre. Les humains balbutient leurs menus concepts et tentent de saisir l'ampleur du mal – indissociable de leur faute originelle. Lui, en dépit de toutes les apparences, suit son dessein qui dépasse de loin les sagesses des hommes.

Le substrat babylonien, peut-être largement amplifié par l'influence de la grande ville sur les Juifs qui y furent déportés, se trouve ici complètement bouleversé. Tous les Mésopotamiens considéraient que les dieux appartenaient au Cosmos et participaient de son destin. Travaillant sur les mêmes scénarios, les rédacteurs de la Genèse ou de Job affirment que le Créateur ne fait plus partie du Cosmos, qu'il échappe à ses lois, qu'il existait « avant » et qu'il existera toujours « après ». Bref, qu'il *est*. Si bien qu'au fil des générations finira par se préciser, peu de temps avant notre ère, sans doute, une idée encore plus ·inadmissible pour les cultures de l'époque : les morts ne se contenteraient pas de subsister dans l'état vague et ombreux des Enfers, ils seraient en paix dans la main de Dieu, à la fin du Temps. Là, et là seulement, le Juste connaîtrait sa rétribution, et l'injuste son châtiment.

L'Ancien Testament ne va pas plus loin. Sa nouveauté reste toutefois définitive, irréductible aux traditions sur lesquelles elle s'est construite. Ses conséquences, nous les connaissons. Si bien que l'on méditera, avec Jean Bottéro, cette surprenante intrusion dans l'histoire du monde d'un petit peuple qui n'a rien inventé de comparable au colosse mésopotamien et qui se révèle même, avec le progrès de notre savoir, fortement tributaire de sa littérature, de sa science, de sa politique, de sa technologie. A ce détail près qu'il a dû lentement et dramatiquement se colleter avec son Dieu unique.

La Bible, on le voit, ne perd rien à entrer dans le bruit et la fureur de l'histoire. Les contradictions, remaniements et inconfortables doublons qu'y débusque, au long des textes, Jean Bottéro, mettent au contraire en relief l'impressionnante montée d'un dessein têtu.

La première aventure éditoriale : la Bible

Pierre Chuvin

De nos jours, il n'y a pas de livre plus traduit et plus répandu que la Bible. Prodigieuse fortune pour les textes sacrés et les chroniques d'un peuple peu nombreux et sans éclat, installé en Palestine depuis le XIe siècle av. J.-C... Dans les siècles qui suivirent, alors que sombraient lentement les civilisations orgueilleuses d'Égypte et de Mésopotamie, celle des Hébreux, non seulement subsistait, mais se diffusait dans le monde antique, portée par un livre qui n'a cessé d'être lu par les Juifs, par les chrétiens et par les musulmans.

A l'origine de cet essor, la conquête du Proche-Orient par les Macédoniens d'Alexandre (334-323) fit découvrir aux Grecs l'existence des Juifs et amena ces derniers, presque aussitôt, à composer la traduction de la Bible dite, on verra pourquoi, « des Septante » – un travail de longue haleine, commencé vers le début du IIIe siècle av. J.-C. et qui demanda environ 2 siècles pour être achevé. Cette entreprise et cette période sont au centre de deux excellents recueils qui viennent de paraître[1].

Une première précision : lorsque les « Septante » se mirent à la tâche, la Bible hébraïque n'était pas encore constituée. Il existait, d'une part, la Torah, c'est-à-dire la Loi, 5 livres attribués à Moïse (le Pentateuque des chrétiens), et de l'autre une quantité de textes qui furent plus tard classés en « Prophètes » (« porte-parole » de Dieu) et en... « Autres livres » ; des allusions à des œuvres que nous ne possédons pas montrent que tout l'héritage ne fut pas recueilli. En revanche, on lui ajouta des textes plus récents, Daniel ou « le Siracide », un livre de raison traduit par le petit-fils de l'auteur en 132 av. J.-C. Dans le canon (la présentation de référence) juif, le nombre total de ces œuvres s'éleva à 22 – autant qu'il y a de lettres dans l'alphabet hébreu. A la même époque, les Grecs, de leur côté, divisaient l'*Iliade* et l'*Odyssée* en 24 chants chacune – autant qu'il y a de lettres dans l'alphabet grec. Ce détail a son importance : la Bible a été traduite en grec dans un milieu où les différents peuples de l'Orient méditerranéen se coudoyaient et partageaient certaines habitudes intellectuelles.

Mais d'où est venue l'idée d'une pareille entreprise ? Selon la tradition juive, elle aurait été commandée par Ptolémée II Philadelphe, roi d'Égypte (285-246). De fait comme son père, ce roi fut un insatiable collectionneur de livres. Sous leurs règnes, un prêtre égyptien, Manéthon, exposa en grec l'histoire, les croyances, les rituels de son pays, et participa, dit-on, à l'instauration du culte gréco-égyptien de Sarapis à Alexandrie. En Babylonie, un autre prêtre, Bérose, composait de même des *Chaldaica*, « Ouvrages sur la Chaldée », dédiés à Antiochos I Sôter (285-261). La traduction de la Bible pourrait donc s'inscrire dans un mouvement général, où la curiosité des Grecs pour les peuples soumis rencontrait le désir qu'avaient ceux-ci de s'expliquer.

Or, l'œuvre de Manéthon et celle de Bérose ont fait naufrage. Il ne nous en reste que des débris, alors que la Bible nous est parvenue intacte. De plus, curieusement, la traduction ne serait pas le fait d'un seul auteur, mais de 72. Ces deux singularités ont la même explication et, pour les comprendre, il faut envisager brièvement la situation des Juifs de ce temps. Leur langue d'usage courant n'était plus l'hébreu, mais son cousin, l'araméen. Et lorsque les rois macédoniens de Syrie (les Séleucides) ou d'Égypte (les Lagides) firent venir des Juifs de Judée ou de Babylonie – à titre de colons militaires en général – en divers points de leurs possessions (Alexandrie, Phrygie), ces groupes de la « dispersion » (*diaspora* en grec) remplacèrent l'araméen par le grec. Jusque-là, dans les assemblées religieuses, les textes étaient lus en hébreu (qui n'était pas tout à fait incompréhensible à un public aramaïsant), puis éclairés par une traduction-commen-

taire en araméen, ce qu'on appelle un *targum*. Le *targum*
ne se substituait pas au texte hébreu, mais l'accompagnait. L'un comme l'autre étant de peu de secours à la
communauté juive hellénophone d'Alexandrie, elle dut se
procurer un texte directement compréhensible : ce fut la
traduction des Septante, chacune des 12 tribus fournis-
sant 6 sages qui travaillèrent séparément, puis confrontè-
rent leurs versions – elles se révélèrent miraculeusement
identiques !

Chaque année, les Juifs d'Alexandrie célébraient par
une fête spéciale le don que Dieu leur avait ainsi fait. Et
inversement, lorsque, au IIe siècle ap. J.-C., l'ensemble des
Juifs revint à l'hébreu pour le culte, on considéra que le
jour où avait été créée « la Septante » était aussi funeste
que celui où Israël avait adoré le Veau d'Or. Non pas
parce que le texte avait été traduit, mais parce qu'on avait
donné à cette traduction une valeur de référence qui
dispensait de se reporter à l'original hébreu. La Septante
n'en survécut pas moins, conservée par les déviants du
judaïsme – au premier rang desquels les chrétiens. C'est
qu'elle avait donné le signal d'un gigantesque processus
d'acculturation, d'où sortit, au IVe siècle ap. J.-C., l'Empire chrétien et, en définitive, notre civilisation.

De « Shalom » à « Comment allez-vous ? »

En effet, autant qu'une traduction, la Septante est une
adaptation intelligente et réfléchie. On s'en rend compte
à des détails parfois amusants. Lorsque, dans le texte
hébreu, un personnage arrive et dit « *Shalom !* », dans le
texte grec il dit « Comment allez-vous ? ». Lorsque
Tamar se prostitue, dans le texte hébreu « elle se couvrit
d'un voile ». Or, pour un Grec, toute femme convenable
devait se voiler en sortant de chez elle ; les Septante
traduisent donc : « elle se farda », ce qui à la fois distin-
guait Tamar des femmes convenables et – ô subtilité ! –
la cachait autant qu'un voile puisque le maquillage
hellène était très épais. Il arrive évidemment que ces
interprétations aient une portée théologique. Sans doute
est-ce par simple souci d'intelligibilité que l'expression

imagée « le Rocher » (*ha-tsur*) est remplacée par le terme non métaphorique « Dieu » (*Theos*). Mais pour rendre le célèbre « *tohu et bohu* » qui désigne, au début de la Genèse, l'état de la terre avant la Création, aujourd'hui la traduction œcuménique de la Bible utilise la formule « déserte et vide » ; la Septante, elle, interprétait « invisible et informe » – ce qui a d'autres implications.

Paul, en latin.

Ne nous hâtons pas de crier au faux sens, voire au contresens. Ces interprétations sont voulues et souvent les modes de réflexion dont elles témoignent sont communs au grec et à l'hébreu. Ainsi le mot hébreu « Tout-Puissant » (*shadday*) est compris par les Septante comme « Celui qui suffit » par rapprochement avec *shè-day*, qui a effectivement ce sens. Une telle « étymologie » n'aurait pas été désavouée par Platon, ni par quiconque dans l'Antiquité ! Dans ses parties les plus anciennes, la Septante est un précieux témoin d'une communauté culturelle qui fut féconde[2].

Témoin précieux, mais pas unique. En effet, il ne faut pas la dissocier de toute une littérature juive de langue hébraïque et grecque, que l'exégèse catholique appelle « intertestamentaire » parce que, pour l'essentiel, elle a été produite durant la période qui séparerait l'Ancien Testament du Nouveau, c'est-à-dire les trois derniers siècles avant notre ère. Cette appellation d'« intertestamentaire » est doublement inexacte, car certains livres de l'Ancien Testament datent précisément de cette période-là, on l'a vu, et que, d'autre part, la prédication du Christ n'a pas mis un terme immédiat à cette littérature. On pourrait même soutenir que, d'un point de vue rabbinique, les Évangiles en font partie, si grande est sa diversité. On y trouve le messianisme des « Livres d'Hénoch », dont nous sont parvenus des fragments en hébreu, trouvés dans les grottes de Qumran, parmi les « manuscrits de la mer Morte » (qui ont été présentés à Paris, en juin 1985[3]), et de plus larges sections en grec, recopiées par les chrétiens. Mais on y trouve aussi, par

exemple, la recherche littéraire d'Ézéchiel le Dramaturge,
qui composa une tragédie, *Moïse*, dans un style proche de
celui d'Euripide, tout en restant fidèle, sur le fond, à la
vision juive du personnage. Cette large gamme explique
le rayonnement d'un judaïsme antique qui ne s'est replié
sur lui-même que contraint et forcé et dont il est juste de
citer, à côté des traducteurs anonymes de la Septante,
d'autres valeureux artisans. Choisissons-en trois, en gros
contemporains, au 1er siècle ap. J.-C. L'aîné, Philon
d'Alexandrie, ne savait que des bribes d'hébreu et réfléchit sur la Bible avec les catégories de la philosophie
grecque. Le cadet, Flavius Josèphe, né à Jérusalem et
versé dans la langue de la *Torah*, choisit de se soumettre
au Romain qui écrasait la révolte de ses frères, et d'écrire
et de penser en grec sur l'histoire juive, récente ou plus
ancienne. Entre les deux, un rabbin, né dans le Sud de
l'Asie Mineure, fit plus que tout autre pour qu'une partie
au moins du message biblique fût transmise à l'ensemble
du monde gréco-romain. Mais avec ce rabbin, Saul de
Tarse, Paul en latin, s'annonce une rupture sur laquelle
nous vivons encore. [4]

Notes

1. *Études sur le judaïsme hellénistique, Congrès de Strasbourg (1983)*, Paris, Éd. du Cerf, 1984 (cf. en particulier les études de G. Vermes et M. Goodman [excellente], A. Paul, J. de Waard, R. Le Déaut) ; *Le Monde grec ancien et la Bible*, sous la direction de Cl. Mondésert, Paris, Beauchesne, 1984 (cf. en particulier les études de P. Lamarche, R. Arnaldez, M. Simon, A. Le Boulluec). Rappelons que dans l'énorme série intitulée *Aufstieg und Niedergang der römischen Welt* (Berlin / New York, De Gruyter, en cours), le tome II, 19, vol. 1 et 2 (1979), est consacré au judaïsme, aux époques hellénistique et romaine (contributions en anglais, allemand et français).

2. A. Momigliano, *Sagesses barbares*, Paris, Maspero, 1979 (chap. 4 et 5).

3. Exposition *Terre d'Israël, rêves et réalités*, au Grand-Palais, du 6 juin au 31 juillet 1985.

4. Depuis la publication de cet article, une traduction française de la Bible d'Alexandrie a paru, sous la direction de M. Harl, aux Éd. du Cerf. Dernier volume : *Le Deutéronome* (juin 1992), et, M. Harl, G. Dorival, O. Munnich, *La Bible grecque des Septante, du judaïsme hellénistique au christianisme ancien*, Paris, Éd. du Cerf/CNRS, 1988.

Repères chronologiques

	MÉSOPOTAMIE	ISRAËL

Préhistoire

A partir du VIe millénaire

Lente émersion du territoire mésopotamien, du Nord au Sud. Il se peuple d'ethnies inconnues, descendues des piémonts du Nord et de l'Est ; sans doute aussi de Sémites, venus des franges septentrionales du grand Désert syroarabe. Un peu plus tard, peut-être, arrivent (depuis le Sud-Est ?) les Sumériens.

Au IVe millénaire

S'établit, ou se poursuit, entre toutes ces ethnies et leurs cultures, surtout les deux dernières, le procès osmotique de compénétration et d'échange, qui compose la haute civilisation mésopotamienne, rapidement passée au régime urbain, par réunion, autour d'une agglomération plus importante, de villages primitifs, d'abord autonomes.

Par la culture céréalière
en grand, et l'élevage in-
tensif du menu bétail,
le pays s'enrichit très
vite et commence à s'en
aller chercher alentour,
par le commerce et la
guerre, les matériaux
qui lui manquent : bois
de construction et
d'ébénisterie, pierres,
minéraux.

Ère historique

Proto-
dynastique

Vers 3200. Première invention de l'écriture.
2900-2330. Cités-États
indépendantes. Usage
général de la langue
sumérienne.
La Dynastie d'Uruk et
son roi Gilgamesh.
La Première Dynastie
d'Ur et son Cimetière
royal.

Les Cananéens en Pa-
lestine.

Époque
paléo-
akkadienne

2330-2100. Premier Empire sémitique fondé
par Sargon le Grand :
Dynastie d'Akkadé. La
langue akkadienne
commence à supplanter
le sumérien.
2100-2000. Royaume
d'Ur : *Troisième Dynas-*
tie d'Ur, qui préfère encore le sumérien et déve-
loppe une littérature
brillante en cette lan-
gue. Premières arrivées
de Sémites Amurrites.

Époques paléo-babylonienne et paléo-assyrienne	**2000-1600.** Royaumes rivaux. *Dynasties d'Isin, de Larsa, d'Ešnunna, de Mari* (cette dernière notamment *entre 1800 et 1750*). Premiers souverains d'Assyrie. *Première dynastie de Babylone, depuis 1894.* Hammurabi *(1792-1750)* réunit autour de cette ville le pays entier en un royaume unique, que maintiendront ses successeurs. Essor, dans tous les domaines, littéraire notamment, de la langue akkadienne, le sumérien ne demeurant en usage que savant et recherché.	
Époques médio-babylonienne	**1600-1100.** Invasion et mainmise des Cassites, qui plongent le pays dans la torpeur politique, laquelle favorise un vigoureux développement culturel.	Les ancêtres d'Israël nomadisent, d'Est en Ouest, le long du Croissant Fertile, puis passent en Palestine.
et médio-assyrienne	**Depuis environ 1300.** L'Assyrie, autour d'Assur pour capitale, prend son indépendance et affirme son importance. **1100-1000.** Premières infiltrations de Sémites araméens. Puis luttes pour l'hégémonie entre l'Assyrie et la Babylonie. Même lorsque celle-ci sera dominée par celle-là, elle gardera	**Début du XIIIe siècle.** Moïse, puis conquête de la Palestine et sédentarisation.

sa prépondérance culturelle.

Époque néo-assyrienne

1000-609. Prédominance de l'Assyrie autour d'Assur, puis Kalah, puis Ninive pour capitales.

Les premières grandes invasions à l'Est et les Sargonides (Asarhaddon, Assurbanipal).

Fin du XIe siècle. Le royaume d'Israël et ses trois premiers souverains (Saül, David, Salomon).
Seconde moitié du Xe siècle. Le Schisme et les deux royaumes séparés : du Nord (Israël) et du Sud (Juda).
Les premiers grands prophètes, puis les grands prophètes-écrivains.
Fin du VIIIe siècle. Disparition du Royaume du Nord.

Époque néo-babylonienne

609-539. Babylone se rend maîtresse de l'Assyrie et reprend les rênes du pays. Nabuchodonosor et la dynastie chaldéenne. L'aramaïsation se poursuit.

Début du VIe siècle. Ruine du Royaume du Sud, puis Grand Exil en Mésopotamie.

Époque perse

539-330. En 539, Babylone est vaincue par l'Achéménide Cyrus, et la Mésopotamie, incorporée à l'Empire perse.

Commencement du retour des exilés et organisation du judaïsme.

Époque séleucide

330-130. En 330, Alexandre vainc et supplante les Perses et fait passer tout le Proche-Orient dans l'orbite culturelle hellénistique. Ses successeurs : les Séleucides, gardent la haute main sur la Mésopotamie.

Première moitié du IVe siècle. Achèvement de la Bible, par la mise en ordre et en recueil de principaux écrits bibliques, à quoi seront ajoutés quelques autres, jusqu'à la **fin du Ier siècle** de notre ère.

Époque arsacide

130-... La Mésopotamie passe, en 129, entre les mains des Parthes. Le pays a perdu, non seulement toute autonomie, mais toute signification actuelle : politique et culturelle. Son écriture, sa langue et ses écrits tombent dans l'oubli...

Bibliographie générale

Jean Bottéro, *La Religion babylonienne*, Paris, Presses universitaires de France, 1952.

– *Mythes et Rites de Babylone*, Paris, Champion, 1985.

– *Naissance de Dieu, la Bible et l'historien*, Paris, Gallimard, « Bibliothèque des histoires », 1986.

– *Mésopotamie. L'écriture, la raison et les dieux*, Paris, Gallimard, « Bibliothèque des histoires », 1987.

– *Lorsque les dieux faisaient l'homme. Mythologie mésopotamienne*, Paris, Gallimard, « Bibliothèque des histoires », 1989.

– *L'Épopée de Gilgamesh. Le grand homme qui ne voulait pas mourir*, Paris, Gallimard, 1992.

André Finet, *La Voix de l'opposition en Mésopotamie*, Bruxelles, Institut des hautes études de Belgique, 1973.

– *Pouvoirs locaux en Mésopotamie*, Bruxelles, Institut des hautes études de Belgique, 1982.

– *Le Code de Hammurabi*, Paris, Éd. du Cerf, 1983.

B. Hrouda, *L'Orient ancien*, Paris, Bordas, 1991, p. 217-245.

S.N. Kramer, *L'Histoire commence à Sumer* (présentation sous forme d'anthologie commentée des principaux textes littéraires de la civilisation sumérienne : de la vie quotidienne aux croyances en passant par les institutions politiques et juridiques), Paris, Arthaud, 1957, rééd. mise à jour, 1986.

L. Oppenheim, *La Mésopotamie. Portrait d'une civilisation*, Paris, Gallimard, 1970.

Georges Roux, *La Mésopotamie. Essai d'histoire politique, économique et culturelle*, Paris, Éd. du Seuil, « L'Univers historique », 1985.

Les auteurs

Jean Bottéro : Directeur d'études à l'École pratique des hautes études, section de philologie et d'histoire, chaire d'assyriologie.

Pierre Chuvin : Professeur de grec à l'université Blaise-Pascal de Clermont-Ferrand, est membre du comité de rédaction de *L'Histoire* et collabore au *Monde des livres* pour l'histoire ancienne. Il a publié en 1990 *Chronique des derniers païens, la disparition du paganisme dans l'Empire romain*, aux Belles Lettres.

André Finet : Professeur honoraire d'assyriologie à l'Université libre de Bruxelles. Il a dirigé les fouilles du Tell Kannâs en Syrie de 1966 à 1973. Il a publié une traduction française du *Code de Hammurabi* aux Éd. du Cerf (rééd. en 1983).

Bertrand Lafont : Historien assyriologue, chargé de recherche au CNRS. Il est membre de l'équipe chargée du déchiffrement des tablettes cunéiformes provenant du site de Mari, et travaille également à l'édition des tablettes en langue sumérienne conservées au Musée archéologique d'Istambul.

Jean-Maurice de Montremy : Journaliste, rédacteur en chef du magazine *Lire* et membre du comité de rédaction de *L'Histoire*.

Georges Roux : Médecin, il a vécu presque dix ans en Irak et s'est alors pris de passion pour l'histoire du Proche-Orient antique. Son ouvrage, *Ancient Iraq*, publié chez

Allen & Unwin à Londres en 1964 et chez Penguin Books
en 1966, est un classique de l'histoire mésopotamienne.
Une version française, *La Mésopotamie*, entièrement
remise à jour, a été publiée en 1985 aux Éd. du Seuil.

Index

Les noms géographiques sont en italiques. Les noms de dieux et de déesses sont suivis d'un astérisque. Le texte des notes n'a pas été pris en compte pour cet index.

Table

1. Nos premiers ancêtres

* Les nombres entre parenthèses renvoient aux numéros de *L'Histoire* dans lesquels ces contributions ont paru.

2. C'est ainsi qu'ils vivaient

3. Ce qu'ils nous ont légué

Conclusion : la Bible

COMPOSITION : AISNE COMPO À SAINT-QUENTIN (02100)
IMPRESSION : BRODARD ET TAUPIN À LA FLÈCHE (11-93)
DÉPÔT LÉGAL : NOVEMBRE 1992. N° 18130-2 (17971-5)

Collection Points

SÉRIE HISTOIRE

Collection Points

SÉRIE ESSAIS